커피 한 잔 마시며 끝내는 Vue.JS

Vue.JS를 통해 실전 애플리케이션 구축하기

html

reverse

html

span

reverse

umber

커피 한 잔 마시며 끝내는 Vue.JS

msg

bind

bind

Vue.JS를 통해
실전 애플리케이션
구축하기

김영훈, 문동욱 지음

BJ
BJPUBLIC

☕ 서문

Vue.js는 React.js와 더불어 가장 핫한 자바스크립트 프레임워크 중 하나입니다.

Vue.js는 React.js에 비해 진입 장벽이 낮으며, 쉽고 빠르게 개발을 할 수 있다는 것이 가장 큰 장점입니다. 무엇보다 한국의 수많은 개발자의 노력으로 인해 공식 문서 역시 번역이 잘되어 있을 뿐만 아니라 많은 커뮤니티에서도 좋은 정보를 손쉽게 얻을 수 있습니다. 앞으로도 Vue.js는 꾸준히 발전해 나갈 것이며, 수많은 Vue.js관련 커뮤니티 역시 점점 더 성숙해지고 있어 성장하는 Vue.js 생태계 속에서 Vue.js를 이용하여 개발하면 얻을 수 있는 이점은 충분하다고 생각합니다. Vue.js에 대한 다양한 정보는 공식 홈페이지(https://vuejs.org/)에서 얻을 수 있습니다.

처음 책 집필에 대한 제안을 받았을 때 큰 고민을 하지 않고 흔쾌히 제안을 수락하였습니다. 큰 고민 없이 제안을 수락할 수 있었던 가장 큰 이유는 과거의 필자와 같은 고민을 하는 개발자가 많다는 걸 알았기 때문입니다. 불과 몇 년 전 처음 개발을 시작하던 필자는 마치 망망대해를 표류하는 기분이었습니다. 커리어를 위해 무엇을 공부해야 하는지조차 알지 못했으며, 심지어는 필자가 모르는 지식에 대해서는 어떠한 키워드로 검색을 해야 하는지 감조차 잡기가 힘들었습니다. 막상 어렵게 지식을 익히더라도 단순히 지식을 익히는 것과 익힌 지식을 이용해서 개발하는 것은 큰 차이가 있다는 것을 깨달았습니다.

이 책은 당시의 필자와 비슷한 고민을 하는 개발자에게 도움을 줄 수 있는 책이라고 자신 있게 이야기할 수 있습니다. Vue.js에 대한 지식뿐만 아니라 Vue.js를 이용하여 실전 애플리케이션을 구축해나가는 과정에서 필요하다고 생각되는 지식에 대해서 최대한 쉽게 설명을 하고 있습니다. 또한, 책에서 대상으로 하는 독자에게 쉽게 다가가기 위해 책을 집필하면서 여러 개발자와 함께 수개월 동안 책의 내용을 바탕으로 하는 학습을 진행했습니다. 그러므로 이 책은 더욱이 대상 독자층에게 충분한 지식의 전달력을 가지고 있습니다.

이 책의 1장에서는 개발 환경에 대한 세팅을, 2장에서부터 4장까지는 Vue.js, Vuex, Vue-Router에 대해 학습을 합니다. 그 후 5장과 6장에서는 실전 애플리케이션을 직접 구축해나가며 필요하다고 생각하는 중요한 지식에 대해서 학습을 할 수 있습니다. 마지막 장에서는 Vue.js에 대한 설명보다는 기본적으로 알아야 할 기초 지식에 대해서 학습을 진행합니다. 이 책을 통해 과거의 필자와 같이 망망대해에 표류하는 느낌이 든 개발자에게 Vue.js에 대한 지식뿐만 아니라 실전 애플리케이션을 구축해나가면서 필요한 지식을 충분히 익힐 수 있길 바랍니다.

이 책 한 권을 쓰기까지 수많은 분의 도움이 있었습니다. 가장 먼저 책 집필 제안을 해주시고, 밤낮 가리지 않고 좋은 책을 집필하기 위해 지원을 아끼지 않은 김용기 담당자님께 감사드립니다. 책을 집필하며 학습을 진행했기 때문에 부족한 부분들도 많았지만, 내색하지 않고 꾸준히 함께해 조언을 아끼지 않은 배수향님, 윤경선님, 김상열님, 장평우님, 서재진님께 감사드립니다. 그리고 베타 리딩 혹은 기술 감수를 해주신 백재연님, 박은정님, 허승님, 박철현님에게 감사드립니다. 무엇보다 2년이 넘도록 항상 옆에서 지켜봐 주시고 그것도 부족해 베타 리딩을 함께 진행해주신 멘토, 이지만님께 감사와 존경의 인사를 드립니다. 항상 필자를 믿고 지켜봐 준 사랑하는 가족들에게 모두에게 감사드리며, 마지막으로 책을 집필하며 예민해져 있을 필자를 항상 감싸 안아주고 믿어준 박지윤에게도 언제나 고맙다는 말을 전하고 싶습니다.

김영훈

화면 가득히 들어선 외계어 같은 코드와 터미널에서 쉴 새 없이 올라가고 있는 로그들, 그리고 프로그래머들이 얘기하는 무슨 뜻인지도 모를 단어들은 프로그래머가 아닌 사람들에게 프로그래머가 마치 다른 세상에 있는 사람인 것처럼 느껴지게 만든다.

그러나 여러분이 복잡한 설계를 가진 거대한 프로그램을 만들고 싶은 것이 아니라 단지 프로그래밍을 시작하기 위한 첫걸음을 떼는 것을 망설이고 있는 사람이라면 그런 마음을 잠시 접어도 좋다. 필자는 프로그래밍을 시작하는 것이 여러분이 막연히 두려워하는 것에 비해 절대 어렵지 않다고 확신한다. 필자는 웹 퍼블리셔, 백엔드 개발자 등 프론트엔드를 배워보고 싶은데 도대체 어디서부터 공부해야 할지 모르겠다고 생각하는 분들에게 많은 도움을 주고 싶다는 마음으로 이 책을 집필했다.

이 책을 집어 든 대부분의 독자가 어떤 마음을 가지고 이 책을 펼쳤을지 감히 예상해보자면, "이 책을 읽으면 나도 프론트엔드 개발을 할 수 있을까?", "내가 이 책을 읽고 나서 여기에 나온 예제가 아니라 다른 애플리케이션도 개발할 수 있을까?" 정도일 것 같다. 여기에 대한 필자의 대답은 "그렇다"이다.

여러분 중 몇몇은 이미 간단한 To Do 애플리케이션을 만들어 보았을 것이다. 그러나 여러분이 To Do를 만들고 회사에 입사하게 되면 이내 곧 정신이 아득해질 것이다. 현실에서는 To Do 같은 간단한 구조의 애플리케이션을 만들지 않기 때문이다. 그래서 이 책은 To Do와 같은 간단한 예제가 아닌 실제 업무에서 사용하는 기술들로 구성되어 있다.

여러분은 처음에는 To Do 정도의 난이도인 메모 애플리케이션을 한번 만들어 본 후 실제 서버와 통신하는 커뮤니티 애플리케이션을 만들어 볼 것이다. 또한 여러분이 철저하게 자바스크립트 코드에 집중할 수 있도록 필자가 직접 작성한 API 서버를 제공하며 애플리케이션의 스타일이 들어 있는 CSS 파일 또한 해당 서버에서 내려받아서 사용하게 된다. 물론 말로만 들으면 어렵게 느껴질 것이다. 그러나 눈 딱 감고 막상 시작해보면 어느 순간 익숙해진 여러분의 모습을 보게 될 것이다.

필자는 여러분에게 "실무에서 사용되는 기술"을 위주로 내용을 풀어갈 것이기 때문에, 이 책을 읽고 난 후 프론트엔드 개발자로 입사하고 나면 그 회사의 코드에서도 어느 정도 익숙한 부분들이 보일 것이라 확신한다. 필자의 목표는 이 책을 읽은 여러분이 "Vue의 기초"를 아는 것이 아니라 "Vue를 사용하여 프론트엔드 개발을 할 수 있는 개발자"가 되는 것이다. 조금 욕심일 수도 있지만, 학원에서 배우는 것을 이 책으로 대체할 수 있게 만들고 싶었다.

프로그래밍이 빨리 느는 가장 쉬운 방법은 바로 작은 것이라도 한번 직접 만들어보는 것이다. 반대로 가장 느리게 느는 방법은 이론부터 차근차근 공부하고 완벽히 이해했다고 느낄 때 시작하는 것이다.

내가 뭔가 만들 수 있는 실력인지 고민할 시간에 일단 만들기 시작하는 것이 정답이다. 그래서 이 책은 "만드는 것"에 철저히 집중하되 이론은 "만들기 위한 이론"을 위주로 짚고 넘어갈 것이다.

마지막으로 책을 읽다가 궁금한 점이나 이상한 점이 있다면 https://github.com/CanDoVueJS/report에 남겨준다면 필자나 공동 집필한 김영훈 개발자가 최대한 빠르게 답변할 테니 마음 편하게 질문해주길 바란다.

문동욱

☕ 저자 소개

김영훈

대학생 때 시각 디자인을 전공하였으나, 이후 개발에 흥미를 느껴 마크업 개발자로 전향하였다. 이후 에이전시에서 금융권, 기업 등의 다수 웹 애플리케이션의 UI 개발을 개발하다 자사 서비스 개발을 하고자 위드이노베이션으로 이직하여 Vue와 Typescript를 이용한 프론트 개발을 시작하였다. 이후 이커머스에 관심을 가지고 티몬으로 이직하여 ReactJS와 Typescript, Jest를 이용하여 개발하고 있다. 공부하며 하루하루 성장하는 것을 인생의 낙으로 생각하며 지금도 계속해서 좋은 개발자이자 좋은 동료가 되고자 계속해서 노력하고 있다. 현재는 잡다한 사이드 프로젝트를 개발하는 것을 즐기며, 테스트 주도 개발을 실천하기 위해 고군분투하고 있다.

기술 블로그: http://blog.martinwork.co.kr
링크드인: https://www.linkedin.com/in/martin-younghoon-kim/

문동욱

동국대학교 전산원에서 멀티미디어 공학을 전공하였고, 과거 연예기획사에서 사운드 엔지니어로 일하며 음악계에서 일하다 우연한 기회로 개발에 관심을 가지게 되어 전향한 대표적인 비전공 출신 개발자이다.

현재 브레이브 모바일에서 숨고라는 서비스를 Vue, Typescript, Express 등을 사용하여 개발하고 있다. 비전공 출신 개발자의 메리트를 살려 다른 분야의 지식을 접목한 융합형 프로그래밍을 즐겨한다. 웹 개발뿐 아니라 물리와 음악에도 관심이 많아 사이드 프로젝트로 그래픽 시뮬레이션과 웹 오디오 편집 프로그램도 개발하고 있다.

박은정 (드림어스 컴퍼니, 프론트엔드 개발자)

Vue.js의 학습이 필요한 시기에 베타 리더라는 좋은 기회를 주셔서 감사드립니다! 이 책은 무엇보다도 현재도 Vue.js로 실무를 하고 계신 분들이 저자라는 점이 강점입니다. 다소 어렵거나 따분할 수 있는 설명들이지만, 경험을 바탕으로 예제를 구성하여 이해가 쉽고, 실습하는 과정이 아주 매끄러워 점진적으로 완성도가 높아져 가는 애플리케이션을 보며 성취감도 느끼실 수 있습니다. 예제 코드의 친절한 설명은 덤입니다! 그리고 중간중간 바로 실무에 적용하기 좋은 꿀팁들을 많이 담고 있어서 쿡북으로도 손색이 없는 책으로 추천해 드리고 싶습니다.

윤경선 (라이프스타일프로젝트, UI 개발자)

Vue.js를 처음 접한 사람도 쉽게 따라 할 수 있도록 기초부터 짚어주는 지침서! 단순히 이론만 늘어놓는 형식이 아니라 실제 예제를 따라해 보면서 자연스럽게 Vue.js의 전체적인 개념과 기능들을 익힐 수 있는 좋은 책입니다. 이해가 필요한 전문적인 용어들을 미리 설명해 줌으로써 추가적인 강의나 설명 없이 Vue.js를 더욱 쉽고 친숙하게 적용할 수 있습니다.

이정재 (위트플러스, UI 개발자)

Vue.js를 처음 익히는 사람이라면 누구나 쉽게 배우고 싶을 것입니다. 이 책은 처음 익히는 사람이 읽어도 이해하기 쉽도록 친절하고 자세히 설명되어있으며, 예제를 통하여 쉽게 접근이 가능하고 빠르게 익힐 수 있도록 도와줍니다. 또한 직접 만들어보는 실습은 필요한 내용으로만 구성되어 있고 처음 Vue.js를 익히는 사람은 포트폴리오로 사용해도 좋은 결과물을 만들 수 있습니다. 전문적인 용어의 자세한 설명과 핵심 내용으로만 구성되어 있어, 처음 익히는 사람에게 추천합니다.

김상열 (AUSG(aws university support group), 개발자)

공식 문서가 딱딱하고 어려운 분들에게 꼭 필요한 책! 이 책은 친절한 용어 설명과 함께 실습에서 나타날 수 있는 에러까지 입문자가 Vue.js를 혼자서 충분히 학습할 수 있도록 도와줍니다. 특히 RESTful API와 Vue.js를 사용하는 프로젝트를 통해 빠르게 Vue.js에 익숙해질 수 있었습니다. 지금까지 Vue.js를 공식 문서로 학습하는 것이 막연했던 분들에게 이 책을 추천합니다.

김지영 (위드이노베이션, 프론트엔드 개발자)

Vue.js를 즐겁게 학습하고 싶은 분들께 추천하고픈 책!

이 책을 따라가며 자연스럽게 생기는 호기심과 이어지는 저자의 해설은 저자와 함께 하는 듯하여 책을 읽어가는 내내 즐거움을 느꼈습니다. 제가 경험한 즐거웠던 이 과정을 많은 분들이 나누면 좋겠습니다. 쉽게 따라갈 수 있는 예제는 저자의 친절한 해설과 실무 팁으로 입문자와 Vue.js를 이미 사용하고 있는 개발자에게도 도움을 줍니다. 이 책 곳곳에 Javascript의 문법에 대한 설명과 웹프론트 개발을 위한 기초 내용도 있어 프론트 개발을 하고자 하는 분들에게 추천해 드리고 싶습니다.

허승 (하이퍼커넥트, Product Manager)

최근 React.js와 더불어 프론트 엔드 씬에서 가장 핫하게 떠오르는 프레임워크인 'Vue.js'는 프론트엔드에 입문하는 개발자가 좀 더 손쉽게 개발을 할 수 있게 해주는 좋은 무기입니다. 책 "커피 한 잔 마시며 끝내는 Vue.JS"는 이런 Vue.js를 알기 쉽게 잘 설명해놓은 좋은 책이고 할 수 있습니다. 저는 특히 자바스크립트 챕터를 유심히 읽었는데, 개념마다 예시들이 친절하게 기술되어 있어서 입문자라도 이해가 쉽게 되게 설명되어 있는 것이 인상 깊었습니다. 자바스크립트 문법도 기본적으로 훑으면서, Vue.js를 사용하고 싶으신 분에게도 이 책을 추천해 드립니다. 좋은 책을 써주신 저자님들에게 감사드리며, 많은 분이 이 책을 통해 Vue.js를 쉽게 배울 수 있었으면 좋겠습니다.

박철현 (티몬, 프론트엔드 개발자)

Vue.js는 '가장 인기 있는 컴포넌트 기반 프레임워크'로 많은 주목을 받는 기술 중 하나입니다. "커피 한 잔 마시며 끝내는 Vue.JS"는 현대적인 개발 환경에서 Vue.js의 기초부터 비전공자도 쉽게 이해를 할 수 있도록 친절하게 작성되어 편하게 읽을 수 있습니다! 그리고 Vue.js 뿐만 아니라 Front End 최신 개발 환경에 대한 내용까지 수록되어 있어서 책 내용을 깊이 이해하는 데 많은 도움을 받을 수 있습니다. 또한, 챕터의 앞부분에서는 Vue.js의 기반 지식을 자세하게 설명하고 있고, 이후 챕터에서는 실제 돌아가는 애플리케이션을 만들어보면서 Vue.js를 사용해볼 수 있도록 구성되어있기 때문에 재미있게 읽을 수 있습니다. 마지막으로 오랜만에 좋은 책을 읽을 수 있는 경험을 갖게 해주신 점 감사드립니다.

이지만 (쿠팡, 프론트엔드 개발자)

저자가 SPA 제작 중 습득한 지식을 초행자를 위해서 정리한 책. vue.js란? vuex, vue-router를 사용해야 하는 이유는? 전체적으로 어떻게 만들어야 하는지? 의문에 대한 저자의 생각이 담겨있습니다. 특정 기능에 대한 방대한 설명보다는 SPA 제작에 필요한 개념과 그 이유에 대한 저자의 생각이 녹아있어서 처음으로 SPA 형태의 개발을 진행할 때 많은 도움이 될 것으로 생각합니다.

백재연 (백엔드 개발자)

프론트엔드 개발과는 거리가 있는 본인이 보기에도 이 책의 구성은 상당히 탄탄합니다. 메모 앱 개발을 위해 Vue.js의 여러 요소들을 단계적으로 설명하는데, 작가는 335만 명 이상의 유저가 사용하는 서비스를 개발하며 쌓은 다양한 노하우를 지면을 통해 이야기합니다. 또한 상용 서비스와 연계해서 상황을 풀어내기 때문에 독자는 현대의 개발 패턴이나 코드 한 줄 한 줄에 의미를 두고 경험치를 쌓을 수 있을 것으로 기대합니다. 다만, Vue.js로 개발을 처음 시작하시는 분께는 내용이 어렵게 느껴질 수 있습니다. 적어도 html이나 기본적인 javascript 문법을 이해하고 있는 분들께 더욱 추천합니다.

배수향 (UI 개발자)

Vue.js를 처음 공부할 때 가장 먼저 보아야 할 책입니다. Vue.js를 처음 접하더라도 PC만 켤 수 있다면 개발환경부터 애플리케이션을 만들기까지 꼼꼼하고 이해하기 쉽게 설명되어 있습니다. 단순히 내용 설명만 있는 것이 아닌, 궁금할 수 있는 내용을 친절히 알려주는 '참고'와 이해하기 어려운 개념들을 '팁'을 통해 구글링 없이 자세히 알 수 있어서 Vue.js와 관련된 개발지식이 한층 더 높아질 수 있었습니다. 또한 애플리케이션 예제를 통해 프론트 개발의 기본인 CRUD를 자연스럽게 익힐 수 있었고, 특히 알면 좋을 자바스크립트 부분에서는 실무에서 유용하게 사용할 수 있는 핵심 내용이 잘 정리되어 있어서 좋았습니다.

☕ 목차

서문 iv

저자 소개 viii

추천사 x

Chapter 1   개발 환경 세팅   1
───

1.1 IDE 선택하기 2

　　1.1.1 Vetur Extension 3

　　1.1.2 Vue Peek Extension 4

　　1.1.3 Vue 2 Snippets Extension 4

1.2 NodeJS(노드제이에스) 환경 구축하기 5

1.3 Vue 환경 구축하기 7

　　1.3.1 Vue Devtools 7

　　1.3.2 Vue CLI 12

1.4 Vue CLI로 생성된 파일 살펴보기 15

　　1.4.1 .babelrc 16

　　1.4.2 .editorconfig 18

　　1.4.3 .eslintrc.js 18

　　1.4.4 .eslintignore 20

　　1.4.5 .gitignore 20

　　1.4.6 .postcssrc.js 20

　　1.4.7 build 21

　　1.4.8 config 21

　　1.4.9 index.html 21

　　1.4.10 node_modules, package.json 22

1.4.11 src 22

1.4.12 static 25

1.4.13 test 25

1.5 RESTful API 서버 세팅하기 26

Chapter 2   알면 보이는 Vue   31

2.1 Vue의 필수 요소 32

2.1.1 Vue 인스턴스 32

2.1.2 Vue 인스턴스의 옵션 33

2.1.3 Vue 인스턴스의 생명주기 41

2.1.4 Vue 템플릿 문법 47

2.1.5 디렉티브 53

2.1.6 Vue 인스턴스의 속성과 메소드 66

2.2 Vue를 똑똑하게 사용하기 73

2.2.1 단일 파일 컴포넌트(Single File Component) 73

2.2.2 Vue 컴포넌트의 설계의 일등공신, FIRST 원칙 77

2.2.3 가상 DOM의 원리 82

2.2.4 범위 컴파일 사용하기 87

Chapter 3   Vuex란 무엇일까?   91

3.1 MVC 패턴 93

3.2 Flux 패턴 94

3.2.1 액션(Action) 95

3.2.2 디스패처(Dispatcher) 95

3.2.3 스토어(Store) 96

3.2.4 뷰(View) 96

3.3 Vuex 97

3.3.1 상태(State) 98

3.3.2 게터(Getters) 101

3.3.3 변이(Mutation) 104

3.3.4 액션(Actions) 108

3.3.5 Vuex 모듈 관리 113

3.4 마치며 115

Chapter 4   Vue Router   119

4.1 Vue Router는 왜 필요한가요? 121

    4.1.1 전통적인 방법의 라우팅 121

    4.1.2 단일 페이지 애플리케이션의 라우팅 125

4.2 Vue 애플리케이션에서 Vue Router 사용하는 법 128

4.3 Vue Router의 라우트 설정의 속성들 130

4.4 동적 라우트 매칭 132

    4.4.1 동적 세그먼트란 무엇인가? 132

    4.4.2 동적 세그먼트의 변경에 반응하기 133

    4.4.3 매칭 우선순위 135

4.5 중첩된 라우트 136

    4.5.1 중첩된 라우트란 무엇인가? 136

    4.5.2 중첩된 라우트 기능을 사용하지 않고 만들어보기 137

    4.5.3 중첩된 라우트 사용하기 138

4.6 프로그래밍 방식 내비게이션 141

    4.6.1 router.push 141

    4.6.2 router.replace 142

    4.6.3 router.go 142

4.7 이름을 가지는 뷰 143

4.8 리다이렉트와 별칭 144

    4.8.1 리다이렉트 144

    4.8.2 별칭 145

4.9 라우트 컴포넌트에 속성 전달 146

4.10 해시 모드와 히스토리 모드 149

    4.10.1 해시 모드 149

    4.10.2 히스토리 모드 150

4.11 내비게이션 가드 151

    4.11.1 전역 가드 152

    4.11.2 라우트별 가드 155

4.11.3 컴포넌트별 가드 155

Chapter 5 메모 관리 애플리케이션 만들기   158

5.1 메모 관리 애플리케이션을 만들기에 앞서 158

5.2 컴포넌트 구조 158

5.3 프로젝트 구성 160

    5.3.1 프로젝트 생성하기 160

5.4 헤더 컴포넌트 생성하기 163

5.5 메모 데이터 생성 기능 구현하기 167

5.6 메모 데이터 노출 기능 구현하기 183

5.7 메모 데이터 삭제 기능 구현하기 187

5.8 메모 데이터 수정 기능 구현하기 191

5.9 서버와 API 연동하기 205

    5.9.1 API란 무엇인가? 205

    5.9.2 Axios란? 212

    5.9.3 RESTful API 확인하기 221

    5.9.4 RESTful API 연동하기 223

    5.9.5 추가 요구 사항 기능 구현하기 234

Chapter 6 커뮤니티 애플리케이션 만들기   270

6.1 커뮤니티 애플리케이션 요구 사항 확인하기 270

    6.1.1 인증되지 않은 사용자를 포함한 모든 사용자는 타인의 게시물과 댓글을
        조회할 수 있다 270

    6.1.2 인증된 사용자만 게시물이나 댓글을 작성할 수 있다 271

    6.1.3 사용자는 자신의 게시물이나 댓글만 수정, 삭제할 수 있다 ... 271

    6.1.4 사용자는 다른 사용자의 게시물에 댓글을 남길 수 있다 272

6.2 프로젝트 세팅 272

    6.2.1 프로젝트 생성 272

    6.2.2 커뮤니티 애플리케이션의 API 서버 확인 및 스타일 적용하기 ... 274

6.3 커뮤니티 게시글 읽기 기능 구현하기 276

6.4 커뮤니티 게시물 데이터 스토어로 옮기기 288

6.5 커뮤니티 게시글 상세보기 페이지 구현하기 295

　6.5.1 에러에 대한 설명 306

6.6 회원가입 페이지 구현하기 309

6.7 로그인 페이지 구현하기 319

　6.7.1 페이지 및 폼 컴포넌트 작성 319

　6.7.2 애플리케이션에서 사용자를 인증하는 방법 325

　6.7.3 애플리케이션에서 JWT 토큰 사용하기 328

　6.7.4 로그인 로직을 스토어로 옮기기 330

　6.7.5 저장된 토큰을 기반으로 현재 로그인된 사용자의 정보 가져오기 335

6.8 애플리케이션의 헤더 컴포넌트 작성하기 342

　6.8.1 헤더 컴포넌트 작성하기 342

　6.8.2 헤더 컴포넌트를 라우트에 등록하기 342

　6.8.3 헤더 컴포넌트 기능 추가하기 347

6.9 게시물 생성 페이지 작성하기 355

　6.9.1 게시물 생성 페이지 컴포넌트 작성하기 355

　6.9.2 게시물 생성 폼 컴포넌트 작성하기 359

　6.9.3 게시물 생성 API 연동하기 362

　6.9.4 게시물 생성 페이지 내비게이션 가드 구현하기 364

　6.9.5 애플리케이션 초기화 시 발생하는 통신 동기화 버그 수정하기 366

　6.9.6 게시물 리스트 페이지에 글쓰기 버튼 추가하기 370

6.10 게시물 수정 페이지 작성하기 371

　6.10.1 게시물 수정 페이지 컴포넌트 작성하기 371

　6.10.2 게시물 수정 페이지 내비게이션 가드 구현하기 375

　6.10.3 게시물 수정 폼 컴포넌트 작성하기 380

6.11 게시물 삭제 기능 작성하기 388

6.12 게시물에 대한 댓글 기능 추가하기 394

　6.12.1 댓글 노출 기능 추가하기 394

　6.12.2 댓글 생성 기능 추가하기 403

　6.12.3 댓글 수정 기능 추가하기 410

　6.12.4 댓글 삭제 기능 추가하기 419

Chapter 7　알면 좋을 자바스크립트　　　　　　　　　　　　　　　424

7.1 Truthy 값과 Falsy 값 424

7.1.1 Truthy 값 425

7.1.2 Falsy 값 425

7.2 자바스크립트의 이벤트 426

7.2.1 이벤트 전파 버블링 427

7.2.2 이벤트 캡처링 430

7.2.3 이벤트 처리 단계 432

7.3 값에 의한 호출, 참조에 의한 호출 433

7.3.1 값에 의한 호출(Call by value) 433

7.3.2 참조에 의한 호출(Call by reference) 433

7.3.3 호출 방식에 따라 달라지는 비교 결과 433

7.4 자바스크립트의 유용한 메소드들 434

7.4.1 배열 메소드 435

7.4.2 객체 메소드 448

찾아보기 457

개발 환경 세팅

1.1 IDE 선택하기

1.2 NodeJS(노드제이에스) 환경 구축하기

1.3 Vue 환경 구축하기

1.4 Vue CLI로 생성된 파일 살펴보기

1.5 RESTful API 서버 세팅하기

개발 환경 세팅

1.1 IDE 선택하기

대부분 개발자는 개개인에게 익숙해져 있는 IDE가 있을 것이다. 어떠한 IDE를 선택하더라도 이 책의 예제를 진행하는 것에는 무리가 없기 때문에 자신에게 익숙한 IDE를 사용해도 무방하다. 다만 이 책에서는 Microsoft에서 개발한 오픈 소스 기반의 Visual Studio Code(이하 VSCode)에 기반을 두고 예제를 진행한다. 이 외에 Atom이나 WebStorm 혹은 IntelliJ를 사용해도 무방하다.

VSCode는 VSCode 홈페이지에서 OS 종류에 따라 내려받을 수 있다.

(공식 홈페이지 - https://code.visualstudio.com/)

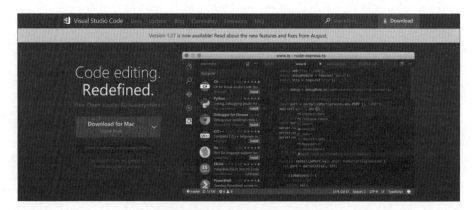

[그림 1-1] Visual Studio Code 공식 홈페이지

VSCode에서는 다양하고 유용한 플러그인을 제공한다.

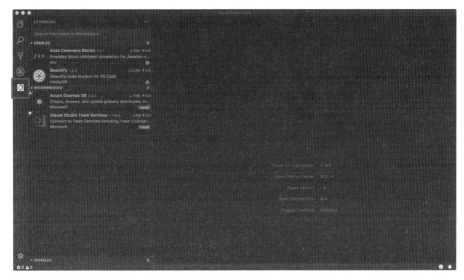

[그림 1-2] Visual Studio Code IDE의 Extensions 메뉴

1.1.1 Vetur Extension

Vetur 플러그인은 Vue.js를 개발하는 데 도움을 주는 유용한 플러그인 중 하나다. Linting, Syntax-highlighting, Formatting 등을 지원해준다. Vetur 외에도 비슷한 기능을 제공해주는 플러그인은 많지만, 다른 플러그인에 비해 사람들이 내려받은 횟수가 많다. 다운로드 수와 별점은 해당 플러그인의 기능이 좋고 안정성이 높다는 것을 알 수 있는 가장 간단한 지표다. 또한, Vetur 플러그인은 Vue.js와 타입스크립트를 함께 사용하여 애플리케이션을 개발할 때도 적합한 기능을 제공하기 때문에 유용하게 사용할 수 있는 플러그인이다.

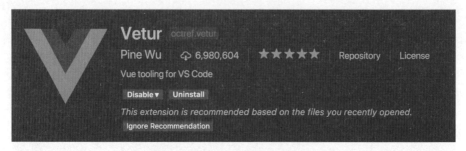

[그림 1-3] Extension에서 검색한 Vetur 플러그인

1.1.2 Vue Peek Extension

Vue Peek 플러그인은 코드상에 작성되어 있는 Vue 컴포넌트를 통해 해당 컴포넌트 파일을 바로 열고 그 파일로 이동할 수 있는 기능을 제공하는 플러그인이다. 이 플러그인 같은 경우 앞에서 설명한 Vetur 플러그인에서도 지원해주는 기능이지만, Vetur 와는 제공되는 방식이 다르다.

[그림 1-4] Extension에서 검색한 Vue Peek 플러그인

1.1.3 Vue 2 Snippets Extension

Vue 컴포넌트를 작성하다 보면 수기로 작성해줘야 할 것들이 매우 많다. 이러한 부분을 VScode의 플러그인에서 자동완성을 제공해준다. 해당 플러그인을 설치한 후 플러그인 내에서 제공하는 API를 살펴보면 유용한 것들이 많다.

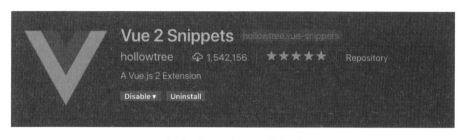

[그림 1-5] Vue 2 Snippets 플러그인

1.2 NodeJS(노드제이에스) 환경 구축하기

비단 Vue뿐 아니라 Angular, React와 같은 모던 자바스크립트 프레임워크는 대부분 NodeJS를 사용하여 코드를 빌드한다. 그렇기 때문에 NodeJS 환경 구축은 불가피하다. 물론 CDN[*]을 사용하여 프레임워크의 코어 스크립트만 로드하여 개발을 진행할 수 있다. 그러나 이런 방식은 개발하고 있는 애플리케이션의 규모가 크다면 좀더 세밀한 빌드 세팅을 못 한다거나 패키지 버전 관리와 같은 문제가 생긴다. 그래서 Vue.js를 사용하기에 앞서 먼저 NodeJS 설치를 통한 개발환경부터 구축해보려고한다. 추후 설명할 Vue CLI를 사용하면 간단하게 Vue의 개발 환경을 구축할 수 있다.

> 참고
> CDN이란 Content Delivery Network(콘텐츠 전송 네트워크)의 약자로서, 일종의 웹 콘텐츠를 제공해주는 서버다. 원본 콘텐츠를 가지고 있는 서버, 즉 오리진 서버에 콘텐츠에 대한 요청이 몰리게 되면 막대한 트래픽이 발생하게 되고, 이때 오리진 서버에 장애가 발생하거나 응답 속도가 느려질 수 있다. 그래서 요청이 자주 되는 콘텐츠를 여러 개의 CDN 서버에서 받아갈 수 있도록 처리하여 요청을 분산시키는 기술이다. 우리가 긴급전화인 119에 전화를 했을 때 중앙소방본부가 아닌 각 지역에 있는 소방서 중 사용자와 가장 가까운 곳에 있는 소방서에 연결되어 서비스를 받을 수 있는 것과 같은 것이라고 보면 된다. CDN을 통해 라이브러리를 사용할 때는 사용하고 싶은 라이브러리를 "https://cdnjs.com/"에서 검색한 후 검색된 URL을 〈script src="https://cdn-url.com"〉과 같이 스크립트 태그로 호출하면 된다.

NodeJS로 개발 환경을 구축하기 위해서는 먼저 NodeJS를 내려받아야 한다.

NodeJS를 내려받기 위해서는 NodeJS의 공식 홈페이지(https://nodejs.org/ko/)에 접속한다. 공식 홈페이지에 접속하면 아래와 같이 사용자에 OS에 따라 두 가지 버전을 제공한다. Current 버전의 경우는 현재 출시된 NodeJS 중 가장 버전이 높은 것을 의미한다. Current 버전은 말 그대로 최신 버전이기 때문에 다른 라이브러리에서 이 버전을 지원하지 않는다면 호환성 문제가 생길 여지가 있다. 그래서 많은 사용자가 사용하고 있고 더욱더 안정성이 보장되는 LTS(Long Term Support) 버전을 사용하는 것이 좋다.

[그림 1-6] 2018년 09월 20일 기준, NodeJS의 공식 홈페이지

다운로드 후 설치파일을 실행한다. 이후 설치가 완료되었다면, 정상적으로 NodeJS가 설치되었는지 확인해보도록 한다. 정상적으로 설치되었다면 터미널 또는 cmd에서 아래의 명령어를 입력하여 NodeJS 버전을 확인할 수 있다.

[코드 1-1] NodeJS와 npm의 버전을 확인하는 명령어

```
$ node -v # node의 버전 확인
$ npm -v # npm의 버전 확인
```

NodeJS를 설치하면 자동으로 npm(NodeJS Package Manager)도 함께 설치되므로 별도로 설치할 필요는 없다. npm이란 자바스크립트 기반의 패키지를 쉽게 설치 및 관리할 수 있도록 도와주는 툴이다.

> **팁** 공식 홈페이지에서 내려받을 수 있는 NodeJS의 버전 외에 다른 버전의 NodeJS를 설치하고 싶다면 nvm(Node Version Manager)을 이용해서 여러 버전의 NodeJS를 설치할 수 있다.

1.3 Vue 환경 구축하기

NodeJS 환경까지 구축을 마쳤다면 이제 본격적으로 개발을 시작할 준비가 거의 끝났다. 이제 필요한 것은 개발 시 유용하게 사용할 수 있는 몇 가지 도구를 설치하면 된다.

1.3.1 Vue Devtools

Vue Devtools는 웹 브라우저인 Google Chrome과 Mozlia Firefox에서 사용할 수 있는 확장애플리케이션이다. Vue를 사용한 애플리케이션을 개발할 때 도움을 주는 유용한 툴로서, 애플리케이션의 구조 및 데이터의 흐름을 디버깅할 때 유용하다. 별도로 설정을 변경하지 않으면 개발용 빌드에서는 사용할 수 있지만 배포용 빌드에서는 사용할 수 없다. 만약 상용 환경에서 해당 기능을 사용하려고 했을 때는 [그림 1-7]과 같이 나오는 것을 확인할 수 있다.

> **팁** Vue 프로젝트를 빌드할 시, Vue.config.devtools가 개발용은 true로 설정되어 있고, 배포용 빌드에서는 false로 설정되어 있다. 배포용 빌드에서 해당 값을 true로 설정하면 상용환경에서도 Vue Devtools를 사용할 수 있다. 그러나 Vue Devtools를 사용하여 누구든지 애플리케이션의 구조와 데이터 흐름을 파악할 수 있으므로 특별한 경우가 아니라면 추천하지 않는다.

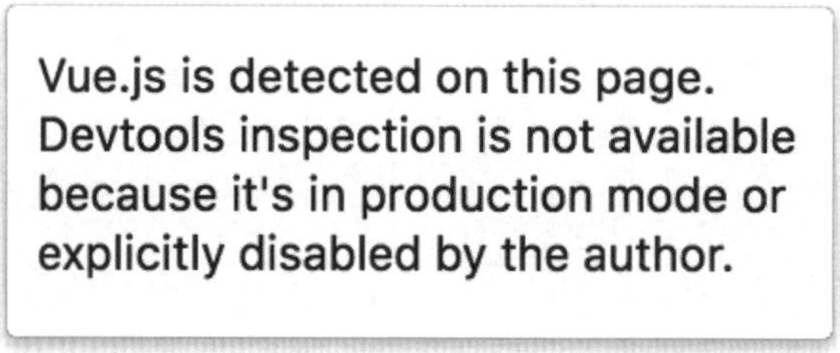

Vue.js is detected on this page.
Devtools inspection is not available
because it's in production mode or
explicitly disabled by the author.

[그림 1-7] 상용 환경에서 Vue Devtools를 사용하고 있을 때의 경고문

Vue Devtools는 간단하게 설치할 수 있는데, 첫 번째 방법은 Google에 접속하여 vue devtools라고 검색한 후 제일 상단에 노출되는 링크를 클릭하면 된다. 그러면 Google Chrome의 웹 스토어로 이동된다. Firefox 사용자는 vue devtools firefox 로 검색하면 마찬가지로 제일 상단에 Firefox Add-ons로 이동할 수 있는 링크가 나온다.

[그림 1-8] Google에서 Vue Devtools를 검색한 모습

크롬 웹 스토어 링크를 클릭하면 [그림 1-9]와 같은 화면을 볼 수 있다.

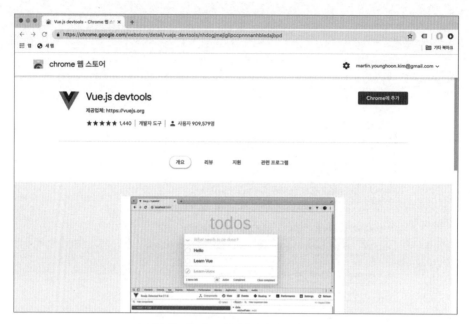

[그림 1-9] 크롬 웹 스토어에서 검색된 Vue Devtools

이 페이지에서 Chrome에 추가를 클릭함으로써 간단하게 설치할 수 있다.

두 번째 방법으로는 크롬 확장 프로그램에서 직접 검색해서 설치하는 방법이다. 크롬 브라우저의 오른쪽 상단의 툴바에서 접근하는 법을 찾을 수 있다. 오른쪽 상단의 더 보기 버튼을 누른 후 도구 더 보기 탭 안에 확장 프로그램 링크를 클릭하면 된다.

[그림 1-10] 확장 프로그램의 위치

확장 프로그램 페이지의 왼쪽 상단 버튼을 누르면 하단에 Chrome 웹 스토어 열기라는 버튼을 볼 수 있다.

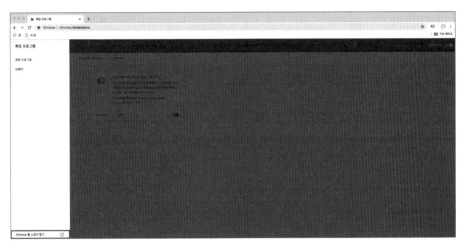

[그림 1-11] 버튼을 클릭한 후 노출되는 사이드 메뉴

왼쪽 상단 메뉴에서 vue devtools를 검색하면 첫 번째로 Vue.js devtools라는 항목이 노출된다.

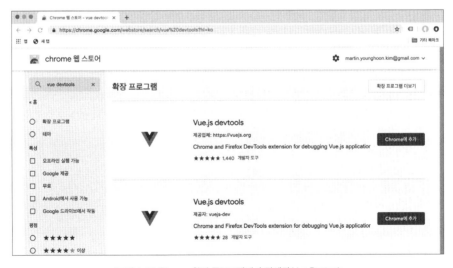

[그림 1-12] Chrome 확장 프로그램에서 검색된 Vue Devtools

설치하려는 프로그램 항목의 Chrome에 추가 버튼을 누르면 아래와 같은 팝업창이 뜨면서 설치를 완료할 수 있다.

[그림 1-13] Chrome 확장 프로그램에 추가하기 전 마지막으로 확인하는 경고창

1.3.2 Vue CLI

1.3.2.1 설치 방법

Vue 프레임워크는 애플리케이션 환경을 쉽고 빠르게 구축할 수 있는 CLI(Command Line Interface)를 제공해준다.

 주의 ｜ Vue CLI를 이용하기 위해서는 NodeJS 6.x 버전 이상, npm 3 버전 이상의 환경이 설치되어 있어야 한다.

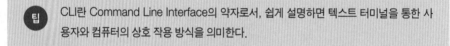 팁 ｜ CLI란 Command Line Interface의 약자로서, 쉽게 설명하면 텍스트 터미널을 통한 사용자와 컴퓨터의 상호 작용 방식을 의미한다.

Vue CLI의 설치를 위해서 먼저 터미널 혹은 CMD에 설치 명령어를 입력한다.

[코드 1-2] npm을 사용하여 Vue CLI를 설치하는 명령어

```
$ npm install vue-cli -g
```

@vue/cli-service를 설치하면 Vue CLI 3.x 버전으로 이용할 수 있다. 하지만 이 책에서의 예제 및 설명은 Vue CLI 2.x 버전을 기준으로 다루기 때문에 vue-cli 모듈을 설치한다.

Vue CLI의 설치가 완료되었다면 마찬가지로 터미널에서 명령어를 이용하여 설치 유무 및 버전 정보를 확인한다. 정상적으로 설치가 완료되었다면 설치한 버전이 노출된다.

[코드 1-3] 설치된 Vue CLI의 버전을 확인하는 명령어

```
$ vue -V # 혹은 vue --version
```

만약 Vue CLI 3.x 버전을 사용하고 있다고 하더라도 Vue CLI 2.x 버전을 사용하는데 문제는 없다. 만약 이미 Vue CLI의 버전이 3.x 버전이 설치되어 있다면 @vue/cli-init 을 글로벌로 설치한 후 예제를 진행하도록 하자.

[코드 1-4] @vue/cli-init 모듈을 설치하는 명령어

```
$ npm install @vue/cli-init -g
```

1.3.2.2 각 옵션 살펴보기

Vue CLI를 이용해서 프로젝트를 초기화하는 기본 명령어는 다음과 같다.

[코드 1-5] Vue CLI를 사용하여 프로젝트를 생성하는 명령어

```
$ vue init <template-name> <project-name>
```

[코드 1-5]에서 홑화살괄호 안쪽은 여러분이 직접 입력하면 된다. 그중에서 눈여겨봐야 할 것은 template-name 영역이다. 이 영역에는 Vue CLI에서 정의하는 옵션 6개 중 하나를 입력해야 한다. 그 옵션 6개는 다음과 같다.

- webpack: webpack 빌드 도구와 vue-loader를 이용하는 풀옵션으로서, 선택에 따라 linter, router, css 전처리, 테스팅 도구들을 사용할 수 있다.
- webpack-simple: webpack 빌드 도구와 vue-loader를 이용하는 옵션으로서, 작은 애플리케이션을 구축하는 데 용이하다.
- browserify: browserify와 vueify를 이용하는 풀옵션으로서, 선택에 따라 linter와 단위 테스팅 도구를 사용할 수 있다.
- browserify-simple: browserify와 vueify를 이용하는 간단한 옵션으로서, 작은 애플리케이션을 구축하는 데 용이하다.
- pwa-webpack: 빌드 도구를 이용하는 PWA 기반의 애플리케이션을 만드는 데 용이하다.
- simple: 하나의 HTML 파일 안에서 Vue 컴포넌트로 개발하기에 용이하다.

이 리스트는 아래의 명령어를 통해서도 살펴볼 수 있다.

[코드 1-6] Vue CLI의 템플릿을 출력하는 명령어

```
$ vue list
```

1.4 Vue CLI로 생성된 파일 살펴보기

Vue CLI 옵션 중 webpack 옵션을 이용하여 프로젝트를 세팅하고 나면 프로젝트 제목에 해당하는 디렉터리가 하나 생성된다. webpack 옵션의 기본값으로 설정을 원한다면 모든 옵션에 'Y' 혹은 엔터를 치면 된다.

[코드 1-7] Webpack 옵션을 통해 프로젝트를 생성하는 명령어

```
$ vue init webpack hello-world
```

프로젝트의 내부를 살펴보면 Vue CLI가 자동으로 생성해놓은 여러 가지 디렉터리와 파일들을 볼 수 있다. 파일 이름 앞에 마침표(.)가 붙은 파일들은 Linux나 Unix 기반의 운영체제에서 숨김 파일을 의미하므로 보이지 않을 수도 있지만, IDE로 해당 프로젝트를 불러오면 모두 노출된다. 생성된 파일과 디렉터리들은 표와 같은 구조를 가진다.

Vue CLI를 사용하여 생성된 파일과 디렉터리들

```
├── .babelrc
├── .editorconfig
├── .eslintignore
├── .eslintrc.js
├── .gitignore
├── .idea
├── .postcssrc.js
├── README.md
├── build
```

```
├── config
├── index.html
├── node_modules
├── package.json
├── src
├── static
├── test
```

초기 생성된 파일과 디렉터리들에 대해 하나씩 살펴보도록 하자.

1.4.1 .babelrc

많은 모던 웹 브라우저들이 JavaScript ECMAScript 2015(이하 ES6) 문법을 어느 정도 지원해주긴 하지만 아직 지원이 부족한 상황이기 때문에 크로스 브라우징(Cross-browsing)을 위해 코드를 ES5로 변환해줘야 한다. 이때 주로 바벨(babel)이라는 도구를 사용하여 ES6 문법을 ES5 문법으로 트랜스파일링(Transpiling)하게 되는데 .babelrc에는 바벨에 대한 세팅이 정의되어 있다.

[코드 1-8] babelrc 파일의 모습

```
{
  "presets": [
    ["env", {
      "modules": false,
      "targets": {
        "browsers": ["> 1%", "last 2 versions", "not ie <= 8"]
      }
    }],
    "stage-2"
  ],
  "plugins": ["transform-vue-jsx", "transform-runtime"],
  "env": {
    "test": {
      "presets": ["env", "stage-2"],
```

```
        "plugins": ["transform-vue-jsx", "istanbul"]
    }
  }
}
```

가장 중요한 presets 속성만 우선 짚고 넘어가자면 이 속성에는 바벨이 어떤 문법까지 트랜스파일링을 해줄 수 있느냐가 정의되어 있다. Vue CLI는 기본적으로 env와 stage-2 프리셋을 세팅해주는데, 이 중 env는 바벨(babel)의 가장 기본적인 프리셋이다. env 프리셋은 기본적인 설정 외에도 추가적으로 다른 옵션들을 사용할 수 있다. modules는 ES6의 module문법을 다른 문법으로 변경해주도록 지정하는 역할을 하지만 Vue CLI에서는 webpack을 사용하여 모듈링(moduling)을 진행하기 때문에 굳이 문법을 변경할 필요는 없어서 false로 선언되어 있다. 그리고 targets는 이 프로젝트가 어느 브라우저까지 지원할 것인지를 정의해놓은 속성이다. Stage-2라는 것은 JavaScript의 표준 명세를 정의하는 단계 중 하나인데, Stage-0부터 Stage-4까지 있으며 숫자가 작을수록 미승인에 가깝다고 볼 수 있고 이 중 Stage-4는 우리가 지금 사용하는 자바스크립트의 표준을 의미한다. 즉, 바벨은 아직 논의가 끝나지 않아 표준이 되지는 않았지만 편리한 기능들을 사용할 수 있도록 도와주는 것이다.

> **팁** 자바스크립트의 표준은 ECMA 인터내셔널이라는 단체의 TC39라는 위원회에서 정해지게 된다. TC39 위원회의 프로세스는 0단계에서 4단계까지 총 5단계로 되어 있으며, 각 단계에서 다음 단계로 승급하기 위해서는 만족시켜야 할 명시적인 조건들이 존재한다. https://github.com/tc39/proposals에서 어떤 기능들이 현재 안건으로 상정되어 있고, 또 표준이 되었는지 확인해볼 수 있다.
>
> 1. stage-0 허수아비 (strawman): 0단계는 아직 제안이 TC39 회의의 안건으로만 상정되어 있는 상태이며, 라이센스 관련 조항에 동의하고 TC39의 컨트리뷰터로 등록되어 있는 사람이라면 누구든지 제안할 수 있다.
> 2. stage-1 제안 (Proposal): 0단계에서 1단계가 되려면 우선 이 기능의 개발을 책임지고 이끌어나갈 챔피언(Champion)이 있어야 한다. 어떤 제안이 1단계에 오면 본격적으로 위원회 수준에서 시간을 들여 이 제안에 대해 논의할 정도가 되었다는 것을 의미한다.

3. stage-2 초안 (Draft): 1단계에서 2단계가 되려면 ECMAScript 표준의 형식 언어로 작성된 형식 서술의 초안이 필요하다. 2단계부터는 상대적으로 1단계보다 기능에 대한 적은 변경이 요구된다.

4. stage-3 후보 (Candidate): 3단계까지 온 제안은 거의 완성 단계를 의미한다. 이 단계에 오르기 위해서는 문법, 작동법, API에 대한 모든 부분이 완벽하게 기술된 문서가 있어야 한다. 이 단계에서는 구현상 심각한 문제가 발견되지 않는 이상 변경이 더 이상 허락되지 않는다.

5. stage-4 완료 (Finished): 4단계는 기능이 완성되어 제안이 수락되었고, 다음 표준에 포함되어 발표되기만을 기다리는 상태다. ECAMScript의 표준은 매년 6월 발표되는데, 당해 3월 회의에서 최종 승인된 제안들이 새로운 표준에 포함되어 발표된다.

1.4.2 .editorconfig

.editorconfig 파일은 코드에 영향을 미치는 것이 아닌 여러 가지 IDE에서 통일된 코딩 스타일을 유지할 수 있게 도와주는 파일이다. indent나 파일의 인코딩 형식 등 코딩 스타일에 대한 설정이 정의되어 있다. WebStorm과 intelliJ와 같이 .editorconfig 플러그인이 기본적으로 내장되어 있기도 하지만 별도의 플러그인으로 설치해줘야 하는 경우도 있다. 해당 책에서 주로 이용하게 될 VSCode에서는 과거에는 별도로 관련 플러그인 설치를 해줘야 .editorconfig 파일이 적용되었지만, 현재는 내장 기능으로 포함되어 별도의 플러그인이 없어도 설정을 적용할 수 있다.

1.4.3 .eslintrc.js

린터(Linter)란 코딩 컨벤션(Coding convention)과 관련된 에러(Error)를 체크해주는 작은 프로그램이다. 코딩 컨벤션이란 읽기 쉽고 관리하기 쉬운 코드를 작성하기 위한 일종의 코딩 스타일에 대한 약속이라고 할 수 있다. 간단하게 if문을 통해 알아보자.

[코드 1-9] 코딩 스타일의 예시

```javascript
// 첫 번째 스타일
if (isTrue) {
  // ...
} else {
  // ...
}

// 두 번째 스타일
if (isTrue)
{
  // ...
}
else
{
  // ...
}
```

[코드 1-9]에서 보는 것과 같이 첫 번째 스타일과 두 번째 스타일 동작에는 아무런 문제가 없지만, 코드 스타일이 다른 것을 볼 수 있다. 특히 자바스크립트는 다른 언어에 비해 유연한 문법 구조를 가지고 있기 때문에 이런 현상이 다른 언어에 비해 좀 더 두드러진다. 어떻게 보면 사소한 이런 문제는 많은 사람이 동시에 작업하는 프로젝트에서 코드를 읽기 힘들게 만들고, 개발자의 의도치 않은 실수를 발생시키는 원인이 되기도 하므로 보통 코딩 컨벤션을 정하고 린터를 통해서 이 컨벤션을 지키도록 강제하는 것이다.

자바스크립트를 사용할 때는 ESLint라는 도구를 주로 사용하여 이 과정을 진행하는데, 따로 설치 후 실행시켜서 사용할 수도 있고 IDE의 플러그인으로 들어있는 경우도 있다. Vue CLI를 사용할 때는 프로젝트를 생성할 때 Webpack이 빌드를 진행할 때 린터를 통한 코딩 컨벤션 검사도 같이 수행하도록 설정할 수 있다. 물론 컨벤션을 지키지 않았다면 빌드는 실패한다. .eslintrc.js는 이런 코딩 컨벤션에 대한 설정 파일이다.

1.4.4 .eslintignore

.eslintignore 파일의 내부에 선언되어 있는 경로에 위치한 파일들은 린터(Linter)가 검사를 진행하지 않는다.

1.4.5 .gitignore

보통 프로젝트를 진행하게 되면 형상관리툴을 이용하여 버전관리를 한다. 그중 가장 대표적으로 깃(Git)을 많이 사용하는데, 이때 gitignore에 선언된 경로에 위치한 파일들은 깃에서 따로 형상 관리하지 않는다. 만약 깃을 사용하지 않는 프로젝트라면 무시해도 좋다.

1.4.6 .postcssrc.js

PostCSS는 자바스크립트를 사용하여 CSS를 변환하는 툴이다. PostCSS와 플러그인들을 사용하여 autoprefixer 플러그인을 사용하여 특정 브라우저에서 지원되지 않는 속성에 -webkit-과 같은 prefix를 자동으로 붙일 수도 있고 --color: red;와 같은 변수를 사용하거나 @import를 사용한 css파일을 모듈링할 수도 있다. 그러나 PostCSS는 sass와 less와 같은 CSS 메타언어와는 다르다. 우선 PostCSS는 언어가 아닌 소프트웨어 개발 도구이며, 어떤 플러그인을 사용하느냐에 따라서 수행하는 역할이 달라진다. 자바스크립트의 바벨이 맡은 역할처럼 PostCSS 역시 '미래의 css 문법'을 사용할 수 있게 해준다고 이해하는 편이 좋다. PostCSS의 깃허브 레파지토리 (https://github.com/postcss/postcss/blob/master/docs/plugins.md)에서 다양한 PostCSS의 플러그인을 볼 수 있으니 한번 둘러보도록 하자.

1.4.7 build

build 디렉터리에는 Vue 프로젝트를 브라우저에서 실행할 수 있게끔 빌드하기 위해 작성된 파일들이 위치하게 된다. 이 중 우리가 중요하게 봐야 할 파일은 파일들을 번들링할 때 사용하는 Webpack의 설정 파일인 webpack.base.conf.js, webpack.dev.conf.js, webpack.prod.conf.js, webpack.test.conf.js이다. 이 파일들은 webpack.base.conf.js를 기반으로 하여 각 환경별로 다른 세팅이 작성되어 있는 파일들이다. Webpack은 여러 개로 나눠져 있는 소스 파일을 하나로 합치거나 HTML, CSS, 이미지와 같은 자원들을 JavaScript 모듈로 변환하여 애플리케이션의 성능을 향상시킬 수 있는 도구다. 지금은 Webpack을 사용해서 운영환경에 올릴 수 있는 완성본을 만든다는 것 정도만 알고 있으면 된다.

> **참고** Webpack은 이 책에서 다루기에 꽤 많은 내용을 가지고 있는 도구이기 때문에 자세하게 설명하지는 않는다. Webpack 공식 홈페이지(https://webpack.js.org/)에서 더 자세한 설명을 볼 수 있다.

1.4.8 config

config 디렉터리에는 설정에 필요한 여러 가지 상수들이 선언되어 있다. 크게 나눠보자면 dev 속성과 build 속성이 있는데, dev 속성에는 개발환경에서 사용하는 상수들이 선언되어 있고 build 속성은 개발이 완료된 후 애플리케이션을 빌드할 때 사용하는 상수들이 선언되어 있다.

1.4.9 index.html

index.html은 사용자가 웹페이지에 접속했을 때 다운로드하게 되는 HTML 템플릿이다. 기본적인 Vue 애플리케이션은 Webpack이 번들링된 파일을 index.html에 삽입(Inject)하고 클라이언트에서 렌더링을 수행하는 방식으로 작동한다. 외부 스크립트를 CDN을 통해 호출해야 하거나 문서의 타이틀을 수정하는 등 HTML에 작성해야 하는 코드가 있다면 이 파일에 작성하면 된다.

1.4.10 node_modules, package.json

node_modules에는 사용자가 npm을 통해 설치한 패키지들이 위치하고 있다. npm을 통해 설치한 패키지들은 package.json이라는 파일을 통해서 관리하게 되는데 Vue CLI는 기본적으로 Vue 애플리케이션을 작성할 때 필요한 패키지들을 초기 설정 시 설치해주기 때문에 따로 원하는 패키지가 없다면 새롭게 설치할 필요는 없다.

1.4.11 src

src 디렉터리에는 애플리케이션의 소스가 위치하게 된다. 즉, 애플리케이션이 동작하는 데 필요한 대부분의 소스는 src 디렉터리 안에 존재한다. src 디렉터리에는 main.js, App.vue, assets, router, components 5개의 파일과 디렉터리가 기본적으로 세팅된다.

1.4.11.1 assets

assets 디렉터리에는 애플리케이션에서 사용되는 정적 리소스들이 위치한다. 뒤에서 언급할 static 디렉터리와 차이가 있다면, 이 디렉터리에 위치하는 리소스들은 빌드 시 Webpack이 처리하게 된다는 것이다. Vue CLI는 png, jpg, gif와 같은 이미지 파일이나 mp4, mp3와 같은 미디어 파일을 url-loader를 통해 처리하게 된다. url-loader는 파일이 코드 내에서 사용되었을 때 파일 경로를 사용하여 파일을 불러오는 것이 아니라 파일을 Base64라는 포맷의 문자열로 인코딩시켜 코드에 직접 삽입하는 방식으로 불러온다. 이 방식은 HTML이나 자바스크립트 같은 코드를 로드한 후에 추가적으로 파일을 다시 로드할 필요가 없기 때문에 효율적이긴 하지만 정적 리소스의 크기가 커지면 커질수록 리소스를 Base64로 변환하였을 때 문자열의 길이가 길어져서 HTML에 삽입하는 방식의 효율성이 떨어지게 되므로 프로젝트 진행 시 정적 리소스를 static 디렉터리에 위치할 것인지 또는 assets 디렉터리에 위치할 것인지에 대한 판단이 필요하다.

1.4.11.2 components

components 디렉터리에는 Vue 컴포넌트들이 위치하게 된다. 컴포넌트는 하나의 독립적인 기능을 가지고 있는 단위 모듈을 의미한다. 일종의 부품을 만들어서 조립하는 방식으로 이해하면 된다.

1.4.11.3 router

router 디렉터리에는 Vue의 공식 라이브러리인 Vue Router의 코드가 위치하게 된다. Vue Router는 사용자가 접속한 URL에 어떤 컴포넌트를 렌더해야 하는지 정해주는 라이브러리다. index.js에서 Router 객체를 추출(export)하는 모듈 형태로 되어 있다. 애플리케이션이 커지게 되면 Router 객체의 개수도 늘어나 index.js에 작성하는 코드가 많아지게 되므로, 관리를 쉽게 하기 위해 별도의 자바스크립트 모듈 파일을 만들고 import문을 이용해 index.js에 모듈을 추가하여 병합하는 방법을 사용하기도 한다.

> **팁** Vue Router는 거의 모든 Vue 프로젝트에 사용되는 라이브러리인 만큼 사용법을 반드시 숙지하고 있어야 한다고 할 만큼 중요하다. Vue Router 공식 홈페이지(https://router.vuejs.org/kr/)에 한글로 친절하게 설명이 작성되어 있으니 한번 확인해보자.

1.4.11.4 App.vue

App.vue파일은 Vue 애플리케이션의 루트 컴포넌트다. Vue 애플리케이션의 컴포넌트들은 App 컴포넌트를 중심으로 트리 형태의 구조를 가지게 된다.

[코드 1-10] App.vue 파일의 내용

```
<template>
  <div id="app">
    <img src="./assets/logo.png">
  </div>
</template>

<script>
export default {
  name: 'App'
}
</script>

<style>
#app {
  font-family: 'Avenir', Helvetica, Arial, sans-serif;
  -webkit-font-smoothing: antialiased;
  -moz-osx-font-smoothing: grayscale;
  text-align: center;
  color: #2c3e50;
  margin-top: 60px;
}
</style>
```

1.4.11.5 main.js

main.js는 Webpack이 빌드를 시작할 때 가장 처음 불러오는 진입 지점(Entry Point)이다. 즉, 여러분이 작성한 애플리케이션은 이 파일을 실행함으로써 시작된다고 보면 된다. 해당 파일에서는 App.vue 파일을 불러와서 Vue객체를 생성하고

#app 엘리먼트에 바인딩하는 코드가 작성되어 있다.

[코드 1-11] main.js 파일의 내용

```
import Vue from 'vue'
import App from './App'

Vue.config.productionTip = false

new Vue({
  el: '#app',
  components: { App },
  template: '<App/>'
})
```

1.4.12 static

static 디렉터리에는 이미지, 폰트와 같은 정적(static) 리소스들이 위치하게 된다. static 디렉터리의 내부에 위치한 파일들은 Webpack을 거치지 않는다. Webpack은 이 디렉터리에 있는 파일들을 그대로 복사하여 빌드 결과물 디렉터리인 dist 디렉터리로 옮길 것이다. 처음 Vue CLI로 프로젝트를 세팅하면, .gitkeep파일 하나만 존재하는 걸 확인할 수 있다. 깃은 현재 비어있는 디렉터리를 추적하지 않기 때문에 이를 추적하게 하기 위해 .gitkeep이라는 파일을 하나 생성해둔 것이다.

1.4.13 test

test 디렉터리에는 e2e 테스트(end to end Test)에 관한 코드와 단위 테스트(Unit Test)에 대한 코드들이 위치하고 있다. 테스트 실행은 각각의 명령어를 통해 실행할 수 있다.

[코드 1-12] 테스트 명령어

```
# 단위 테스트 명령어 실행
$ npm run unit

# e2e 테스트 명령어 실행
$ npm run e2e

# 통합 테스트 명령어 실행
$ npm run test
```

조직에 따라 일정 수준 이상의 테스트 통과 커버리지를 가져야만 배포를 허용하는 경우도 있으니 테스트를 잊지 않고 작성하는 것이 좋다.

> **팁**　e2e 테스트 - 전체 시스템이 제대로 작동하는지 확인하기 위한 테스트로서, 시나리오 테스트, GUI 테스트, 통합 테스트 등을 수행하기 위해 사용한다. 최대한 실제 사용자 관점에서 테스트를 수행하기 때문에 테스트 수행 속도가 느릴 수 있다. 그래서 보통 단위 테스트와 같이 자동화되는 테스트와 함께 구성된다.
>
> 단위 테스트 - 단위 테스트는 전체 시스템이 아닌 개별적으로 작성된 작은 규모의 코드 뭉치들이 제대로 작동하는지 검사한다. Vue프로젝트의 경우 보통 컴포넌트들의 기능을 테스트하게 된다. 보통 단위 테스트는 자동화되어 있기 때문에 개발하면서 단위 테스트 프로세스를 함께 실행시키면서 지속적으로 테스트 커버리지를 확인하면서 개발하게 된다.

1.5 RESTful API 서버 세팅하기

이 책에서는 총 2가지의 웹 애플리케이션 예제를 진행한다. 첫 번째는 간단한 CRUD를 통한 메모 애플리케이션이고, 두 번째는 인증 기반의 커뮤니티 애플리케이션이다. 이 예제들을 진행하기 위해서는 RESTful API를 제공해주는 NodeJS 기반의 API 서버를 구축해야 한다.

참고 CRUD란 무엇인가요?

CRUD는 컴퓨터 소프트웨어가 가지는 기본적인 데이터 처리 기능인 Create(생성), Read(읽기), Update(갱신), Delete(삭제) 등 각각 기능의 앞 글자를 따서 일컫는다.

해당 소스는 https://github.com/CanDoVueJS/RESTful-api-server에서 내려받을 수 있다. 해당 URL로 접근한 후, 우측에 있는 Clone or download 버튼을 클릭하면 레파지토리를 zip 포맷으로 다운로드하거나 깃을 사용하여 클론할 수 있는 URL을 확인해볼 수 있다.

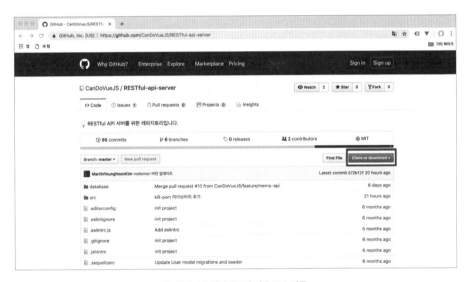

[그림 1-14] 레파지토리 다운로드 버튼

깃을 이용할 경우 터미널 혹은 CMD 창을 열어 원하는 작업 디렉터리로 이동한 후 Git 명령어를 통해 레파지토리를 클론한다.

[코드 1-13] Git CLI를 사용하여 레파지토리를 클론하는 명령어

```
$ cd ~/Desktop
$ git clone https://github.com/CanDoVueJS/RESTful-api-server.git
```

참고 [코드 1-13]에서는 경로 이름이 Desktop이라는 디렉터리에 API 서버의 레파지토리를 내려받았지만 꼭 Desktop이 아니어도 상관없다. 내려받길 원하는 디렉터리로 이동해서 내려받아도 된다.

소스를 성공적으로 내려받았다면 소스를 내려받은 위치의 경로에 레파지토리와 같은 이름을 가진 디렉터리가 생성되어 있을 것이다. 이 디렉터리 안에는 RESTful-api-server의 소스코드가 위치한다. 작성된 API 서버를 실행시키기 위해서는 생성된 API 서버 애플리케이션이 있는 디렉터리로 이동하여 API 서버가 동작하기 위해 필요한 패키지들을 설치하도록 하자.

[코드 1-14] 내려받은 서버 애플리케이션에 필요한 패키지를 설치하는 명령어

```
# 내려받은 소스의 디렉터리로 이동한다.
$ cd ./RESTful-api-server

# 필요한 패키지를 install 명령어를 이용하여 설치한다.
$ npm install
```

모든 패키지의 설치가 완료되었다면 npm 명령어를 사용하여 서버를 실행한다.

[코드 1-15] API 서버를 개발용으로 실행시키는 명령어

```
$ npm run dev
```

서버가 성공적으로 실행되었다면 터미널에서 성공 메시지를 확인할 수 있다.

참고 **npm 패키지를 설치할 때 404에러가 발생해요!**
간혹 서버 애플리케이션에서 사용한 패키지의 버전이 업데이트되어 다운로드에 실패하거나 혹은 다른 패키지와의 충돌 등으로 인해 설치되지 않는 경우가 있다. 이런 경우엔 당황하지 말고 프로젝트의 루트에 있는 package-lock.json 파일을 삭제한 후 다시 npm install을 사용

하여 시도해보자.

package-lock.json 파일은 프로젝트에서 사용한 패키지의 버전을 고정하는 역할을 맡는 파일이다. 버전을 고정하지 않으면 package.json 내에 선언되어 있는 버전 문법에 따라 새로운 버전의 패키지를 다운로드할 수 있기 때문이다. 이때 패키지의 새로운 버전의 메소드 혹은 사용방법과 같은 API가 변경되었다면 예전의 패키지 버전에 맞게 작성된 애플리케이션에서는 에러가 발생할 수 있다.

하지만 반대로 버전을 고정함으로써 새로운 버전의 패키지가 출시돼도 예전 버전을 다운로드하기 때문에 너무 오래된 버전이라 지원이 끊기는 경우나 최신 버전에서는 이미 고쳐진 패키지의 버그를 계속 안고가야 하는 단점도 존재한다.

터미널에서 성공 메시지를 확인한 후 실행시킨 포트로 접속 시 API 서버의 동작 여부를 확인할 수 있다.

[그림 1-15] API 실행 후의 브라우저 모습

알면 보이는 Vue

2.1 Vue의 필수 요소

2.2 Vue를 똑똑하게 사용하기

알면 보이는 Vue

이번 장에서는 Vue의 기능들에 대해서 알아볼 것이다. Vue가 다른 프레임워크에 비해 입문이 쉽다는 점은 많은 동의를 얻고 있는 부분이지만, 프레임워크는 기본적으로 사용자가 프로그래밍 개발론에 대해서 어느 정도 지식이 있다는 점을 가정하고 설계되었기 때문에 초심자의 시각으로 바라보았을 때 완벽히 이해하기 힘든 용어나 개념이 존재한다. 필자는 이 부분을 고려하여 이번 장을 작성하려고 한다. 따라서 기본적인 설명은 Vue의 공식홈페이지의 가이드(https://kr.vuejs.org/v2/guide/)에 기초하되 이해하기 어려운 부분에 대한 추가적인 설명을 하는 방향으로 진행할 것이다. 그렇기 때문에 공식 가이드를 함께 읽어보는 것을 추천한다.

2.1 Vue의 필수 요소

2.1.1 Vue 인스턴스

Vue 애플리케이션은 Vue 함수를 사용하여 새로운 Vue 인스턴스(Instance)를 만드는 것부터 시작한다.

[코드 2-1] Vue 인스턴스를 생성하는 모습

```
import Vue from 'vue'
```

```
import App from './App.vue'

new Vue({
  el: '#app',
  components: { App },
  template: '<App/>'
})
```

Vue 애플리케이션의 루트는 이러한 Vue 인스턴스로 구성되고 루트를 기반으로 Vue 컴포넌트들이 트리 형태로 위치하게 된다.

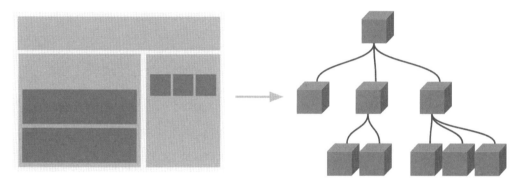

[그림 2-1] 컴포넌트 트리로 구성된 애플리케이션의 전체적인 모습

이때 Vue 컴포넌트는 Vue 인스턴스가 확장된 형태이므로 Vue 컴포넌트 또한 Vue 인스턴스가 제공해주는 모든 기능을 전부 가지고 있다.

2.1.2 Vue 인스턴스의 옵션

Vue 인스턴스 및 Vue 인스턴스가 확장된 컴포넌트에서 사용할 수 있는 데이터 관련 기능 및 옵션들이다.

2.1.2.1 data

[코드 2-2] data 속성의 선언 방법

```
// 뷰 인스턴스
const data = { a: 1 };
new Vue({
  data: data
})

// 뷰 컴포넌트
const myComponent = Vue.extend({
  name: 'MyComponent',
  data () {
    return { a: 1 };
  }
})
```

Vue 인스턴스의 data 속성은 반응형 모델을 선언할 때 사용한다. 반응형 모델이란 어떤 액션으로 인해 값이 변경되었을 때 자바스크립트와 사용자가 보는 뷰에서 보이는 값도 같이 연동되어 변경되는 것을 의미한다. 인스턴스가 생성된 후 this.$data로 접근할 수 있다. 또한, Vue 인스턴스는 데이터 객체 내부의 값을 프락싱(Proxying)하므로 this.$data.a와 this.a는 같은 값이다.

> **팁** 　프락시(Proxy), 프락싱(Proxying)란 무엇인가요?
>
> 　프락싱은 한국말로 직역하면 '대신하다' 정도의 의미를 가지고 있는 단어다. 보통 프락시라는 기술은 프락시 서버라는 구현체에서 주로 사용하는데, 이 경우 프락시 서버는 클라이언트의 요청을 대신 받아주는 서버다. 그 후 프락시 서버는 원래 사용자가 요청을 보내고자 했던 서버로 요청을 대신 보내준다. 마치 브로커와 같은 역할을 하는 것이다. 내가 접근하고자 하는 대상에 직접 접근하지 않더라도 프락시 구현체가 대상에 접근함으로써 접근 과정의 일부를 프락시 구현체가 대신 처리해주는 것이다. 앞서 설명한 프락시도 마찬가지 의미로, this.a(Vue 인스턴스)에 접근함으로써 this.$data.a에 담겨있는 값에 접근할 수 있으므로 this.$data 내부의 값에 this가 대신 접근해준다고 볼 수 있다. 즉, this.$data의 값을 this가 프락싱해주고 있는 것이다.

[코드 2-2]를 보면 뷰 인스턴스에서 data 속성을 선언할 때와 컴포넌트에서 data 속성을 선언할 때 문법이 다른 것을 볼 수 있다. 컴포넌트를 정의할 때에 data 속성은 반드시 Object 자료형을 반환하는 함수로 선언되어야 한다. 자바스크립트의 Object 자료형은 메모리에 저장된 값을 직접 가져오는 호출이 아닌 메모리에 저장된 주소 값을 가져오는 참조에 의한 호출이기 때문에 컴포넌트에서 data 속성을 일반 객체로 선언한다면 같은 주소를 참조하는 데이터들을 컴포넌트들이 공유하게 된다. Vue 인스턴스는 일반적인 SPA(Single Page Application)에서는 단 하나만 존재하기 때문에 괜찮지만, 컴포넌트는 여러 개인 경우가 많기 때문에 각각의 컴포넌트가 완전하게 독립적인 data 속성을 가지고 있도록 신경 써주지 않으면 의도치 않은 순간에 원하지 않는 컴포넌트의 데이터가 변경될 수도 있다.

 참고 값에 의한 호출, 참조에 의한 호출은 "7.3 값에 의한 호출, 참조에 의한 호출"장에 자세히 설명되어 있다.

2.1.2.2 props

[코드 2-3] props 속성의 선언 방법

```
Vue.component('MyComponent', {
  // 단순한 구문으로 표현하기
  props: ['size', 'myMessage']
})
Vue.component('MyComponent2', {
  props: {
    // 타입만 체크할 경우
    height: Number,
    // 타입 체크와 유효성 검사, 기본값 등을 추가로 지정할 경우
    width: {
      type: Number,
      required: true,
      default: 1,
```

```
      validator (value) {
        return value > 0
      }
    }
  }
})
```

```
<my-component :width="3" :height="3"></my-component>
```

props 속성은 부모 컴포넌트로부터 데이터를 받아올 수 있게 노출된 속성들이다. 이렇게 노출된 속성들은 [코드 2-4]와 같이 HTML 요소의 어트리뷰트처럼 작성하여 값을 할당할 수 있다. 자식 컴포넌트 내부에서도 물론 props 속성을 직접 변경할 수는 있지만, 반응형 데이터를 다루도록 설계되지 않았기 때문에, 이런 방식으로 사용한다면 Vue는 브라우저의 개발자 콘솔에 경고를 띄우게 된다. 또한, 애플리케이션이 동작하고 있을 때 개발자가 미처 예상하지 못한 오류가 발생할 수도 있다. 만약 자식 컴포넌트 내부에서 props의 데이터를 다뤄야 하는 경우 data 속성 내에서 해당 prop을 this로 접근하여 참조하도록 다시 선언하여 사용하거나 "2.1.6.6 vm.$emit"장에서 다루는 emit을 통해 부모 컴포넌트의 데이터를 변경해줘야 한다.

[코드 2-5] props 속성을 반응형으로 사용하는 방법

```
// props를 반응형으로 사용하는 예시
Vue.component('MyComponent2', {
  props: {
    height: Number,
  },
  data () {
    return {
      dataHeight: this.height,
    };
  }
})
```

2.1.2.3 computed

computed는 단어 그대로 계산된 데이터다. computed를 사용하지 않고도 인스턴스 내에 자바스크립트 표현식을 이용하여 사용할 수 있다.

[코드 2-6] 템플릿 내에 자바스크립트 표현식을 사용한 경우

```
Vue.component('MyComponent', {
  template: '<div>{{ age * 2 }}</div>',
  data () {
    return { age: 28 }
  }
})
```

하지만 이러한 방식으로 템플릿 내에서 여러 번 사용하는 경우 자바스크립트 표현식을 여러 번 해석해야 하므로 애플리케이션의 렌더 성능이 떨어질 수 있다. 혹은 코드의 재사용이나 가독성 면에서도 현저히 떨어지는 것을 쉽게 알 수 있다.

[코드 2-7] computed 속성의 선언 방법

```
Vue.component('MyComponent', {
  template: '<div>{{ doubleAge }}</div>',
  data () {
    return { age: 28 }
  },
  computed: {
    doubleAge () {
      return this.age * 2 // 56이 반환된다
    }
  }
})
```

computed의 내부에서 사용된 데이터가 변경되면 자동으로 computed의 값도 갱신된다. 이러한 computed를 사용하는 대신 함수를 선언하고 매번 호출하여 사용할 수도 있지만, computed의 가장 큰 장점은 값이 한 번 계산되고 나면 캐싱(Caching)

된다는 점이다. computed 내부에서 사용된 데이터가 갱신되기 전에는 다시 계산되지 않으므로 함수를 선언해서 호출하는 방법보다 효율적이다. 이러한 computed는 '인자를 받지 않는 함수'로 선언하여 사용한다. 기본적으로 computed 함수는 getter 함수를 가지고 있어 읽기에 특화되어 있지만, setter 함수를 통해 값을 쓰기 기능을 지원할 수도 있다.

[코드 2-8] computed 속성의 getter 함수와 setter 함수 분리

```
Vue.component('MyComponent', {
  data () {
    return { age: 28 }
  },
  computed: {
    doubleAge: {
      get: function () {
        return this.age * 2
      },
      set: function (newAge) {
        this.age = newAge;
      }
    }
  }
})
```

2.1.2.4 methods

methods는 인스턴스에 추가되는 메소드다.

[코드 2-9] methods의 선언 방법

```
Vue.component('MyComponent', {
  data () {
    return { age: 28 }
  },
  methods: {
    plusNumber () {
```

```
        this.age++;
      }
    }
})
```

methods에 선언된 메소드를 실행시킬 때는 this를 통해 직접 접근하여 실행시키거나 디렉티브 표현식을 통해 사용할 수 있다. 선언된 모든 메소드는 this 컨텍스트를 Vue 인스턴스에 바인딩한다. 그렇기 때문에 만약 화살표 함수(Arrow function)를 사용하여 메소드를 정의하면 this가 현재 인스턴스가 아닌 부모 컨텍스트를 의미하게 되므로 메소드 내부에서 현재 인스턴스의 data나 props에 접근할 수 없게 된다는 점을 주의해야 한다.

> **참고 메소드와 함수의 차이**
>
> 함수(Function) - 특정 작업을 수행하는 코드 뭉치라고 생각하면 된다. 어떤 컨텍스트에 위치하던 독립된 기능을 수행하는 단위다.
>
> 메소드(Method) - 클래스나 구조체, 객체가 멤버로 가지고 있는 함수를 메소드라고 한다. 어딘가에 종속되어 있는 함수이기 때문에 멤버 함수(Member Function)라고도 불린다. 즉, 메소드도 함수이지만 어떤 상황이냐에 따라 불리는 명칭이 달라진다.

2.1.2.5 watch

watch는 뷰 인스턴스 내의 데이터의 변화를 감지하며 특정 로직을 수행해야 할 때 주로 사용하는 감시자 속성이다. watch에 사용되는 메소드의 이름은 감시하는 데이터의 이름이며 해당 데이터가 변경되었을 때 메소드 내부에 작성한 코드가 실행되는 방식으로 작동한다.

[코드 2-10] watch의 선언 방법

```
Vue.component('MyComponent', {
```

```
  data () {
    return { a: 'Hello World', b: 1 }
  },
  watch: {
    a (nextValue, prevValue) {
      console.log(`new: ${nextValue}, old: ${prevValue}`)
    }
  }
})
```

watch 속성을 선언할 때 함수의 인자로는 첫 번째 인자는 새로운 값, 두 번째 인자로
는 변경되기 전의 상태와 같이 총 2개의 인자를 받을 수 있다. 이러한 watch 속성은
비동기 처리 등과 같이 특정 로직을 처리하는 데 걸리는 소요 시간이 많을 경우 사용
한다. 예를 들어 게시판의 페이징 기능과 같은 곳에서 사용할 수 있다.

[코드 2-11] watch 속성에 대한 페이징 API 호출 예시

```
Vue.component('Board', {
  data () {
    return { contents: [], paging: 1 }
  },
  watch: {
    paging (page) {
      // paging 데이터가 변경될 때마다 API를 호출하여, contents의 데이터를 갱신한다.
      fetchBoard (`/api/board?page=${page}`)
        .then(res => {
          this.contents = res.data
        })
    }
  }
})
```

만약 감시하고자 하는 데이터가 Object 속성이라면 deep이나 handler와 같은 옵션
을 사용하여 해당 데이터의 내부 속성까지 감시할 수 있다.

[코드 2-12] watch 속성의 deep과 handler를 통한 깊은 감시

```
Vue.component('MyComponent', {
  data () {
    return {
      a: {
        b: 1
      }
    }
  },
  watch: {
    a: {
      handler (nextValue, prevValue) {
        console.log(`new: ${nextValue}, old: ${prevValue}`)
      },
      deep: true,
    }
  }
})
```

> **팁** **watch와 computed는 뭐가 다른가요?**
>
> computed는 메소드 내부에서 사용된 변수들을 감시하며, 한번 저장된 값은 캐싱 되므로 어떤 변수들을 사용해서 값을 계산해내는 데 적합하다. 반면 watch는 캐싱도 되지 않고 변수가 Object라고 해도 deep 옵션을 사용해서 내부를 깊게 감시할 수 있기 때문에, 어떤 값이 변경되었을 때 그 값을 사용하여 API 통신을 수행해서 모델을 서버로부터 다시 받아와야 한다든가 하는 특정한 로직을 수행할 때 적합하다고 볼 수 있다.
>
> 물론 computed를 watch와 비슷한 방식으로 사용할 수 있지만, 여러분이 원하는 순간에 값이 캐싱되어 메소드가 호출되지 않는 경우가 있을 수 있으므로 그때그때 상황에 맞게 알맞은 속성을 사용해야 한다.

2.1.3 Vue 인스턴스의 생명주기

Vue 인스턴스가 생성되는 시점에서부터 삭제되는 일련의 과정에서 인스턴스의 상태

에 따라 생명주기 훅(Life Cycle Hook)이 실행된다. 각자의 훅마다 사용되는 시점과 용도도 다르다. "2.1.1 Vue 인스턴스"에서 설명했듯이 컴포넌트도 Vue 인스턴스가 확장된 형태이므로 Vue 인스턴스와 마찬가지로 동일한 생명주기 훅을 가지고 있으니, 컴포넌트 내에서도 이러한 생명주기를 활용할 수 있다.

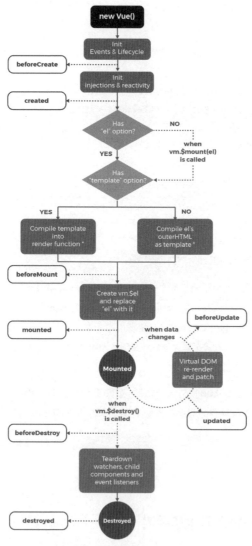

[그림 2-2] Vue 인스턴스의 생명주기 (https://kr.vuejs.org/v2/guide/instance.html)

2.1.3.1 beforeCreate

[코드 2-13] beforeCreate 훅

```
new Vue({
  el: '#app',
  beforeCreate () {
    console.log('beforeCreate Hook이 실행됩니다.');
  }
})
```

beforeCreate 훅은 인스턴스가 생성될 때 가장 처음으로 실행되는 훅이다. 아직 데이터와 이벤트는 아직 생성되지 않아 접근할 수 없는 단계다.

2.1.3.2 created

[코드 2-14] created 훅

```
new Vue({
  el: '#app',
  created () {
    console.log('created Hook이 실행됩니다.');
  }
})
```

created 훅은 beforeCreate 훅의 다음 단계로서, beforeCreate 훅이 호출된 직후 데이터와 이벤트가 초기화되어 created 훅에서는 데이터와 이벤트에 접근할 수 있다. 그러나 아직 DOM이 마운트되지 않았으므로, 인스턴스의 DOM에 접근하는 $el 속성을 사용할 수 없는 상태다. 주로 API 서버의 요청을 통해 애플리케이션에서 필요한 데이터를 받아올 때 해당 훅에서 받아온다.

2.1.3.3 beforeMount

[코드 2-15] beforeMount 훅

```
new Vue({
  el: '#app',
  beforeMount () {
    console.log('beforeMount Hook이 실행됩니다.');
  }
})
```

beforeMount 훅 이후부터는 컴포넌트에 접근할 수 있다. beforeMount 훅은 말 그 대로 아직 DOM이 마운트되지 않은 상태기 때문에 아직은 $el 속성을 통해 인스턴스 의 DOM에는 접근할 수 없는 단계다.

2.1.3.4 mounted

[코드 2-16] mounted 훅

```
new Vue({
  el: '#app',
  mounted () {
    console.log('mounted Hook이 실행됩니다.');
  }
})
```

mounted 훅에서는 인스턴스의 렌더와 DOM 마운트가 끝난 상태다. $el 속성을 사용 하여 인스턴스의 DOM에 접근할 수 있게 된다. 만약 그래프와 같은 DOM 관련 라이 브러리를 사용하는 경우 해당 훅에서 DOM을 렌더하면 된다.

> **주의** mounted 훅은 현재 인스턴스의 마운트가 끝났다는 의미다. 현재 인스턴스가 가지고 있 는 자식 컴포넌트들까지 마운트가 끝난 상태를 의미하는 것이 아니다. 만약 모든 자식 컴 포넌트들까지 마운트가 끝난 상태를 알고 싶다면 vm.$nextTick 메소드를 사용하여 전체 컴포넌 트가 렌더된 상태를 보장할 수 있다.

2.1.3.5 beforeUpdate

[코드 2-17] beforeUpdate 훅

```
new Vue({
  el: '#app',
  beforeUpdate () {
    console.log('beforeUpdate Hook이 실행됩니다.');
  }
})
```

컴포넌트가 마운트가 다 된 후, 데이터의 변화가 감지됐을 때 해당하는 데이터와 관련
있는 DOM을 업데이트하기 전에 호출된다. 가상돔과 연관이 깊은 훅으로서, Vue.js는
데이터가 변경됨에 따라 변경된 데이터를 가상돔에 적용한다. 가상돔에 적용된 DOM
을 렌더링하기 전에 호출되는 훅으로서, 이 과정에서 데이터가 변경되더라도 다시 렌
더링이 되지는 않는다.

2.1.3.6 updated

[코드 2-18] updated 훅

```
new Vue({
  el: '#app',
  updated () {
    console.log('updated Hook이 실행됩니다.');
  }
})
```

updated 훅은 가상 DOM이 재렌더링 되어 실제 DOM이 되었을 때 호출된다. 데이
터가 변경된 후 DOM까지 모두 업데이트가 완료된 상태이므로 DOM에 접근하여 특
정 로직을 수행하는 일이 가능하다. mounted와 마찬가지로 모든 자식 컴포넌트가
재렌더링 된 상태를 보장해주지는 않으므로 만약 전체 컴포넌트가 재렌더링 된 상태
를 원한다면 vm.$nextTick을 사용하는 것을 추천한다.

> **주의** updated 훅은 데이터가 업데이트되고 DOM이 다시 렌더링 되고 난 후 호출되기 때문에
> updated 훅에서 뷰와 관련된 데이터를 다시 변경하는 코드를 작성해버리면 다시 DOM
> 이 렌더링 되고 또다시 updated 훅이 호출되는 무한루프에 빠질 수 있다.

2.1.3.7 beforeDestroy

[코드 2-19] beforeDestroy 훅

```
new Vue({
  el: '#app',
  beforeDestroy () {
    console.log('beforeDestroy Hook이 실행됩니다.');
  }
})
```

beforeDestroy 훅은 Vue 인스턴스가 제거되기 전에 호출되는 훅이다. 아직 인스턴스가 제거되지 않은 상태이므로 this를 사용하여 해당 인스턴스에 접근하는 것이 아직 가능하다. 주로 인스턴스가 제거되기 전 인스턴스에 접근해서 수행해야 하는 코드를 작성할 때 beforeDestroy 훅에서 해당하는 로직을 작성한다. 예를 들어 document. body에 특정 이벤트를 걸어두고 이벤트를 해제시켜주지 않으면 계속해서 이벤트가 실행될 것이다. 이러한 특정 이벤트를 초기화시켜줄때 beforeDestroy 훅 안에서 이벤트를 초기화시켜준다면 그러한 문제를 피할 수 있다.

2.1.3.8 destroyed

[코드 2-20] destroyed 훅

```
new Vue({
  el: '#app',
  destroyed () {
```

```
    console.log('destroyed Hook이 실행됩니다.');
  }
})
```

destroyed 훅은 Vue 인스턴스가 제거된 후에 실행되는 훅이다. 인스턴스는 이미 제거되었기 때문에 this를 사용하여 인스턴스에 접근하는 것 또한 불가능하며, 컴포넌트에 걸려있는 모든 이벤트가 해제된다.

2.1.4 Vue 템플릿 문법

Vue는 자바스크립트 내의 데이터가 뷰와 연동되도록 선언할 수 있는 템플릿 문법을 지원한다. 이번 챕터에서는 그러한 템플릿 문법에 대해서 살펴보도록 하자.

2.1.4.1 텍스트 보간

자바스크립트 내의 데이터를 DOM에 바인딩하기 위해서는 '이중 중괄호({{, }})' 문법을 사용한다.

[코드 2-21] msg 변수가 바인딩된 DOM의 모습

```
<p>{{ msg }}</p>
```

[코드 2-21]과 같이 작성된 템플릿의 msg 변수는 렌더가 진행될 때 자바스크립트에 선언된 msg 변수의 실제 값으로 치환된다. 또한 자바스크립트 내의 msg 변수가 갱신된다면 뷰에 바인딩 된 msg 변수 또한 갱신된다. 만약 바인딩한 변수를 갱신할 일이 없다면 v-once 디렉티브를 사용하여 일회성 보간을 진행할 수도 있다.

[코드 2-22] 일회성 보간을 위해 v-once 디렉티브를 사용한 모습

```
<p v-once>{{ msg }}</p>
```

갱신할 일이 없는 변수를 감시하고 있는 것은 비효율적이므로 이렇게 일회성 보간을
사용하여 처음 보간을 진행할 때만 변수를 참조하고 그 이후로는 참조하지 않게 할 수
있다. 이런 기법들은 템플릿 내에서 사용하고 있는 변수가 많을 경우에 렌더 속도 최
적화 기법으로 사용될 수 있다.

또한 Vue 인스턴스나 컴포넌트는 이런 텍스트 보간 문법을 변경할 수 있도록
delimiters라는 옵션을 제공한다.

[코드 2-23] delimiters 옵션 사용법

```
new Vue({
  el: '#app',
  components: { App },
  template: '<App/>',
  // 텍스트 보간 문법을 변경한다
  delimiters: ['${', '}$']
})
```

[코드 2-24] delimiters 옵션을 사용하여 텍스트 보간 문법을 변경한 모습

```
<!-- 변경된 보간 문법을 사용하여 자바스크립트 변수를 바인딩한다. -->
<p>${ msg }$</p>
```

2.1.4.2 HTML 보간

"2.1.4.1 텍스트 보간"장에서 설명했던 텍스트 보간 문법을 사용하면 HTML을 사용하
더라도 HTML이 아닌 일반 텍스트로 해석하게 된다.

[코드 2-25] 텍스트 보간 문법을 사용하여 HTML을 바인딩한 모습

```
<template>
  <div>{{ rawHTML }}</div>
</template>
<script>
```

```
export default {
  data () {
    return { rawHTML: '<span style="color: red">Hello</span>' }
  }
}
</script>
```

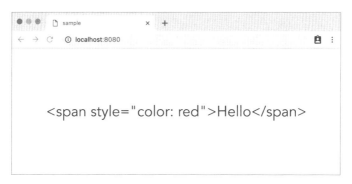

[그림 2-3] 텍스트 보간 문법을 사용하여 렌더된 화면

[코드 2-25]와 같이 텍스트 보간 문법을 사용하여 HTML을 렌더하려고 하면 화면에는
Hello이라는 HTML 코드가 문자열처럼 그대로
노출된다. 이런 경우에 우리는 v-html 디렉티브를 사용하여 HTML 코드를 문자열이
아닌 실제 HTML로 인식하도록 바인딩할 수 있다.

[코드 2-26] v-html 디렉티브를 사용하여 문자열을 HTML로 해석하도록 변경한 모습

```
<div>
  <span v-html="rawHTML"></span>
</div>
<script>
export default {
  data () {
    return { rawHTML: '<span style="color: red">Hello</span>' }
  }
}
</script>
```

[그림 2-4] HTML 보간 문법을 사용하여 렌더된 화면

[코드 2-26]과 같이 v-html 디렉티브를 사용하여 문자열을 HTML 코드로 해석하도록 변경하면 rawHTML 변수의 내용을 HTML로 해석하기 때문에 붉은색으로 적혀진 'Hello'가 노출된다. 이때 rawHTML 내부의 텍스트 보간 문법은 모두 무시된다.

> **참고** v-html 디렉티브는 굉장히 편리한 기능이기도 하지만 반대로 위험한 기능이기도 하다. 만약 사용자로부터 입력받은 값과 같은 '신뢰할 수 없는 값'을 v-html을 통해 렌더하게 되면 악의를 가진 사용자가 임의의 스크립트를 웹사이트에 심는 XSS 공격을 할 수 있게 된다. 그렇기 때문에 v-html 디렉티브를 사용할 때는 신뢰할 수 있는 값만 HTML로 보간할 수 있도록 주의해야 한다.

2.1.4.3 HTML 속성

Vue는 HTML 속성 또한 변수를 사용하여 보간할 수 있게 지원해준다. HTML의 속성에 변수를 바인딩하기 위해서 텍스트 보간 문법과 같은 이중 중괄호 문법은 사용할 수 없는 대신 v-bind 디렉티브를 사용할 수 있다.

[코드 2-27] v-bind 디렉티브를 사용하는 모습

```
<!-- dynamicId 변수의 값이 div의 속성으로 바인딩 된다. -->
<div v-bind:id="dynamicId"></div>
```

```
<!-- 불리언 자료형의 경우에도 같은 방법을 사용할 수 있다. -->
<select v-bind:disabled="isDisabled"></select>
```

불리언 자료형 변수를 사용하는 경우 반드시 true, false와 같은 불리언 자료형의 값이 아니더라도 빈 배열([])과 1 같은 Truthy 값과 null과 0 같은 Falsy 값들도 true, false와 같은 방식으로 처리한다. Truthy 값과 Fasly 값에 대한 자세한 설명은 "7.1 Truthy 값과 Falsy 값"장에 자세히 설명되어 있으니 참고하도록 하자.

2.1.4.4 자바스크립트 표현식 사용

"2.1.4.2 HTML 보간"장에서 설명한 텍스트 보간 문법인 이중 중괄호 문법에는 변수뿐만 아니라 자바스크립트의 표현식도 사용할 수 있다.

[코드 2-28] 여러 가지 자바스크립트 표현식의 종류

```
{{ 1 + 1 }}
{{ isFinish ? '수고하셨습니다.' : '아직 끝나지 않았습니다.' }}
{{ userName.split('').reverse().join('') }}

// 자바스크립트에서 제공해주는 전역 객체에도 접근이 가능하다.
{{ Math.random() }}
```

[코드 2-29] v-bind 디렉티브와 자바스크립트 표현식을 함께 사용한 모습

```
<div v-bind:id="'element-' + userId"></div>
```

이렇게 이중 중괄호 문법 내부에서 사용하는 표현식은 하나의 자바스크립트로 평가되며 실제 자바스크립트를 실행한 것과 동일한 결과를 반환한다. 이 보간 문법은 표현식만 허용하기 때문에 선언문이나 조건문과 같은 구문은 사용할 수 없다.

[코드 2-30] 표현식이 아닌 구문을 사용하는 모습

```
// 선언문은 사용할 수 없다.
{{ let number = 0 }}

// 조건문은 사용할 수 없다. 삼항연산자를 사용하여 표현식으로 변경해줘야 한다.
{{ if (isTrue) return 'Yes!' }}
```

팁 표현식이라는 게 무엇인가요?

표현식(Expression)은 어떤 하나의 값으로 평가되는 식이다. 값, 값이 할당된 변수, 함수 호출 결과, 연산자와 피연산자의 조합 등 어떠한 하나의 값으로 표현할 수 있는 식을 표현식이라고 부른다. 쉽게 말해서 수학에서 등호를 사이에 두고 있는 식에서 일반적인 좌변의 역할이라고 보면 된다. "1 + 1 = 2"라는 공식에서 표현식은 "1 + 1"이 되는 것이고 이 표현식을 평가한 값이 "2"인 것이다.

```
5 // 5라는 표현식은 값 그 자체로 평가된다.
5 + 1 // 5 + 1이라는 표현식은 6으로 평가된다.
isOk ? 'Yes' : 'No' // 이 삼항연산자는 isOk라는 값이 true라면 Yes라는 문자열
로 평가되고 false라면 No라는 문자열로 평가된다.
Math.max(1, 2) // 주어진 인자 중 가장 큰 값을 반환하는 함수이기 때문에 2라는 값
으로 평가된다.
```

표현식이 아닌 것은 문(Statement)으로 불리며 어떤 하나의 문장이라고 생각하면 된다. 이때 표현식은 문을 구성하는 요소로 사용되며, 표현식 또한 그 자체만으로도 하나의 문이 될 수도 있다.

```
// 선언문은 10 * 2라는 표현식을 포함하고 있다.
let number = 10 * 2;

// 할당문은 표현식 그 자체이지만 그와 동시에 완전한 하나의 문이기도 하다.
number = 1;

// 이 함수 선언문은 호출되기 전까지는 표현식으로 평가될 수 없다.
function getOk (isOk) {
  if (isOk) return 'Yes';
  else return 'No';
}
```

표현식과 문은 보기에 유사한 점도 많고 구분하기 쉽지 않기 때문에 이 둘을 구분할 때는 대상 구문이 그 자체만으로도 '값'으로 평가될 수 있는지 따져보는 것이 좋다. 또한 자바스크립트 구문을 브라우저의 개발자 콘솔에 복사, 붙여넣기 했을 때 표현식은 평가된 값이 출력되고, 문은 undefined가 출력되기 때문에 이 방법을 통해서 구분할 수도 있다.

2.1.5 디렉티브

디렉티브는 '지시문'이라는 의미를 가진 단어다. Vue에서의 디렉티브는 DOM의 모든 것을 관리할 수 있는 지시 혹은 명령이라고 할 수 있다. 디렉티브는 HTML 속성과 같은 문법으로 사용할 수 있고 v- 접두사를 가지고 있는 특수한 속성이다. 디렉티브 속성의 값으로는 하나의 자바스크립트 표현식을 사용할 수 있다.

[코드 2-31] v-bind 디렉티브를 사용하는 모습

```
<div v-bind:id="'element-' + userId"></div>
```

디렉티브는 콜론(:)으로 표시되는 전달 인자를 사용할 수 있다. 예시에서 사용된 v-bind 디렉티브는 전달 인자를 통해 전달받은 값과 동일한 이름의 HTML 속성에 디렉티브의 값을 대입해주는 기능을 가지고 있다. [코드 2-31]의 v-bind 디렉티브는 전달 인자로 id라는 값을 사용하고 있기 때문에 이 div 요소의 id 값은 'element-' + userId 가 될 것이다. 또 한 가지 Vue 디렉티브의 유용한 기능은 바로 수식어 기능이다.

[코드 2-32] 디렉티브 수식어를 사용한 모습

```
<!-- 사용자가 입력한 모델의 값을 자동으로 숫자 자료형으로 변환해준다. -->
<input v-model.number="productPrice">

<!-- 마우스 오른쪽 버튼으로 클릭되었을때만 이벤트 리스너가 호출된다. -->
<button v-on:click.right="onLeftClick"></button>
```

수식어는 점으로 표시되는 특수 접미사로 v-model.number와 같이 조건에 따라 어떠한 기능을 추가할 수도 있고 v-on:click.right와 같이 디렉티브의 값을 실행할 때의 조건을 추가할 수도 있다. 이렇게 디렉티브의 전달 인자와 수식어를 사용함으로써 한 가지 기능을 하는 디렉티브를 다양한 환경에서 사용할 수 있다. 또한 Vue에서 제공해주는 디렉티브들도 전달 인자와 수식어를 통해 다양한 기능들을 제공하고 있다. Vue는 이렇게 유용하게 쓰일 수 있는 13개의 디렉티브들을 제공하고 있다. 그중 자주 사용되는 8개의 대표적인 디렉티브에 대해서 살펴보도록 하자.

2.1.5.1 v-bind

v-bind 디렉티브는 HTML 속성의 값을 동적으로 바인딩하거나 컴포넌트의 props 속성에 값을 주입할 때 사용하는 디렉티브다. 약어로 콜론(:)를 사용할 수 있다.

> 참고   v-bind:id와 같이 디렉티브의 전달 인자를 사용할 때 사용하는 콜론(:)과 :id와 같이 v-bind 디렉티브의 약어인 콜론(:)은 그저 같은 기호일 뿐 아무 관계가 없다. 다른 디렉티브들도 전달 인자를 사용할 때 v-on:click과 같이 콜론을 사용한다.

[코드 2-33] v-bind 디렉티브의 다양한 활용 방법

```
<!-- href 속성에 url 변수의 값을 바인딩한다. -->
<a v-bind:href="url"></a>

<!-- 약어를 사용한 모습. -->
<a :href="url"></a>

<!-- 전달인자를 사용하지 않고 속성 객체를 바인딩할 수도 있다. -->
<a v-bind="{ id: 'test-link', href: url }"></a>

<!-- 클래스를 바인딩할 때는 배열을 사용할 수도 있다. -->
<div :class="['classA', 'classB']"></div>
```

```
<!-- 컴포넌트의 props에 user 객체의 name 속성 값을 주입한다. -->
<UserProfile :name="user.name" />
```

2.1.5.2 v-on

v-on 디렉티브는 v-bind와 더불어 Vue 애플리케이션을 개발할 때 가장 많이 사용되는 디렉티브로, DOM 엘리먼트나 컴포넌트에 이벤트 리스너를 연결할 수 있는 디렉티브다. 디렉티브의 값으로는 함수 또는 한 줄로 표현할 수 있는 문(Statement)과 Object 자료형의 값을 사용할 수 있다. 약어로는 @ 기호를 사용한다.

[코드 2-34] v-on 디렉티브의 다양한 활용 방법

```
<!--선언되어 있는 메소드 이름을 사용하여 바인딩한다. -->
<button v-on:click="onClick">Click Me</button>

<!-- 약어를 사용한 모습 -->
<button @click="onClick">Click Me</button>

<!-- 한 줄로 표현할 수 있는 문을 사용하여 바인딩한다. -->
<button v-on:click="isToggle = !isToggle">Click Me</button>

<!-- 전달인자를 사용하지 않고 속성 객체를 바인딩할 수도 있다. -->
<button v-on="{ click: onClick, hover: onHover }">Click Me</button>
```

v-on 디렉티브는 다양한 수식어 또한 제공한다. 수식어는 v-on:click.stop과 같이 디렉티브의 접미사로 사용할 수 있다.

[표 2-1] v-on 디렉티브가 제공하는 다양한 수식어들

수식어	기능
.stop	event.stopPropagation을 호출하여 이벤트 전파를 금지한다.
.prevent	event.preventDefault를 호출하여 이벤트의 기본 동작을 방지한다.

수식어	기능
.capture	이벤트 캡처 모드로 이벤트 리스너를 추가한다.
.self	이벤트가 이 엘리먼트에서 전달된 경우에만 처리된다. 즉 event.target 속성의 값이 이벤트 리스너를 바인딩한 엘리먼트여야만 리스너가 호출된다.
.keyCode, .keyAlias	특정 키에 대한 이벤트만 처리된다. @keyup.enter와 같이 별칭(Alias)을 사용하거나 @keyup.13과 같은 키코드를 사용할 수도 있다.
.once	이벤트 리스너가 단 한번만 호출된다.
.left, .right, .middle	마우스 버튼 이벤트 트리거
.passive	이벤트의 passive 속성을 true로 변경하여 이벤트 호출 시 브라우저에 이 이벤트가 event.preventDefault를 호출하지 않는다는 것을 알린다.

팁 **stopPropagation? preventDefault? 이벤트 캡처 모드?**

.stop 수식어와 .capture 수식어는 DOM 요소에서 어떠한 행위(이벤트)가 발생했을 때 이 행위가 발생한 요소 외에도 다른 요소들이 영향을 받는지에 대한 여부를 결정하는 수식어다. 이에 대한 자세한 내용은 "7.2 자바스크립트의 이벤트"장을 참고하도록 하자.

.prevent 수식어가 호출하는 event.preventDefault 메소드는 특정 이벤트가 가지고 기본 동작을 금지하는 기능을 가지고 있다. 여기서 말하는 이벤트의 기본 동작이라 함은 폼 요소의 제출(submit) 이벤트가 발생했을 때 자동으로 브라우저를 새로고침하거나 인풋 필드에 커서를 위치한 상태에서 키보드를 입력하면 텍스트가 입력되거나 하는 등 브라우저가 기본적으로 제공해주는 기능들을 의미한다. 이런 기능들은 개발자가 일일이 사소한 기능까지 개발하지 않아도 되도록 수고를 덜어주기도 하지만 간혹 개발자가 원하는 방향으로 작동하지 않기도 하기에 이런 기본 기능들을 제어할 수 있는 메소드를 사용하는 것이다.

팁 **이벤트의 passive 속성은 무엇인가요?**

.passive 수식어는 scroll, touchmove 등 스크롤 관련 이벤트에서 사용되는 수식어이며, .prevent 수식어가 호출하는 event.preventDefault 메소드와 깊은 연관이 있다. preventDefault 메소드는 이벤트의 기본 기능을 금지하는 기능을 제공하기 때문에 브라우저는 이벤트 리스너가 실행될 때 preventDefault 메소드가 실행되는 상황을 대비하여 리스너 함수의

실행이 전부 끝날 때까지 기본 기능을 실행하지 않는다. 브라우저는 언제 preventDefault 메소드가 호출될지 알 수 없기 때문이다.

```
document.addEventListner('scroll', function (event) {
  // ...
  if (isTrue) {
    // 조건이 참일 때만 이벤트의 기본 기능을 금지시킨다.
    event.preventDefault()
  }
})
```

이렇게 조건에 따라 이벤트의 기본 동작을 금지할 수도 있기 때문에 브라우저는 리스너의 실행이 끝날 때까지 기다린 후 스크롤 이벤트의 기본 동작인 스크롤링을 수행한다. 그러나 만약 리스너 함수의 실행 시간이 길어진다면 스크롤이 부드럽게 되지 않고 끊기는 현상이 발생한다. passive 속성을 true로 설정하는 것은 브라우저에게 "리스너 함수 안에서 이 이벤트의 기본 동작을 막지 않겠다"라고 말해주는 것과 같아서 브라우저는 리스너 함수가 끝까지 실행되는 것을 기다리지 않고 바로 이벤트의 기본 기능을 실행한다.

```
document.addEventListner('scroll', function (event) {
  // ...
  if (isTrue) {
    event.preventDefault()
  }
}, { passive: true })
```

이벤트의 passive 속성을 사용하면 스크롤 이벤트 리스너의 처리 시간과 관계없이 부드러운 스크롤링을 통해 사용자에게 좋은 경험을 줄 수 있으나 인터넷 익스플로러에서는 해당 기능을 지원하지 않으므로 조심해서 사용하도록 하자.

2.1.5.3 v-if, v-else-if, v-else

v-if, v-else-if, v-else 디렉티브는 일반적인 프로그래밍 언어에서의 if, else if, else 문과 동일한 기능을 수행하며 컴포넌트나 엘리먼트를 조건부 렌더링하는 기능을 제

공한다. 주어진 표현식의 값이 거짓일 경우 해당 컴포넌트 혹은 엘리먼트는 주석으로
처리되고 표현식의 값이 참일 경우 다시 렌더링 된다.

[코드 2-35] v-if 디렉티브의 조건에 따라 렌더링되는 결과

```
<div>
  <p v-if="count === 0">값이 0일 때만 노출됩니다.</p>
  <p v-else-if="count === 1">값이 1일 때만 노출됩니다.</p>
  <p v-else>그 외 값일 경우 노출됩니다.</p>
</div>

<!-- count 값이 0인 경우 -->
<div>
  <p>값이 0일 때만 노출됩니다.</p>
  <!---->
  <!---->
</div>

<!-- count 값이 1인 경우 -->
<div>
  <!---->
  <p>값이 1일 때만 노출됩니다.</p>
  <!---->
</div>

<!-- count 값이 -1인 경우 -->
<div>
  <!---->
  <!---->
  <p>그 외 값일 경우 노출됩니다.</p>
</div>
```

v-if를 사용할 때는 한 가지 주의점이 있는데 Vue는 재사용 가능한 요소는 최대한 재
사용하려고 한다는 것이다. 즉 v-if 디렉티브를 사용하여 요소의 노출 여부를 결정할
때 디렉티브가 사용된 DOM이 변경되지 않는다면 Vue는 DOM을 완전히 대체하는
것이 아니라 변경된 사항만 변경하려고 한다.

[코드 2-36] v-if 디렉티브를 사용하여 토글하는 DOM의 구조가 같은 경우

```
<template v-if="inputType === 'text'">
  <label>텍스트 필드</label>
  <input type="text">
</template>
<template v-else>
  <label>이메일 필드</label>
  <input type="email">
</template>
```

[코드 2-36]과 같이 작성한 경우 inputType 변수가 text 혹은 그 외의 값으로 변경될 때마다 화면에 나타난 UI는 텍스트 필드와 이메일 필드가 토글되는 형태로 노출될 것이다. 이때 label 태그와 input 태그가 사용된 DOM 구조 자체는 변하지 않았기 때문에 Vue는 이 요소들을 완전히 대체하지 않고 label 태그의 내용과 input 태그의 type 속성만 변경하여 화면에 반영하게 된다. 만약 사용자가 텍스트 필드에 어떤 값을 입력한 후 이메일 필드로 변경하더라도 DOM 자체가 대체된 것이 아니기 때문에 사용자가 입력한 값은 이메일 필드에 그대로 남아있게 된다. 이런 경우 key 속성을 사용하여 Vue에게 "이 엘리먼트들은 완전히 별개의 엘리먼트이므로 재사용하지 마라"라고 알릴 수 있다.

[코드 2-37] 엘리먼트들에게 key 속성을 추가한 모습

```
<template v-if="inputType === 'text'" key="textField">
  <label>텍스트 필드</label>
  <input type="text">
</template>
<template v-else key="emailField">
  <label>이메일 필드</label>
  <input type="email">
</template>
```

HTML의 id와 같이 key 속성을 사용하여 요소에 이름을 부여함으로써 이 요소가 고유한 요소임을 의미하는 것이다. 이러한 개념은 DOM 구조와 같은 여러 개의 요소를

완전히 다른 요소로 사용하고 싶은 경우 유용하게 사용할 수 있다.

2.1.5.4 v-show

v-show 디렉티브는 주어진 표현식의 값이 참일 경우에 CSS의 display 속성을 사용하여 컴포넌트나 엘리먼트를 노출한다. v-if 디렉티브와 차이점은 v-show 디렉티브를 사용한 엘리먼트는 항상 렌더링되고 DOM에도 남아있다는 것이다.

[코드 2-38] v-show 디렉티브의 조건에 따라 렌더링되는 결과

```
<div v-show="count === 0">값이 0일 때만 노출됩니다.</div>
<div v-show="count !== 0">값이 0이 아닐 때만 노출됩니다.</div>

<!-- count값이 0인 경우 -->
<div>값이 0일 때만 노출됩니다.</div>
<div style="display: none;">값이 0이 아닐 때만 노출됩니다.</div>
```

 참고 v-if와 v-show 중 어떤 것을 사용해야 하나요?

v-if 디렉티브와 v-show 디렉티브의 차이점을 표로 살펴보면 다음과 같다.

	v-if	v-show
렌더 비용	사용자에게 보이지 않는 엘리먼트는 렌더하지 않으므로 렌더 비용이 낮다.	사용자에게 보이지 않는 엘리먼트도 모두 렌더해야 하므로 렌더 비용이 높다.
토글 비용	렌더를 다시 진행해야 하기 때문에 비용이 높다.	엘리먼트의 스타일 속성만 변경하면 되므로 비용이 낮다.

v-if 디렉티브는 조건에 따라 엘리먼트를 실제로 렌더하고 제거한다. 그렇기 때문에 사용자에게 보이지 않는 DOM 엘리먼트까지 추가로 렌더하지 않아도 된다는 점이 장점이다. 그러나 엘리먼트를 토글할 경우 실제로 렌더를 매번 수행해야 하기 때문에 렌더 비용이 높다. v-show 디렉티브는 사용자에게 보이지 않는 DOM 엘리먼트라도 렌더가 되지만 조건에 따라서 노출되는 토글 기능을 가진 엘리먼트의 경우 보이는 상태와 안 보이는 상태를 오가는 비용이 낮다.

즉, v-if 디렉티브는 초기 렌더링 비용이 v-show 디렉티브보다 낮고 토글 비용은 높기 때문에 뷰를 화면에 처음 그리는 초기 렌더링 이후에 엘리먼트의 노출 조건이 자주 변경될 가능성이 낮다면 v-if를 사용하는 것이 좋다. 반대로 사용자의 어떠한 액션을 통해 엘리먼트의 노출 조건이 자주 변경되는 토글 기능을 가진 경우 렌더 비용이 높은 v-if 디렉티브보다는 v-show 디렉티브를 사용하는 것을 권장한다.

2.1.5.5 v-for

v-for 디렉티브는 일반적인 프로그래밍 언어의 for문과 동일하게 반복적인 작업을 수행하는 디렉티브다. v-for문은 값으로 데이터를 기반으로 엘리먼트, 템플릿 블록, 컴포넌트 등을 반복적으로 렌더링한다. 이때 v-for 디렉티브의 값은 for in문의 문법과 동일하게 '변수 in 표현식'을 사용하며 표현식으로는 배열과 객체를 사용할 수 있다.

[코드 2-39] v-for 디렉티브를 사용하여 엘리먼트를 반복 렌더링하는 모습

```
<!-- items라는 배열을 순회하며 div 엘리먼트를 반복 렌더링한다. -->
<div v-for="(item, index) in items">
  items배열의 {{ index }}번 요소의 값은 {{ item.text }}입니다.
</div>

<!-- object라는 객체를 탐색하며 div 엘리먼트를 반복 렌더링한다. -->
<div v-for="(value, key, indx) in object">
  object객체의 {{ index }}번째 키인 {{ key }}의 값은 {{ value }}입니다.
</div>
```

이렇게 반복적인 렌더링을 수행할 때 렌더 된 요소들은 기본적으로 같은 DOM 구조를 가진 요소가 된다. "2.1.5.3 v-if, v-else-if, v-else"장에서 설명했듯이 이런 경우에도 마찬가지로 Vue는 이 요소들을 최대한 재사용하려고 하기 때문에 반복적으로 렌더링 된 요소들이 모두 다른 고유한 요소라는 것을 Vue에게 알리기 위해서 key 속성을 사용할 수 있다.

2.1.5.6 v-model

v-model 디렉티브는 폼 요소와 같이 사용자의 입력을 받을 수 있는 요소에 양방향 데이터 바인딩을 생성할 수 있는 디렉티브다.

[코드 2-40] 양방향 데이터 바인딩을 사용한 모습

```
<input v-model="message">
<p>입력한 메시지: {{ message }}</p>
```

[코드 2-40]과 같이 작성하면 사용자가 인풋 요소에 입력한 값이 p 태그 내부에 바로 노출된다. v-model 디렉티브의 값은 컴포넌트 혹은 Vue 인스턴스가 가지고 있는 원본 데이터이며 기본적으로 사용자가 폼을 사용하여 값을 입력하는 즉시 값이 갱신된다. 바인딩할 데이터의 자료형은 폼의 종류에 따라 조금씩 달라진다. [코드 2-40]에서 보는 바와 같이 문자열을 입력받는 인풋 요소의 경우 데이터 역시 문자열 자료형을 가질 것이다. 이때 사용자가 인풋 요소에 100과 같은 숫자를 입력하더라도 Vue는 숫자가 아닌 문자열인 '100'으로 해석하기 때문에 이 부분에 있어서 주의가 필요하다.

[코드 2-41] 체크박스 요소에 데이터를 바인딩한 모습

```
<!-- 단일체크박스는 선택 여부에 대한 하나의 불리언 값을 가진다 -->
<input type="checkbox" v-model="isChecked">
```

체크박스 요소는 "선택이 되었다" 혹은 "선택이 되지 않았다"라는 불리언 자료형의 데이터를 다루는 요소다. 그렇기 때문에 바인딩되는 데이터 또한 기본적으로는 불리언 자료형인 true와 false다. 그러나 여러 개의 체크박스를 사용할 때는 다른 자료형을 사용할 수 있다.

[코드 2-42] 여러 개의 체크박스 요소에 데이터를 바인딩한 모습

```
<!-- 여러 개의 체크박스는 선택된 값들의 배열을 가진다. -->
<!-- 만약 value 속성이 없다면 하나의 불리언 값을 가진다. -->
<input type="checkbox" v-model="checkedValues" value="1">
```

```
<input type="checkbox" v-model="checkedValues" value="2">
```

여러 개의 체크박스의 경우 단순히 "선택이 되었다" 혹은 "선택이 되지 않았다"라는
상태가 아닌 "1번 체크박스가 선택되었다", "2번 체크박스가 선택되지 않았다"라는
값의 집합의 성격을 가진다. 그렇기 때문에 [코드 2-42]에서 체크박스 요소들에게 바
인딩된 checkedValues 데이터의 값은 배열(Array)이 된다. 이때 바인딩할 데이터를
배열로 초기화하지 않는다면 Vue는 데이터가 값의 집합이라고 판단하지 않고 불리언
자료형으로 처리해버린다.

[코드 2-43] 값의 집합으로 사용할 데이터를 빈 배열로 초기화한 모습

```
export default {
  data () {
    return {
      checkedValues: []
    }
  }
}
```

만약 데이터를 빈 배열로 초기화하지 않고 여러 체크박스 요소에 바인딩한다면 어떤
체크박스를 선택하더라도 해당 데이터를 바인딩한 모든 체크박스가 함께 선택될 것이
다. 또한 이렇게 데이터를 빈 배열로 초기화하더라도 Vue는 단순히 checkedValues
라는 데이터가 값의 집합이라는 사실만 알고 있다. 이때 체크박스 요소의 value 속성
의 값이 각 체크박스 요소의 고유한 이름과 같은 역할을 하기 때문에 같은 값을 가진
체크박스들은 함께 선택되고 함께 해제된다. 그렇기 때문에 여러 개인 체크박스의 선
택 여부를 구분할 때는 반드시 체크박스 요소에 value 속성을 사용하여 고유한 값을
입력해줘야 한다. 만약 체크박스의 value 속성을 입력하지 않는다면 해당 체크박스의
value 속성의 값은 자동적으로 null로 판단되기 때문에 value 속성을 입력되지 않은
하나의 체크박스를 선택하면 value 속성이 입력되지 않은 다른 체크박스들 또한 모두
선택될 것이다.

[코드 2-44] 라디오 버튼과 셀렉트 요소에 데이터를 바인딩한 모습

```html
<!-- 라디오 버튼과 셀렉트 요소는 반드시 하나만 선택 가능하기 때문에 선택된 버튼의 value를
값으로 가진다. -->
<input type="radio" v-model="selected" value="Evan">
<input type="radio" v-model="selected" value="Martin">

<select v-model="selected">
  <option>Evan</option>
  <option>Martin</option>
</select>
```

라디오 버튼과 셀렉트 요소는 반드시 하나의 요소만 선택할 수 있는 인풋 요소다. 체크박스와 같이 다중 선택을 할 수 없기 때문에 바인딩되는 값도 어떤 하나의 값이다. 단 셀렉트 요소의 경우 multiple 속성을 사용하여 여러 개의 요소를 선택할 수 있기 때문에 체크박스와 마찬가지로 배열을 사용하여 데이터를 바인딩해야 한다.

[코드 2-45] multiple 속성을 사용한 셀렉트 요소

```html
<select v-model="selected" multiple>
  <option>Evan</option>
  <option>Martin</option>
</select>
```

또한 라디오, 체크박스, 셀렉트 요소의 경우 기본적으로 문자열 또는 불리언 형의 값을 가지지만 v-bind 디렉티브를 사용하면 다양한 자료형의 값을 바인딩할 수도 있다.

[코드 2-46] Object 자료형의 값을 바인딩한 모습

```html
<select v-model="selected" multiple>
  <option :value="{ name: 'Evan' }">Evan</option>
  <option :value="{ name: 'Martin' }">Martin</option>
</select>
```

2.1.5.7 v-once

v-once 디렉티브는 엘리먼트나 컴포넌트를 '한 번만' 렌더링하도록 만들어주는 디렉티브다. v-once 디렉티브를 사용한 엘리먼트뿐만 아니라 모든 하위 요소까지 한 번만 렌더링 되기 때문에 렌더링 성능을 최적화하기에 도움을 준다. 그러나 이는 곧 v-once 디렉티브를 사용한 엘리먼트와 그 하위 요소들은 동적인 변화에 반응할 수 없게 된다는 의미이므로 사용에 주의가 필요하다.

[코드 2-47] v-once 디렉티브를 사용한 모습

```
<span v-once>{{ message }}</span>
```

[코드 2-47]의 span 엘리먼트가 한 번 렌더 되고 난 후에 message 변수에 담겨있는 문자열이 변경된다고 해도 화면에 노출된 글자는 변하지 않는다. 이런 v-once 디렉티브의 성질을 이용하면 동일한 DOM 구조를 가진 UI를 재사용하기 위한 가벼운 컴포넌트를 만들 수도 있다.

[코드 2-48] 간단한 UI를 가진 재사용 가능한 컴포넌트

```
export default {
  name: 'UIComponent',
  template: `
    <div v-once>
      <img :src="userProfileImage">
      <h1>{{ userName }}</h1>
      <p>{{ userAge }}</p>
    </div>
  `,
  props: {
    userProfile: {
      type: String
    },
    userName: {
      type: String
    },
```

```
    userAge: {
      type: Number
    }
  }
}
```

2.1.5.8 v-pre

v-pre 디렉티브가 사용된 엘리먼트는 하위 요소에 대한 모든 컴파일을 하지 않는다. 즉, Vue에서 제공해주는 보간법을 사용해도 템플릿 문법으로 인식하지 않고 문자열 그대로 인식한다는 뜻이다.

[코드 2-49] v-pre 디렉티브를 사용한 모습

```
<span v-pre>{{ message }}</span>
```

[코드 2-49]에 작성된 span 엘리먼트 내부의 message 변수는 v-pre 디렉티브로 인해 컴파일되지 않으므로 화면에는 {{ message }}라는 문자열이 그대로 노출될 것이다. v-once 디렉티브와 마찬가지로 v-pre 디렉티브가 사용된 엘리먼트 내부에 사용된 변수들은 변경사항을 감시하지 않아도 되는 부분이 되므로 렌더링 성능에 좋은 영향을 줄 수 있다.

2.1.6 Vue 인스턴스의 속성과 메소드

Vue 인스턴스 및 Vue 인스턴스가 확장된 컴포넌트에서 사용할 수 있는 속성과 메소드들이다. 그중 자주 사용하는 유용한 속성들을 위주로 살펴보도록 하자.

2.1.6.1 vm.$data, vm.$props

$data와 $props 속성은 "2.1.2.1 data장과 2.1.2.2 props"장에서 설명했던 데이터 옵

선들에 접근 가능한 속성이다. 해당 컴포넌트의 data 옵션과 props 옵션의 내용에 접근 가능하다.

2.1.6.2 vm.$el

el은 Element의 줄임말로, Vue 인스턴스의 DOM 엘리먼트를 의미한다. 컴포넌트의 엘리먼트는 HTMLElment 타입의 DOM 객체다.

2.1.6.3 vm.$parent, vm.$children, vm.$root

$parent 속성과 $children 속성은 현재 인스턴스의 부모와 자식들을 의미한다. Vue 애플리케이션은 컴포넌트들의 트리로 구성되어 있기 때문에 부모는 언제나 하나이지만 자식은 여러 개가 될 수 있기 때문에 부모는 단수형인 $parent, 자식은 복수형인 $children이라고 명명한 것이다. $root속성은 그중 가장 위에 있는 부모인 트리의 루트를 의미하는 것이다. Vue CLI를 통해 생성한 프로젝트는 보통App 컴포넌트가 루트 컴포넌트다.

[코드 2-50] 루트 컴포넌트를 생성하는 모습

```
import Vue from 'vue';
import App from './App.vue';

new Vue({
  el: '#app',
  render: h => h(App)
})
```

2.1.6.4 vm.$attrs

$attrs 속성은 현재 컴포넌트에 주어진 HTML 속성 중 props 데이터로 인식되지 않은 속성들을 의미한다.

[코드 2-51] props로 지정한 HTML 속성은 $attrs로 접근할 수 없다.

```
<template>
<ExampleComponent id="test" name="example-component" />
</template>
<script>
export default {
  name: 'ExampleComponent',
  props: {
    name: {
      type: String
    }
  },
  mounted () {
    console.log(this.$attrs.id) // test
    console.log(this.$attrs.name) // undefined
    console.log(this.$props.name) // example-component
  }
}
</script>
```

2.1.6.5 vm.$set, vm.$delete

$set 메소드는 반응형으로 선언된 값을 업데이트하는 메소드다. Vue 인스턴스 내부
에서 data 옵션을 통해 선언된 데이터는 Vue가 변화를 추적하고 있기 때문에 $set 메
소드를 사용하지 않아도 값을 갱신할 수는 있다.

[코드 2-52] $set 메소드 없이 반응형 데이터를 갱신하는 모습

```
export default {
  data () {
    return { count: 0 }
  },
  methods: {
    addCount () {
      // $set 메소드를 사용하지 않아도 Vue는 count 변수의 변화를 감지한다.
      this.count++;
```

```
      }
    }
  }
```

그렇다면 $set 메소드는 어떤 상황에서 사용하는 것일까? 바로 반응형 데이터로 객체를 사용할 때다. Vue는 컴포넌트가 생성될 때 data 옵션에 선언된 데이터들만 반응형 데이터로 인식한다. 이때 Vue는 내부적으로 이 값들을 감시할 감시자(Watcher)들을 생성한다. 그러나 이 감시자들은 객체가 생성될 당시의 속성들은 감지할 수 있지만 새로운 속성이 추가되거나 제거될 때 객체가 변화하는 것은 감지하지 못한다.

[코드 2-53] 반응형 데이터로 객체를 사용한 모습

```
export default {
  data () {
    return {
      message: { text: 'Hello World!' }
    }
  }
}
```

[코드 2-53]에서 반응형 데이터로 선언된 message 객체의 경우 text라는 속성을 가지고 있고 Vue는 이 속성을 반응형 데이터로 인식하고 변화를 추적한다. 그러나 message 객체에 새로운 속성이 추가되거나 text 속성을 삭제한다면 Vue는 이를 감지하지 못한다. 그래서 이렇게 객체에 속성을 추가하거나 삭제할 때 Vue에 "값이 갱신되었습니다"라고 수동으로 알려줄 수 있는 메소드가 바로 $set 메소드와 $delete 메소드인 것이다.

[코드 2-54] 일반적인 방법으로 객체의 속성을 추가하거나 삭제하는 모습

```
export default {
  data () {
    return {
      message: { text: 'Hello World!' }
    }
```

```
  },
  mounted () {
    // author 속성을 추가해도 Vue는 message 객체가 변화한 것을 알지 못한다.
    message.author = 'John'

    // text 속성을 삭제해도 Vue는 message 객체가 변화한 것을 알지 못한다.
    delete message.text
  }
}
```

우리는 $set 메소드와 $delete 메소드를 사용함으로써 Vue에게 "지금 추가하거나 삭제하는 속성으로 인해 객체가 갱신되었습니다"라고 알려줄 수 있다.

[코드 2-55] $set 메소드와 $delete 메소드의 기본 사용법

```
vm.$set(속성을 추가할 객체, 추가할 속성의 키, 추가할 속성의 값)
vm.$delete(속성을 제거할 객체, 제거할 속성의 키)
```

[코드 2-56] $set 메소드와 $delete 메소드를 사용하여 객체에 속성을 추가하거나 제거하는 모습

```
export default {
  data () {
    return {
      message: { text: 'Hello World!' }
    }
  },
  mounted () {
    this.$set(this.message, 'author', 'John')
    this.$delete(this.message, 'text')
  }
}
```

2.1.6.6 vm.$emit

$emit 메소드는 인자로 주어진 이벤트를 트리거링한다. 이때 이벤트명은 자유롭게

정할 수 있으며 두 번째 인자는 이벤트 리스너의 콜백 함수의 인자로 전달된다.

[코드 2-57] $emit 메소드의 기본 사용법

```
vm.$emit(이벤트 이름, 이벤트 리스너 콜백 함수의 인자)
```

[코드 2-58] $emit 메소드의 사용 방법

```
<template>
  <Foo @click="sayHi" />
</template>
<script>
export default {
  name: 'Foo',
  methods: {
    onClick () {
      this.$emit('click', { message: 'Hi' })
    }
  }
}
</script>
```

이러한 이벤트 기반 (event-driven) 방식은 외부에 있는 다른 인스턴스들에게 현재 인스턴스에서 어떠한 사건이 발생했음을 알리는 것이다. 사용자가 컴포넌트에 있는 제출 버튼을 눌렀을 때, 혹은 닫기 버튼을 눌렀을 때와 같은 어떤 특정한 사건이 발생했을 때 이 사건들을 자세히 구분해서 외부에 알릴 수 있다는 것이다.

 참고 **이벤트(event)라는 게 정확히 무엇인가요?**

프로그래밍에서의 이벤트(event)란 "프로그램에 의해 감지될 수 있는 어떠한 사건"을 의미한다. 이벤트에 대한 자세한 설명은 "7.2 자바스크립트의 이벤트"장에 자세히 설명되어 있으니 참고하도록 하자.

2.1.6.7 vm.$on, vm.$once, vm.$off

$on 메소드는 인스턴스에 이벤트 핸들러를 등록할 수 있는 메소드다. 기본적으로 v-on 디렉티브와 같은 기능을 가지고 있다. 이벤트는 $emit 메소드에 의해 호출된다. $on 메소드에 등록된 이벤트 핸들러는 인자로 $emit 이벤트에서 넘어온 인자를 수신한다.

[코드 2-59] $emit 메소드에서 보낸 인자를 수신하는 모습

```
vm.$emit('click', 'Hi')
vm.$on('click', payload => {
  console.log(paylaod) // Hi가 출력된다.
})
```

$once 메소드는 $on 메소드와 동일한 기능을 가지고 있으나 이벤트 핸들러가 단 한 번만 실행된다. $once 메소드를 통해 등록된 이벤트 리스너는 한 번 호출되면 바로 제거된다. $off 메소드는 등록된 사용자 정의 이벤트를 제거한다. $off 메소드는 주어진 인자에 따라 어떤 이벤트 리스너를 제거할 것인지 선택적으로 제거할 수 있다.

[코드 2-60] 인자에 따라 다르게 동작하는 $off 메소드

```
vm.$off() // 인자가 없으면 모든 이벤트 리스너를 제거한다.
vm.$off('click') // click 이벤트의 모든 이벤트 리스너를 제거한다.
vm.$off('click', sayHi) // click 이벤트 리스너 중 sayHi 콜백 함수를 이벤트 핸들러
로 가진 리스너만 제거한다.
```

2.1.6.8 vm.$forceUpdate

$forceUpdate 메소드는 인스턴스를 강제로 다시 렌더링하는 메소드다. 하위 컴포넌트나 인스턴스에는 영향을 끼치지 않고 $forceUpdate 메소드가 실행된 인스턴스만 다시 렌더링 된다. Vue의 상태 감시 로직이 완벽한 것은 아니기 때문에 간혹 상태는 변경되었으나 화면에 변경된 상태가 반영되지 않는 경우가 발생할 수 있다. 이런 경우

에 $forceUpdate 메소드를 사용하여 컴포넌트를 강제로 다시 렌더링함으로써 상태를 화면에 반영할 수 있다. 그러나 렌더링이라는 작업 자체가 비용이 많이 드는 작업이므로 과도하게 사용한다면 애플리케이션의 성능이 하락할 수 있는 주원인이 될 수 있다.

2.1.6.9 vm.$nextTick

$nextTick메소드는 다음 렌더링 사이클 이후 실행될 콜백 함수를 등록할 수 있는 기능을 제공하는 메소드다. Vue가 상태가 갱신된 후 갱신된 상태를 토대로 화면을 다시 그리는 주기를 틱(Tick)이라고 부른다. 가상 DOM과 Tick에 대한 자세한 내용은 "2.2.3 가상 DOM의 원리"장을 참고하도록 하자.

2.2 Vue를 똑똑하게 사용하기

이번 장에서는 Vue의 기본 기능을 넘어서서 Vue가 제공하는 기능들을 좀 더 효과적이고 유연한 방법으로 활용할 수 있는 방법과 예제에 대해서 다룰 것이다.

2.2.1 단일 파일 컴포넌트(Single File Component)

Vue 프레임워크만의 가장 큰 특징은 단일 파일 컴포넌트(Single File Component)를 지원한다는 것이다. 단일 파일 컴포넌트는 단어 그대로 하나의 vue 확장자를 가진 파일 안에서 컴포넌트를 작성하되 하나의 파일 안에 HTML 템플릿, 스타일, 자바스크립트가 작성된 형식의 컴포넌트다. React의 JSX를 알고 있다면 그것과 비슷하다고 생각해도 무방하다. 대신 JSX와는 다르게 Vue는 완전히 독립된 3가지 종류의 태그를 사용하여 기존에 우리가 알고 있는 지식인 HTML, CSS, 자바스크립트를 그대로 사용할 수 있도록 해준다.

단일 파일 컴포넌트의 기본적인 구조는 다음과 같다.

[코드 2-61] 단일 파일 컴포넌트의 예시

```
<template>
  <div>{{ welcome }}</div>
</template>

<script>
export default {
  name: 'App',
  data () {
    return {
      welcome: 'Hello World!',
    };
  },
};
</script>

<style scoped>
div {
  font-size: 2rem;
  text-align: center;
}
</style>
```

컴포넌트를 위와 같이 한 파일에 작성하게 됨으로써 얻는 장점은 다음과 같다.

1. IDE의 구문 강조 지원: 대부분의 IDE가 플러그인을 통해 단일 파일 컴포넌트 파일의 확장자인 "*.vue"를 감지하여 Vue의 구문 강조를 완벽하게 지원한다.

2. CSS 유효범위 지원: style 태그에 scoped 옵션을 사용함으로써 CSS의 유효 범위를 지원하여 현재 컴포넌트에만 제한된 스타일을 사용할 수 있다.

3. HTML 전처리기 지원: 애플리케이션 빌드 시 "*.vue" 파일을 Webpack에서 처리하므로 Jade와 같은 HTML 전처리기를 손쉽게 사용하여 더 간편한 마크 업이 가능하다.

4. 직관성과 유지 보수성: 하나의 컴포넌트가 파일 하나로 정의됨으로써 더 직 관적이고 간편한 유지보수가 가능하다.

이렇게 정의된 싱글파일 컴포넌트에서는 태그에 lang 속성을 사용함으로써 빌드 시 어떤 전처리기를 사용하여 코드를 트랜스파일링할 것인지 간편하게 정할 수 있다.

[코드 2-62] Vue 파일 내에서 다른 언어를 사용하는 방법

```
<template lang="jade">
div
  p {{ welcome }}
  other-component
</template>

<script lang="typescipt">
import OtherComponent from '@/components/OtherComponent.vue';

export default {
  components: { OtherComponent },
  data () {
    return {
      welcome: 'Hello World!',
    };
  },
};
</script>

<style lang="scss">
$font-size: 2rem;
div {
  p {
    font-size: $font-size;
    text-align: center;
    margin: {
      top: 1.2rem;
      bottom: 1.2rem;
      left: 1rem;
      right: 1rem;
```

```
      }
    }
  }
}
</style>
```

그렇다면 왜 Vue에서는 단일 파일 컴포넌트를 추천하는 것일까? 그 이유는 바로 Vue
에서 컴포넌트 위주의 설계를 지향하기 때문이다. Vue를 사용하여 개발을 진행하다
보면 자연스럽게 수많은 컴포넌트를 만들게 되는데, 나중에는 컴포넌트가 너무 많아
지게 되고 비슷한 역할을 하는 컴포넌트가 중복으로 작성되는 경우도 생긴다. 특히 이
런 현상은 여러 명의 개발자가 같은 프로젝트에 투입되어 개발을 진행하는 경우 더 두
드러지게 나타날 수 있다.

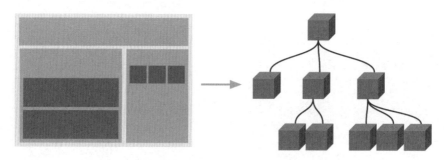

[그림 2-5] 애플리케이션은 많은 컴포넌트들의 트리로 이루어져있다

이때 1개의 Vue 파일을 하나의 역할을 하는 컴포넌트로 정의하고 개발을 진행하게
되면 개발자가 보았을 때도 파일 구조가 깔끔하게 나뉘고 컴포넌트의 역할을 수행하
는 코드 또한 각각의 컴포넌트로 나뉘게 되어 높은 유지 보수성을 가져갈 수 있다. 즉,
관심사의 분리를 통한 높은 유지 보수성 때문인 것이다.

> **참고** 관심사의 분리(Separation of Concern, SOC)란?
>
> 컴퓨터 과학에서 관심사의 분리란 각 부문(클래스, 컴포넌트 등)이 각자 하나의 관심사를
> 가지도록 프로그램을 나눠서 작성하는 설계 방법의 하나다. 프로그램이 가지는 관심사란 "사용자

가 나를 클릭했을 때 옵션 리스트를 보여줘야지(셀렉트박스)", "사용자가 글자를 입력하고 검색 버튼을 누르면 검색 결과 페이지로 이동시켜줘야지(검색창)" 등과 같이 그 프로그램이 가지는 역할이라고 볼 수 있는데, 하나의 프로그램이 많은 관심사를 가지게 되면 계속되는 변경사항에 대응하기 힘든 상황이 벌어지기 쉽기 때문에 각각의 관심사당 하나의 모듈을 작성하여 결합하는 방식으로 설계하는 것이다. 이런 관심사의 분리를 지향하는 설계 패턴으로는 MVC, MVVM, MVP 등 여러 가지 설계 패턴이 있으며 Vue는 이중 MVVM패턴에서 부분적으로 영감을 받아 제작되었다고 Vue의 창시자인 Evan You는 설명하고 있다.

2.2.2 Vue 컴포넌트의 설계의 일등공신, FIRST 원칙

그렇다면 단일 파일 컴포넌트로만 컴포넌트를 만들면 자연스럽게 높은 유지 보수성을 가져갈 수 있는 것일까? 작은 애플리케이션이라면 그럴 수도 있겠다. 하지만 보통 우리는 작은 것보다는 복잡하고 커다란 것을 만드는 경우가 더 많다. 이런 커다란 애플리케이션에서 좋은 설계를 하려면 몇 가지 더 신경 써야 할 것들이 있는데, Vue 컴포넌트 스타일 가이드에서 이러한 부분에 있어서 여러 가지 설명을 해주고 있지만 우리는 이 중 FIRST 원칙이라는 것에 집중해보려고 한다.

컴포넌트는 애플리케이션의 가장 작은 조각이다. 잘 설계된 컴포넌트는 애플리케이션이 커지더라도 최대한의 유지 보수성을 가져갈 수 있게 해주는 일등공신이므로 컴포넌트를 설계할 때 해당 가이드라인을 최대한 따라가며 설계하도록 노력하면 좋다.

물론 처음 개발을 접하면 컴포넌트의 설계에 어려움을 겪을 수 있다. "어디까지를 하나의 관심사로 보고 관심사를 분리해야 한다는 걸까?" "내 컴포넌트는 하나의 기능만 하는데 코드가 너무 긴데?" "속성이 너무 많고 복잡해서 내가 만들고도 뭐가 뭔지 모르겠네"와 같은 생각이 들기 시작할 때쯤 결국 "그럼 어떤 컴포넌트가 좋은 설계를 가진 컴포넌트라는 거지?"라는 생각으로 연결될 것이다. 그 어려움에 도움을 주는 하나의 원칙이 있다. 마치 객체 지향 프로그래밍에는 SOLID 설계 원칙이 있듯 컴포넌트 설계에는 FIRST 설계 원칙이 있다. FIRST는 5개의 원칙의 앞 글자만 따서 지어진 이름인데, 각 원칙의 이름은 다음과 같다.

1. Focused(단일 책임 원칙): 단일 책임 원칙은 하나의 컴포넌트가 단 하나의 책임만을 가져야 한다는 것을 의미한다.
2. Independent(독립적인): 컴포넌트는 다른 컴포넌트와는 독립적으로 작동할 수 있어야 한다.
3. Reusable(재사용 가능한): 컴포넌트는 어느 한 곳에서만 사용되는 것이 아니라 재사용될 수 있어야 한다.
4. Small(작은): 컴포넌트를 작은 크기로 유지하면 복잡성이 줄어들어 유지 보수성이 향상된다. 그렇기 때문에 너무 크고 복잡한 컴포넌트의 설계는 피하는 것이 좋다.
5. Testable(테스트 가능한): 컴포넌트는 테스트가 가능해야 한다. 여기서 말하는 테스트는 유닛테스트를 의미하며, 유닛테스트가 가능하다는 의미는 해당 컴포넌트가 가진 기능의 목적이 명확하다고 볼 수 있다.

물론 실제로 개발을 진행하다 보면 여러 가지 변수가 있기 때문에 항상 이 원칙을 지키면서 설계할 수 있는 것은 아니다. 하지만 계속해서 신경 쓰다 보면 어느 순간에는 여러분도 모르게 FIRST 원칙을 따라가면서 설계를 하는 자신을 보게 될 것이다. 자 그럼 이제 하나하나 정확히 어떤 의미를 가졌는지 살펴보도록 하자.

2.2.2.1 Focused(단일 책임 원칙)

단일 책임 원칙(Single Responsibility Principles)은 객체 지향 프로그래밍(Object-Oriented Programming, OOP)에서 이야기하는 설계 원칙 중 하나로, 작성된 클래스는 하나의 기능만 가지며 그 클래스가 제공하는 멤버 변수, 멤버 함수(메소드)들은 그 하나의 기능을 수행하는 데만 집중해야 한다는 원칙이다. 왜 이런 방식으로 설계를 해야 하는 것일까? 하나의 프로그램이 많은 기능을 가지고 있으면 안 되는 것일까? 하나만 만들어서 여기에도 쓰고 저기에도 쓰면 그게 더 편하지 않을까? 음, 쉽게 생각하면 이런 방식으로 프로그램을 만든다는 것은 하나의 커다란 맥가이버칼을 만든다는 것과 같다.

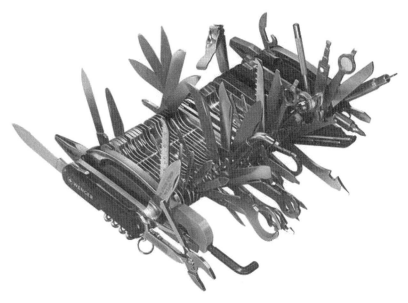

[그림 2-6] 웽거 스위스 아미나이프는 87개의 툴을 가지고 있다. 하지만 너무 과한 기능이라면…?

물론 이렇게 기능이 다양한 맥가이버칼은 주머니가 무거워진다는 단점만 제외하면 여러 군데에 쓰일 수 있는 좋은 도구처럼 보인다. 하지만 개발자로 회사에서 일하며 프로그램을 작성할 때는 비슷한 기능을 가진 여러 모듈을 개발하고 사용해야 할 때가 많다. 그때마다 이런 거대한 맥가이버칼을 불러와서 사용해야 한다면 굳이 불러오지 않아도 될 기능까지 한꺼번에 불러와야 하는 단점이 있다. 즉, 쓰지도 않을 도구까지 모두 포함해서 손에 들고 있어야 한다는 것이다. 또한 맥가이버칼 중 하나의 도구를 다른 것으로 교체해야 할 때 일일이 맥가이버칼을 해체해서 도구를 교체하고 다시 결합해야 하는 번거로움도 있다. 그리고 이런 프로그램을 작성한다면 하나의 프로그램이 너무 거대해져서 코드가 복잡해지게 되고 이는 가독성을 떨어트리는 원인이 되어 유지보수에 걸림돌이 될 수 있다. 그렇기 때문에 독립적으로 실행되는 작은 프로그램인 모듈을 만들어서 조립하는 방식으로 개발을 진행하게 되면 어떤 모듈에 문제가 생겼을 때 그 모듈의 문제에만 집중하면 되므로 버그의 원인을 찾아 디버깅하기가 좀 더 수월해진다.

쉽게 생각해보면 커다란 하나를 바로 만드는 것이 아닌 각각의 기능을 가진 작은 부품들을 만들어서 커다란 하나를 조립해간다는 것인데, 이렇게 프로그램을 설계하면 어떤 변경사항 때문에 프로그램을 수정해야 하는 상황이 발생했을 때도 하나의 큰 프로그램을 수정하는 것이 아니라 하나의 부품만 수정하면 되므로 훨씬 유연하게 대처할수 있다.

2.2.2.2 Independent(독립적인)

독립적인 컴포넌트라는 의미는 무엇일까? 쉽게 말하면 컴포넌트가 자기가 가지고 있는 기능을 수행하기 위해서 다른 컴포넌트의 도움을 받지 않아야 한다는 것을 의미한다. 만약 A라는 컴포넌트가 기능을 수행하기 위해 this.$parent나 this.$ref 등을 사용하여 부모 컴포넌트나 자식 컴포넌트에 접근해서 그 컴포넌트들의 변수나 메소드를 불러와서 사용하는 방식으로 작성된 상황을 생각해보자.

만약 그 부모 컴포넌트나 자식 컴포넌트가 수정되거나 삭제되어 불러와야 할 변수나 메소드가 사라진다면 A 컴포넌트 또한 제대로 된 작동을 할 수 없게 된다. 이런 상황을 "A 컴포넌트가 부모 컴포넌트 또는 자식 컴포넌트에 의존하고 있다"라고 한다. 이 예시에서는 의존 관계에 있는 컴포넌트가 단 2개뿐이었지만 실제 애플리케이션 개발에서는 자신도 모르는 사이에 의존 관계가 복잡하게 얽힌 구조를 작성할 수도 있다. 이런 경우 그 애플리케이션을 개발한 개발자조차 어떤 하나의 컴포넌트를 삭제하거나 변경하면 그 여파로 다른 컴포넌트들이 얼마나 영향을 받을지 예측하기 어려워지고 버그를 발생시킬 수 있다. 그렇기 때문에 컴포넌트를 작성할 때 다른 컴포넌트에 의존하지 않고 독립적으로 작동할 수 있도록 주의해서 작성해야 한다.

2.2.2.3 Reusable(재사용 가능한)

Reusable은 생산성과 관련된 설계 원칙이다. 컴포넌트를 만들었는데 페이지마다 매번 컴포넌트를 새로 만들어야 한다면 굳이 컴포넌트를 사용하는 의미가 있을까? 어떤 하나의 상황에서만 사용할 수 있는 컴포넌트를 작성하는 것은 컴포넌트의 재사용성을 떨어트리는 행위다.

예를 들어 로그인 페이지를 만들 때 이메일 입력 텍스트 박스와 비밀번호 입력 텍스트 박스를 합친 로그인 폼 컴포넌트를 작성했다고 생각해보자. 이런 경우 로그인 폼 컴포넌트는 "사용자로부터 이메일과 비밀번호를 입력받아 로그인할 수 있는 상황"에서만 사용할 수 있는 컴포넌트가 된다. 하지만 이메일 입력 텍스트 박스, 비밀번호 입력 텍스트 박스를 따로 컴포넌트로 작성한다면 "사용자로부터 이메일을 입력받아야 하는 상황", "사용자로부터 비밀번호를 입력받아야 하는 상황", "사용자로부터 이메일과 비밀번호를 입력받아 무언가를 해야 하는 상황"과 같이 컴포넌트를 다시 사용할 수 있는 범위가 넓어진다. 바로 이런 경우가 컴포넌트의 재사용성이 높다고 말할 수 있다. Independent 항목과도 겹치는 부분이 있는데, 만약 여러분의 컴포넌트가 자신의 부모 컴포넌트나 자식 컴포넌트에 종속적인 기능을 가지게 되면 당연히 여러분의 컴포넌트는 항상 그 부모 컴포넌트나 자식 컴포넌트와 함께 사용되어야 한다. 그러므로 독립적인 컴포넌트(Independent)는 재사용성이 높은 컴포넌트(Reusable)이기도 하다.

2.2.2.4 Small(작은)

Small이 말하는 작다는 의미는 단순히 컴포넌트의 코드 라인 수를 의미하는 것만은 아니다. Focused 원칙과 겹치는 부분이기도 하지만 컴포넌트는 가능한 작고 단순한 기능을, 즉 작은 API를 가져야 함을 의미한다. 또한 이렇게 잘 정돈되고 단순한 API를 지닌 컴포넌트는 여러분 외에 다른 개발자가 여러분의 컴포넌트를 사용하려 할 때 좀 더 쉽고 직관적으로 이 컴포넌트의 기능에 대해서 파악할 수 있도록 도와준다.

참고 API(Application Programming Interface, 응용프로그램 프로그래밍 인터페이스)란 프로그램이 다른 프로그램을 제어할 수 있도록 만들어진 일종의 인터페이스를 의미한다. 컴포넌트도 일종의 독립적인 프로그램이고, 그 컴포넌트를 가져와서 사용하는 웹 애플리케이션도 독립적인 프로그램이기 때문에 이 둘 간의 원활한 상호작용을 위해서는 API라는 일종의 규격이 필요한 것이다. Vue에서 작성되는 컴포넌트에서 API라고 함은 컴포넌트 외부로 노출되어 다른 컴포넌트나 애플리케이션이 사용할 수 있는 props 속성이나 method 속성이라고 할 수 있다.

2.2.2.5 Testable(테스트 가능한)

Testable은 다른 말로 하자면, 쉬운 디버깅이 가능한 컴포넌트를 작성해야 한다는 것을 의미한다. 단순히 여러분이 자동화된 유닛 테스트를 작성하여 컴포넌트를 테스트할 수 있다는 것을 의미하는 뜻이 아니다. 그렇다면 쉬운 디버깅이 가능한 컴포넌트는 어떻게 작성되어야 하는 걸까? 답은 의외로 간단하다. 앞에서 살펴본 내용대로 작성하면 된다. 디버깅하기 쉬운 컴포넌트는 하나의 역할만을 수행하며(Focused) 다른 컴포넌트의 로직이 변경되는 것에 영향을 받지 않고(Independent) 어떤 특정한 상황이 아닌 여러 상황에서 사용할 수 있도록 충분히 추상화되어야 하며(Reusable) 크고 복잡한 기능이 아닌 작고 단순한 기능을 가져야 한다(Small). 이 외에도 코드의 가독성, 일관적이고 명료한 변수나 함수명의 사용 등과 같은 요소들도 있지만, 컴포넌트를 설계하고 개발하는 상황에서는 위의 5가지만 잘 기억해도 범용적이고 명료한 기능을 가진 컴포넌트 작성이 가능할 것이다.

2.2.3 가상 DOM의 원리

Vue와 같은 프론트엔드 프레임워크들은 브라우저라는 제한된 영역 안에서 최대한의 성능을 내기 위해 여러 가지 방법을 사용한다. 브라우저가 수행하는 다양한 작업 중에 렌더링(Rendering)은 빼놓을 수 없는 브라우저의 주요 기능임과 동시에 많은 컴퓨팅 자원을 소모하는 작업이기도 하다. 가상 DOM은 이 렌더링을 해결하기 위해 고안된 방법이다. 그렇다면 가상 DOM은 무엇이고 왜 이런 방법이 필요한 것일까?

2.2.3.1 DOM이란?

DOM(Document Object Model)이란 트리 형태로 구조화된 텍스트의 개념이다. 우리는 DOM을 '표현'하기 위한 언어로 HTML을 사용한다.

[코드 2-63] HTML로 작성된 DOM의 예시

```
<div>
  <p></p>
  <ul>
    <li></li>
    <li></li>
  </ul>
<div>
```

[코드 2-63]과 같이 작성된 DOM은 트리 구조의 형태를 띄기 때문에 이렇게도 표현할 수 있다.

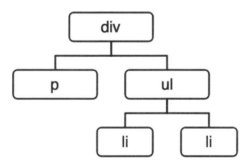

[그림 2-7] 트리 구조로 표현된 DOM의 모습

[그림 2-7]과 같이 DOM은 하나의 부모, 여러 개의 자식을 가진 트리 형태이며 div, p와 같은 요소들은 노드라고 부른다. DOM은 자바스크립트에서 Element, HTML Element와 같은 자료형을 가지며 getElementById나 removeChild와 같이 노드를

탐색하거나 수정할 수 있는 API들을 제공한다. DOM의 이런 기능들을 사용하면 원하는 대로 화면의 내용을 새로 생성, 수정, 삭제할 수 있다는 것이다. 우리가 모던 웹 애플리케이션을 개발할 때 사용하는 구조론인 단일 페이지 애플리케이션(Single Page Application, SPA)은 DOM의 이런 기능들을 이용한 것이다. 문제는 단일 페이지 애플리케이션이 DOM의 동적인 수정을 전제로 하는 방법이기 때문에 애플리케이션이 구동되는 동안 DOM의 변경이 굉장히 잦다는 것이다. 브라우저는 DOM 변경요청을 받는 대로 화면을 다시 렌더링한다. 만약 화면에 500개의 li 요소가 있을 때 우리가 이 요소들의 내용을 모두 갱신하고 싶다고 하면 "500개의 li 요소를 한 번에 갱신하고 렌더해라"가 아닌 "첫 번째 li를 갱신 후 렌더해라", "두 번째 li를 갱신 후 렌더해라"와 같은 식으로 하나씩 처리할 수밖에 없다는 것이다.

[코드 2-64] 하나씩 탐색하며 DOM을 갱신하는 모습

```
const listElements = document.getElementsByTagName('li')

for (let i = 0; i < 501; i++) {
  listElements[i].textContent = '새로운 내용'
  console.log(`브라우저가 렌더링을 수행했습니다.`)
}
```

문제는 이 렌더링이라는 작업이 비용이 많이 드는 작업이라는 것이다. 많은 양의 DOM 요소를 갱신하고 다시 렌더링할수록 브라우저가 작업을 처리하기가 점점 버거워지고 사용자는 성능 저하로 인해 화면 끊김 같은 좋지 못한 경험을 하게 되는 것이다.

2.2.3.2 가상 DOM(Virtual DOM)이란?

가상 DOM은 DOM을 추상화한 트리 구조로 DOM을 렌더링하는 과정에서 이러한 성능 저하가 발생하는 것을 최소화하기 위해 고안된 방법이다. 쉽게 말하면 DOM을 복사한 좀 더 가벼운 버전의 DOM이라고 생각해도 된다.

[코드 2-65] 가상 DOM의 예시

```
const VNodeTree = {
  element: 'div',
  children: [
    {
      element: 'p'
    },
    {
      element: 'ul',
      children: [
        { element: 'li' },
        { element: 'li' }
      ]
    }
  ]
}
```

이렇게 생성된 가상 DOM은 화면에 렌더된 DOM과 같은 내용을 가지고 있다. 그리고 DOM의 내용이 변경하고 싶을 때 직접 DOM을 변경하는 것이 아니라 가상 DOM을 대신 변경하는 것이다. 이렇게 되면 몇 번을 수정하더라도 실제 DOM의 내용을 변경한 것이 아니기 때문에 렌더링 또한 발생하지 않는다. 그 후 지금까지 발생했던 모든 변경사항을 반영한 가상 DOM을 토대로 브라우저에게 실제 DOM을 렌더하라는 요청을 한다.

[코드 2-66] 아무리 가상 DOM을 수정해도 렌더링은 수행되지 않는다

```
// 가상 DOM은 메모리 상의 변수일 뿐이므로 아무리 가상 DOM을 수정해도 당연히 렌더링이 발생하지 않는다.
VNodeTree.children[0].text = '새로운 내용입니다.'
VNodeTree.children[1].children[0].text = '새로운 내용입니다.'

// 렌더를 수행한다.
render(VNodeTree)
```

"2.2.3.1 DOM이란?"장에서 예로 들었던 500개의 li 요소들을 갱신하는 경우에 DOM을 직접 수정하면 500번의 렌더링이 필요하지만, 가상 DOM 내에서만 li 요소들을 수정한 후 그 결과를 한 번에 DOM에 반영하면 렌더링은 1번만 수행하면 된다.

[코드 2-67] 가상 DOM을 렌더링하는 간단한 예시

```javascript
const ul = document.createElement('ul')

for (let i = 0; i < 501; i++) {
  const li = document.createElement('li')
  li.textContent = `${i}번 요소입니다`
  ul.appendChild(li)
}

document.appendChild(ul)
console.log(`브라우저가 렌더링을 수행했습니다.`)
```

> 팁
>
> [코드 2-67]의 예제에서는 생성한 요소를 DOM에 추가하는 과정을 한 번으로 줄이기 위해 부모인 ul 요소까지 함께 생성한 후 li 요소를 ul 요소에 추가하는 방식을 사용했다. 그러나 가상의 부모 노드 역할을 하는 DocumentFragment 인터페이스를 사용하면 li 요소만 생성한 후 한 번에 묶어서 DOM에 이미 렌더되어 있는 ul 요소에 추가할 수도 있다.
>
> ```javascript
> const targetElement = ul = document.getElementById('target-ul')
> const fragment = document.createDocumentFragment()
>
> for (let i = 0; i < 501; i++) {
>   const li = document.createElement('li')
>   li.textContent = `${i}번 요소입니다`
>   fragment.appendChild(li)
> }
>
> targetElement.appendChild(fragment.cloneNode(true))
> console.log(`브라우저가 렌더링을 수행했습니다.`)
> ```

[코드 2-67]에서 볼 수 있듯이 가상 DOM을 사용하지 않았다면 500번의 렌더링이 발생해야 하지만 자바스크립트를 사용하여 메모리에만 존재하는 DOM 요소를 생성한 후 모든 작업을 마치고 한 번에 DOM에 추가함으로써 한 번의 렌더링만 수행하게 되었다. Vue에서는 이 렌더링을 수행하는 타이밍을 틱(Tick)이라는 이름으로 부른다. "2.1.6.9 vm.$nextTick"에서 설명했던 $nextTick 메소드는 바로 이 타이밍을 의미하는 것이며 "다음 렌더링이 수행된 후에 인자로 주어진 콜백 함수를 실행해라"라는 기능을 수행하는 것이다.

2.2.4 범위 컴파일 사용하기

범위 컴파일은 외부에서 주입받는 템플릿이다. 범위 컴파일은 Vue가 제공해주는 내장 컴포넌트인 slot 컴포넌트와 속성을 통해 사용할 수 있다. 주입하는 템플릿에는 일반적인 템플릿 문법을 사용한 데이터 바인딩이 가능하다. 주의해야 할 점은 이때 사용되는 데이터는 slot 컴포넌트를 가지고 있는 컴포넌트의 데이터가 아니라 템플릿을 주입하는 컴포넌트 쪽의 데이터라는 것이다.

2.2.4.1 단일 슬롯 범위 컴파일

[코드 2-68] slot 컴포넌트를 사용하여 외부에서 주입받을 템플릿의 범위를 설정한 모습

```
<template>
  <div>
    <h1>Foo 컴포넌트의 내용입니다.</h1>
    <slot></slot>
  <div>
</template>

<script>
export default {
  name: 'Foo'
}
</script>
```

[코드 2-68]과 같이 slot 컴포넌트에 아무런 이름을 부여하지 않을 경우 slot 컴포넌트는 자동으로 default라는 이름을 부여받게 된다.

[코드 2-69] Vue 인스턴스의 $slots 속성을 통해 주입받은 템플릿에 접근할 수 있다.

```
this.$slots.default
```

이때 $slots의 값은 VNode 자료형을 가진 가상 DOM의 노드 객체들로 이루어진 배열이다.

[코드 2-70] slot 컴포넌트를 사용하여 템플릿을 주입하여 범위 컴파일하는 모습

```
<template>
  <div>
    <foo>
      <p>{{ message }}</p>
    </foo>
  </div>
</template>

<script>
import Foo from './Foo.vue'

export default {
  name: 'Bar',
  components: { Foo },
  data () {
    return { message: 'Bar 컴포넌트의 상태입니다.' }
  }
}
</script>
```

[코드 2-70]에서 보면 알 수 있듯이 외부에서 주입하는 템플릿에 사용되는 데이터는 Foo 컴포넌트의 상태가 아니라 Foo 컴포넌트를 사용하고 있는 Bar 컴포넌트의 상태다. 최종적으로 Foo 컴포넌트는 외부에서 주입받은 템플릿과 자신의 템플릿이 결

합된 형태의 DOM 구조를 가지게 된다.

[코드 2-71] 최종적으로 렌더되는 Foo 컴포넌트의 모습

```
<div>
  <h1>Foo 컴포넌트의 내용입니다.</h1>
  <p>Bar 컴포넌트의 상태입니다.</p><!-- 외부에서 주입받은 템플릿 -->
</div>
```

2.2.4.2 다중 슬롯 범위 컴파일

하나의 컴포넌트에 범위 컴파일 슬롯을 하나만 사용할 수 있는 것은 아니다. slot 컴포넌트에 name 속성을 부여하면 여러 개의 slot 컴포넌트를 사용할 수도 있다.

[코드 2-72] 여러 개의 slot 컴포넌트를 사용한 Foo 컴포넌트의 모습

```
<template>
  <div>
    <slot name="title"></slot>
    <slot></slot><!-- name 속성이 없는 slot은 default의 이름을 가진다. -->
  <div>
</template>

<script>
export default {
  name: 'Foo'
}
</script>
```

[코드 2-73] 여러 개의 범위 컴파일을 사용하는 모습

```
<div>
  <foo>
    <h1 slot="title">Foo 컴포넌트의 제목입니다.</h1>
    <p>Foo 컴포넌트의 내용입니다.</p>
```

```
    </foo>
  </div>
```

2.2.4.3 slot 컴포넌트의 대체 템플릿

slot 컴포넌트를 사용할 때 주입받은 템플릿이 아니라 원래 slot 컴포넌트 내부에 있던 템플릿은 대체 템플릿으로 활용된다.

[코드 2-74] 대체 템플릿을 사용하는 모습

```
<template>
  <div>
    <h1>Foo 컴포넌트의 내용입니다.</h1>
    <slot>
      <!-- 외부로부터 템플릿을 주입받으면 이 내용은 사라진다. -->
      <p>주입받은 템플릿이 없습니다.</p>
    </slot>
  <div>
</template>

<script>
export default {
  name: 'Foo'
}
</script>
```

CHAPTER

3

Vuex란 무엇일까?

3.1 MVC 패턴
3.2 Flux 패턴
3.3 Vuex
3.4 마치며

Vuex란 무엇일까?

Vuex는 Vue로 작성된 애플리케이션의 상태관리를 통합적으로 구성할 수 있게 도와주는 라이브러리다. 대규모의 애플리케이션 속에서 여러 컴포넌트에 분산되어 있는 각각의 상태에 대한 상호 작용이 어려워짐에 따라, 애플리케이션의 상태를 저장할 수 있게 도와주는 중앙 집중식 저장소다. 또한, 애플리케이션의 상태를 저장함에 따라 예측 가능한 애플리케이션을 구축하는 데 큰 도움을 준다. 이러한 Vuex는 Flux라는 상태 관리 패턴에서 영감을 받아 제작되었다. 먼저 Vuex가 무엇인지를 알기 위해 Flux가 무엇인지를 알아야 한다. Flux는 기존에 사용하던 상태 관리 패턴인 MVC 패턴의 문제점을 해결하기 위해 페이스북(Facebook)에서 고안한 아키텍처다. 그렇다면 MVC 패턴에 어떤 문제가 있었는지부터 한번 살펴보도록 하자.

 참고 | **같은 Flux 패턴 라이브러리인 Redux를 사용하지 않는 이유는 무엇인가요?**

Flux 패턴 라이브러리의 일인자는 React로 작성된 애플리케이션에서 주로 사용하는 Redux라고 할 수 있다. 물론 Redux도 반드시 React에서만 사용할 수 있도록 만들어진 것은 아니기 때문에 Vue에서도 얼마든지 사용할 수 있다. 그러나 Vuex를 사용하는 이유는 Vue의 다른 라이브러리들과 호환성이 좋고, 특히 Vue의 공식 디버깅 툴인 Vue Devtools에서 UI를 통해 Vuex의 이벤트나 상태를 쉽게 확인하고 디버깅할 수 있게 지원해주기 때문에 다른 라이브러리보다는 개발이 더 편해진다는 장점이 있다.

3.1 MVC 패턴

MVC 패턴에서 컨트롤러는 모델의 데이터를 조회하거나 업데이트하는 역할을 하며, 그 후 모델의 변화는 뷰에 반영된다. 또한, 사용자는 뷰를 통해 데이터를 입력하게 되는데, 이런 사용자의 입력으로 바로 모델을 업데이트하는 경우도 있다. 이런 상황을 그림으로 간단히 나타내 보면 [그림 3-1]과 같다.

- 모델: 애플리케이션의 데이터를 의미한다. 모델이 변경될 경우 컨트롤러와 뷰에 통보하여 컨트롤러와 뷰가 알고 있는 데이터를 갱신할 수 있도록 한다.
- 뷰: 사용자에게 제공되는 UI 인터페이스를 제공한다.
- 컨트롤러: 모델의 상태를 변경하는 대부분의 로직을 의미한다.

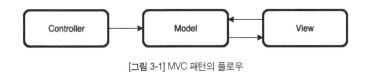

[그림 3-1] MVC 패턴의 플로우

MVC 패턴을 사용함으로써 개발자들은 좀 더 확장이 유연하고 유지 보수하기에 용이한 애플리케이션을 작성할 수 있다. 그러나 MVC 패턴의 문제 중 하나는 하나의 컨트롤러가 여러 개의 모델이나 뷰를 컨트롤하는 것에 대한 제약이 없다는 것이다. 이렇게 되면 애플리케이션이 커지면 커질수록 [그림 3-2]와 같은 복잡한 구조가 되기 쉬워진다.

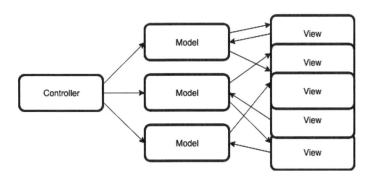

[그림 3-2] 복잡한 MVC 패턴의 데이터 플로우

[그림 3-2]에서 한 개의 컨트롤러가 많은 양의 모델, 뷰를 컨트롤하고 있기 때문에 이 컨트롤러는 다른 컨트롤러에 비해서 상대적으로 많은 양의 코드를 가지고 있을 것이다. 그리고 가끔은 모델 간의 의존관계 때문에 하나의 모델이 다른 모델을 업데이트해야 하는 경우도 있다. 예를 들면, a = 1, b = a + 1과 같은 관계라면 a가 업데이트되면 b도 동시에 업데이트가 되어야 한다. 이런 상황들은 어떤 모델을 변경했을 경우 이 모델의 변경이 어디까지 영향을 미치는지 파악하기 더욱더 어렵게 만든다. 위와 같은 문제들 때문에 MVC 패턴을 사용한 애플리케이션은 커지면 커질수록 복잡도가 빠르게 증가하고 결국 개발자가 데이터의 흐름을 파악하기 어렵게 된다. 이러한 어려움 속에 페이스북에서 고안한 새로운 아키텍처가 바로 Flux이다.

3.2 Flux 패턴

Flux 패턴은 우리가 방금 살펴본 문제와 같이 기존의 MVC 패턴을 가진 애플리케이션이 커지면 커질수록 상태 관리의 흐름이 너무 복잡해지는 것을 해결하고자 페이스북에서 발표한 패턴이다. MVC 패턴과 Flux의 가장 큰 차이점은 데이터의 흐름이 양방향이 아닌 단방향으로 흐른다는 것이다.

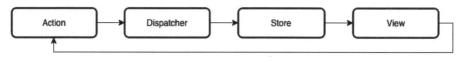

[그림 3-3] Flux 패턴의 데이터 플로우

Flux에서 데이터 플로우는 언제나 액션(Action)으로부터 시작해서 디스패처(Dispatcher), 스토어(Store), 뷰(View)의 순서로 흘러간다. 만약 뷰에서 사용자 액션이 일어나서 데이터를 업데이트해야 한다면 액션부터 다시 시작해서 디스패처를 통해 스토어에 있는 데이터를 업데이트하고 뷰에 반영하게 된다. 이러한 단방향 데이터 흐름은 MVC 패턴의 양방향 데이터 흐름에 비교해서 데이터의 상태를 예측하기가 훨

썬 쉽고, 디버깅을 용이하게 만들어 준다. 또한, 중앙 집중되어 있는 저장소인 스토어의 데이터를 모든 컴포넌트가 접근할 수 있으며 상태를 공유하기도 쉬워진다.

3.2.1 액션(Action)

Flux 패턴 안에서는 스토어(Store)를 변경하려면 디스패처(Dispatcher)를 통해서 업데이트가 이뤄져야 한다. 이러한 디스패처는 액션(Action)을 통해 실행시킬 수 있는데, 이러한 액션은 타입(type)과 페이로드(payload)를 가지고 있는 단순한 객체로 이루어져 있다.

[코드 3-1] 액션의 구조

```
{
  type: 'INCREMENT_COUNT',
  payload: { count: 1 }
}
```

이때 액션의 타입은 Flux 내부에 미리 정해져 있는 것이 아니라 개발자가 직접 정의해 놓은 상수들의 목록으로 이루어진다. 이러한 액션은 액션 생성자(Action Creator)를 통해 생성된다. 액션 생성자는 마치 모스 부호를 사용하는 전보 기사와 같은 역할을 한다. 액션 생성자는 사용자 화면(View)의 이벤트 핸들러로부터 호출될 수 있으며, 액션 생성자를 통해 전달된 액션은 스토어(Store)에서 이해할 수 있는 포맷으로 변경되어 디스패처로 전달된다.

3.2.2 디스패처(Dispatcher)

디스패처는 Flux 패턴의 애플리케이션의 중앙 허브의 일종으로, 모든 데이터의 흐름을 관리한다. 디스패처는 액션에 대한 콜백(callback) 함수를 제공하며, 액션이 발생하면 스토어는 등록된 디스패처의 콜백 함수를 통해 발생한 액션에 대한 메시지를 전달받는다. 액션 생성자가 어떠한 행위를 시스템에 맞게 변경해주는 전보 기사와 같다면, 디스패처는 전화 교환대에 있는 전화 교환원과 같다. 디스패처는 어떤 액션이 들어왔을 때 어떤 함수를 실행시켜야 하는지를 알고 있으며, 이 함수는 "어떤 스토어의 어떤 값을 어떻게 변경해라"와 같은 로직을 가지고 있다. 이러한 디스패처는 전체 애플리케이션 내에 하나의 인스턴스만 사용한다.

3.2.3 스토어(Store)

스토어는 애플리케이션 내의 상태를 가지고 있다. 스토어에 들어있는 상태는 MVC 패턴에서의 모델과 같은 역할을 한다. 스토어에 있는 상태를 변경하기 위해서는 반드시 액션 생성자가 액션을 생성한 후 디스패처를 통해 스토어에 상태 변경을 요청하는 해야 한다. 다시 말해 절대로 스토어에 들어있는 상태 store.count = 1과 같은 방식으로 직접 업데이트할 수 없다. 스토어에 등록된 상태가 변경되면 스토어는 상태가 변경되었다는 변경 이벤트(Change event)를 통해 뷰(View)에 새로운 상태를 전달하고 뷰가 스스로 업데이트를 하게 한다. 대체로 이러한 스토어는 단순한 자바스크립트 객체로 이루어져 있다.

3.2.4 뷰(View)

Flux 패턴의 뷰(View)는 MVC 패턴의 뷰와는 다르게 단순히 화면을 렌더링하는 역할 뿐 아니라, 컨트롤러(Controller)의 역할도 가진다. 최상위 뷰는 스토어의 상태를 가져와 자식 뷰에 분배하는 역할을 하기 때문에 컨트롤러-뷰(Controller-View)라고 부르기도 한다. 이러한 패턴으로 인해 자식 뷰는 직접 스토어의 데이터를 받아오는 대신, 부모 뷰로부터 Props를 통해 데이터를 전달받는다. 하지만 이러한 방법이 강제되는 것은 아니며, 필요에 따라 자식 뷰에서 직접 스토어의 상태를 가져올 수도 있다. 이 뿐만 아니라 뷰는 사용자와의 상호 작용을 통해 스토어의 상태에 따라 변경 사항을 뷰에 반영한다. 이러한 뷰는 Vue 컴포넌트나 React 컴포넌트가 역할을 담당하고 있다.

이러한 Flux 패턴의 각 부분이 Vuex에서 어떻게 사용되고 있는지 한번 살펴보도록 하자.

3.3 Vuex

Vuex는 Flux 아키텍처에 영감을 받아 제작된 상태관리 라이브러리이므로, 많은 부분에서 Flux 아키텍처의 메커니즘을 차용하고 있다.

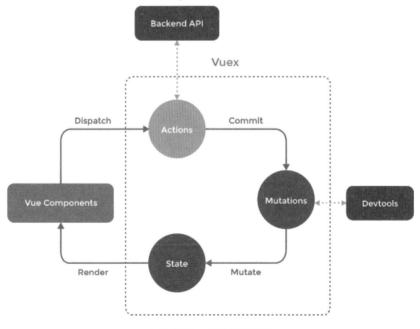

[그림 3-4] Vuex의 데이터 플로우

Vuex의 구조를 그림으로 표현하면 [그림3-4]와 같다. 우리가 집중해야 할 부분은 액션(Actions), 변이(Mutations), 상태(State), 뷰 컴포넌트(Vue Component)다. 벌써

Flux와 비슷한 몇 개의 단어가 보이지 않는가? 각 부분의 명칭과 세부적인 작동 방식은 조금 다를 수 있어도 전체적인 흐름은 Flux와 같다. 각 부분이 어떤 행동을 의미하는지, 또 Flux의 그것과는 어떻게 다른지 한번 살펴보도록 하자.

3.3.1 상태(State)

Vuex의 상태는 애플리케이션에서 공통으로 관리할 상태, 즉 모델을 의미한다. 상태는 단일 상태 트리를 사용하며, 원본 소스의 역할을 한다. 단일 상태 트리란 단 하나의 객체를 의미하며, 애플리케이션 내에는 애플리케이션의 상태를 포함하고 있다. 단일 상태 트리를 사용하면 Vue Devtools를 통해 쉽게 디버깅을 할 수 있다는 장점을 가진다. 스토어에 연결된 컴포넌트는 저장소의 상태가 변경되면 변경 사항을 컴포넌트에 효율적으로 반영한다. 컴포넌트에서 스토어의 상태에 접근해서 가져올 때는 다음과 같이 computed 내에 작성한다.

[코드 3-2] 컴포넌트에서 스토어의 상태에 접근하는 방법

```
<template>
  <div>
    {{ count }}
  </div>
</template>
<script>
  import store from 'src/store';

  export default {
    computed: {
      count () {
        return store.state.count;
      }
    }
  }
</script>
```

store.state.count 값은 count라는 computed 속성에 포함되어 있기 때문에 store.state.count 값이 변경되면 컴포넌트의 computed 또한 자동으로 갱신되어 관련된 DOM의 업데이트가 발생하게 된다. 그러나 이 방법은 스토어를 사용하려고 하는 모든 컴포넌트에 스토어를 임포트(import)해야 한다는 단점이 있다. 다행히도 Vuex는 store 옵션을 통해 루트 컴포넌트의 모든 자식 컴포넌트 저장소에 주입을 할 수 있다.

[코드 3-3] Vue 인스턴스에 store를 주입하는 방법

```
import Vue from 'vue'
import Vuex from 'vuex'
import store from 'src/stores'
import StoreTest from 'src/components/StoreTest'

Vue.use(Vuex)

const app = new Vue({
  el: '#app',
  store,
  components: { App },
})
```

그래서 [코드 3-3]과 같이 Vue 인스턴스에 store 옵션을 통해 Vuex 스토어를 주입하면 루트 컴포넌트의 모든 자식 컴포넌트에 스토어가 자동으로 주입되기 때문에 store 프로퍼티를 이용하여 스토어에 접근할 수 있다. 스토어가 주입된 이후부터는 모든 자식 컴포넌트에서 스토어에 대하여 this.$store로 접근할 수 있다.

[코드 3-4] 컴포넌트 내에서 스토어를 불러오기 위한 import문이 제거된 모습

```
<template>
  <div>
    {{ count }}
  </div>
</template>
<script>
  export default {
```

```
      computed: {
        count () {
          return this.$store.state.count;
        }
      }
    }
</script>
```

하지만 이러한 접근 방법은 컴포넌트 내에서 여러 상태에 접근해야 하는 경우 반복적이고 장황해질 수 있다. 이러한 부분을 mapState 헬퍼 함수를 통해 더욱더 간결하게 사용할 수 있다.

[코드 3-5] mapState 헬퍼 함수를 통해 상태가 컴포넌트에 매핑된 모습

```
<template>
  <div>
    {{ count }} + {{ number }} = {{ sum }}
  </div>
</template>
<script>
  import { mapState } from 'vuex';
  export default {
    data () {
      return {
        number: 3
      }
    },
    computed: mapState({
      count: state => state.count,
      sum (state) {
        return state.count + this.number
      }
    })
  }
</script>
```

만약 컴포넌트 내에서 mapState 헬퍼 함수 외에 다른 computed를 사용하고 싶을 수

도 있다. 그러한 경우는 객체 전개 연산자(Object Spread Operator)를 이용하여 사용할 수 있다.

[코드 3-6] 객체 전개 연산자를 통한 mapState 헬퍼 함수 사용 모습

```
<template>
  <div>
    {{ count }} + {{ number }} = {{ sum }}
  </div>
</template>
<script>
  import { mapState } from 'vuex';
  export default {
    data () {
      return {
        number: 3
      }
    },
    computed: {
      sum () {
        return this.count + this.number
      },
      ...mapState([
        'count'
      ])
    }
  }
</script>
```

3.3.2 게터(Getters)

게터는 스토어 내에서 Vue의 computed와 같은 역할을 하는 아주 유용한 기능이다. 때로는 스토어의 상태를 바로 가져와서 사용하는 것이 아니라 다음과 같이 일정 부분 가공해서 사용해야 할 때도 있다.

[코드 3-7] computed 속성을 사용하여 상태의 데이터를 가공하는 코드

```
<template>
  <div>
    {{ multiply }}
  </div>
</template>
<script>
  import { mapState } from 'vuex';
  export default {
    computed: {
      multiply () {
        return this.count * this.count
      },
      ...mapState([
        'count'
      ])
    }
  }
</script>
```

만약 multiply 값을 다른 컴포넌트에서 다시 사용하고 싶다면, [코드 3-7]의 multiply 함수를 똑같이 다시 사용하려는 컴포넌트에 작성해야 한다. 그럼 동일한 코드가 여러 군데 산재하게 될 것이다. 만약에 multiply라는 함수의 로직이 변경되어야 한다면 애플리케이션 내에 여기저기 산재하여 있는 multiply를 모두 찾아서 수정해줘야 하는 번거로움이 생길 뿐 아니라 코드의 재사용성 역시 현저히 떨어진다. 이러한 경우에 게터를 유용하게 사용할 수 있다.

[코드 3-8] Vuex Store에 게터를 선언한 모습

```
export default new Vuex.Store({
  state: {
    count: 2
  },
  getters: {
    multiply (state) {
```

```
    return state.count * state.count
    }
  }
})
```

게터는 컴포넌트의 computed와 마찬가지로 내부에서 사용된 데이터가 변경될 때
마다 자동으로 갱신되고 한번 계산된 후로는 재계산되기 전까지는 반환되는 값이 캐
싱 되는 점 또한 같다. getters 속성 내부에 선언되는 함수는 첫 번째 인자로 속해있는
스토어의 상태를 전달받고 두 번째 인자로는 getters 속성 자체를 전달받는다. 즉, 다
음과 같이 사용할 수도 있다.

[코드 3-9] 게터 내에서 다른 게터를 사용하고 있는 모습

```
getters: {
  add: state => {
    return state.count + state.count
  },
  multiply: (state, getters) => {
    return getters.add * state.count
  }
}
```

이렇게 선언된 게터는 store.getters 객체에 노출되고 이 속성을 통해 게터에 접근할
수 있다.

```
store.getters.add
store.getters.mutiply
```

마찬가지로 컴포넌트 내에서 computed 속성을 통해 접근할 때도 사용할 수 있다.

[코드 3-10] 컴포넌트 내에서 게터를 사용하는 모습

```
computed: {
  doneMemosCount () {
```

```
    return this.$store.getters.doneTodosCount
  }
}
```

이러한 게터는 상태와 마찬가지로 mapGetters 헬퍼 함수를 통해 더욱더 편하게 이용할 수 있다.

[코드 3-11] mapGetters 헬퍼 함수를 이용한 모습

```
<template>
  <div>
    {{ multiply }}
  </div>
</template>
<script>
  import { mapGetters } from 'vuex';
  export default {
    computed: {
      ...mapGetters([
        'multiply'
      ]),
    }
  }
</script>
```

3.3.3 변이(Mutation)

변이는 Vuex에서 스토어의 상태를 변경할 수 있는 유일한 방법이다. 각 변이 함수의 이름은 Flux 패턴에서 설명했던 액션의 타입과 동일하고 변이 함수의 내용은 실제 상태 수정을 할 수 있는 로직을 가지고 있다. 즉, Flux 패턴에서 디스패처의 역할을 Vuex에서는 변이라는 이름을 가진 기능이 동일한 역할을 한다. 변이는 다음과 같이 정의해서 사용할 수 있다.

[코드 3-12] 스토어 내에서 변이를 선언한 모습

```
export default new Vuex.Store({
  state: {
    count: 2
  },
  mutations: {
    INCREMENT (state, payload) {
      state.count = state.count + payload
    }
  }
})
```

변이 핸들러 함수는 첫 번째 인자로 스토어의 상태를, 두 번째 인자로는 페이로드를 받는다. 변이는 게터와는 다르게 store.mutation으로 직접 접근이 불가능하다. 변이는 디스패처의 역할과 마찬가지로 어떤 액션이 들어왔을 때 그 액션이 가지고 있는 타입과 일치하는 함수를 실행시킬 뿐이다. 변이를 호출하려면 반드시 store.commit 메소드를 통해 사용해야 한다.

[코드 3-13] commit 메소드를 사용하여 변이를 호출하는 모습

```
<template>
  <div>
    <button @click="increment">더하기</button>
  </div>
</template>
<script>
  import store from  "../store";
  export default {
    methods: {
      increment () {
        store.commit('INCREMENT', 2)
      }
    }
  }
</script>
```

이러한 변이에 대한 헬퍼 함수로 Vuex에서는 mapMutations 헬퍼 함수를 제공한다.

[코드 3-14] mapMutations 헬퍼 함수를 이용하여 변이를 호출하는 모습

```
<template>
  <div>
    <button @click="increment">더하기</button>
  </div>
</template>
<script>
  import { mapMutations } from "vuex"
  export default {
    methods: {
      ...mapMutations([
        "INCREMENT"
      ]),
      increment () {
        this.INCREMENT(2)
      }
    }
  }
</script>
```

만약 변이 안에서 하나 이상의 인자를 사용하려 한다면 인자를 순서대로 나열하는 것이 아니라, 하나의 객체 형태로 전달해야 한다.

[코드 3-15] Object 형태의 payload를 인자로 받는 변이 함수 모습

```
export default new Vuex.Store({
  state: {
    count: 2
  },
  mutations: {
    DECREMENT (state, payload) {
      state.count = state.count - payload.count
    }
  }
})
```

[코드 3-16] Object 형태의 인자를 이용하여 변이를 호출하는 모습

```
<template>
  <div>
    <button @click="decrement">빼기</button>
  </div>
</template>
<script>
  import { mapMutations } from "vuex"
  export default {
    methods: {
      ...mapMutations([
        "DECREMENT"
      ]),
      decrement () {
        this.DECREMENT({ count: 2 })
      }
    }
  }
</script>
```

변이 안에서 가장 중요한 사실은 변이는 반드시 동기적(Synchronized)이어야 한다는 것이다. 그 이유는 무엇일까? 한번 비동기(Asynchronized) 업데이트를 사용하는 경우를 살펴보도록 하자.

[코드 3-14] 변이 내에서 비동기 처리를 하는 모습

```
mutations: {
  SET_USER_INFO (state) {
    api.fetchUserInfo(response => {
      state.user = response.data.user
    })
  }
}
```

우리가 Vuex를 사용하는 이유는 사실 Vue Devtools라는 Vue의 공식 디버그 툴 때문이라고 해도 과언이 아니다. 이 툴은 UI를 통해 변이를 추적하여 현재 스토어의 상

태를 쉽게 확인할 수 있게 지원해주는데, 변이를 추적할 때는 commit메소드가 언제 호출되었는지를 기준으로 추적한다.

그럼 [코드 3-14]에서 문제가 되는 부분은 무엇일까? 비동기 로직을 처리하는 fetch UserInfo 함수의 콜백 함수가 언제 실행될지 아무도 모른다는 것이다. fetchUserInfo 함수는 통신을 통해 서버에서 데이터를 받아오는 함수이기 때문에 네트워크의 상태, 서버의 상태 같은 외부 요인에 따라서 콜백 함수의 호출 타이밍이 달라진다. 즉, commit 메소드가 호출되어 Vue Devtools에서는 "상태가 변경되었습니다"라고 이벤트가 보이게 되지만 실제로는 아직 스토어의 상태가 변하지 않았을 수 있다는 것이다. 이런 부분은 애플리케이션의 상태 추적을 힘들게 만들며, 이로 인해 디버깅하기가 어려워지는 문제가 발생한다. 그렇다고 서버로부터 데이터를 받아오는 로직을 사용하지 않을 수도 없다. 이러한 비동기에 대한 변이를 해결할 수 있는 것이 다음에 등장하는 액션이다.

3.3.4 액션(Actions)

액션의 경우 크게 2가지 역할을 담당한다. 첫 번째는 '변이에 대한 커밋'이라는 것과 두 번째는 '비동기적인 작업'이 포함될 수 있다는 점이다. 액션을 한번 정의해보자.

[코드 3-15] 스토어에 변이와 액션을 선언한 모습

```
export default new Vuex.Store({
  state: {
    count: 2
  },
  mutations: {
    INCREMENT (state, payload) {
      state.count = state.count + payload
    }
  },
  actions: {
```

```
    increment (context, payload) {
      context.commit("INCREMENT", payload)
    }
  }
})
```

액션 핸들러는 첫 번째 인자로 context를 받는데, 이 인자는 스토어의 메소드, 속성들을 그대로 가지고 있는 값이다. 그러므로 우리는 context.commit과 같이 스토어의 메소드를 context라는 값을 통해 실행시킬 수 있다. 그리고 액션의 두 번째 인자는 변이와 마찬가지로 payload이다. 액션은 dispatch라는 메소드를 통해서 사용할 수 있다.

[코드 3-16] 액션을 호출하는 방법

```
<template>
  <div>
    <button @click="increment">더하기</button>
  </div>
</template>
<script>
  import store from "../store"
  export default {
    methods: {
      increment () {
        store.dispatch('increment', 3);
      }
    }
  }
</script>
```

혹은 mapActions 헬퍼 함수를 통해서도 사용할 수 있다.

[코드 3-17] mapActions 헬퍼 함수를 통해 액션을 호출하는 방법

```
<template>
  <div>
```

```
    <h1>Actions</h1>
    <button @click="incrementHandler">더하기</button>
  </div>
</template>
<script>
  import { mapActions } from 'vuex'
  export default {
    methods: {
      ...mapActions([
        'increment'
      ]),
      incrementHandler () {
        this.increment(3);
      }
    }
  }
</script>
```

액션의 좀 더 실용적인 예는 앞에서 설명했던 비동기 통신을 통한 변이가 이루어져야
할 때다.

[코드 3-18] 액션을 사용하여 비동기 처리 후 변이를 사용하는 모습

```
actions: {
  // 전달인자 분해 문법을 사용하면 context.commit을 바로 가져올 수 있다.
  setAsyncUserInfo ({ commit }, userId) {
    commit('SET_USER_INFO_REQUEST')
    api.fetchUserInfo(response => {
      commit('SET_USER_INFO_SUCCESS', response.data.user)
    });
  }
}
```

액션 핸들러는 서버와 통신하여 사용자 데이터를 받아오고 그 후 변이를 요청하는
commit 메소드를 호출한다. 이런 방식의 변이는 Vue Devtools에서 commit 메소드
의 호출을 인식했을 때 동기적으로 상태가 업데이트되므로 제대로 된 상태 추적이 가

능하게 된다. 또 한 가지의 실용적인 예는 여러 개의 변이가 필요한 하나의 액션을 수행해야 할 때다. 하나의 액션이라는 것은 반드시 하나의 상태만을 변경해야 하는 것은 아니다. 말 그대로 액션은 하나의 행위를 의미하기 때문에 여러 개의 상태를 변이시킬 수도 있다. 위의 사용자 데이터를 받아오는 액션을 조금 더 보완해보자.

[코드 3-19] 액션 내에서 연속적인 비동기 처리를 하는 모습

```
actions: {
  setAsyncUserInfo ({ commit }, userId) {
    commit('SET_USER_INFO_REQUEST')
    api.fetchUserInfo(response => {
      commit('SET_USER_INFO_SUCCESS', response.data.user)

      // 받아온 사용자의 정보를 토대로 사용자의 친구목록을 받아온다.
      const userId = response.data.user.id;
      commit('SET_USER_FRIENDS_REQUEST')
      api.fetchUserFriends(userId, response => {
        // 친구목록에 대한 API가 성공 시
        commit('SET_USER_FRIENDS_SUCCESS', response.data.friends);
      }, err => {
        // 친구목록에 대한 API가 실패 시
        commit('SET_USER_FRIENDS_FAILURE');
        throw new Error(err);
      })
    }, err => {
      // 사용자 데이터 요청이 실패했을 경우에 사용자 정보를 초기화한다.
      commit('SET_USER_INFO_FAILURE');
      throw new Error(err);
    });
  }
}
```

첫 번째 API 요청으로 사용자의 데이터를 서버에서 받아온 후 그 데이터에 들어있는 사용자의 id 값을 사용하여 사용자의 친구목록을 받아오는 연속적인 비동기 작업이다. 이렇게 액션은 비동기 흐름을 제어하여 변이를 수행해야 할 때 효과적이다. 또

한, 액션이 Promise를 반환하게 작성한다면 해당 액션을 사용하는 쪽에서 비동기 로직을 마친 후의 처리에 대한 추가 작업을 수행할 수 있다.

[코드 3-20] Promise 객체를 반환하는 액션의 모습

```
actions: {
  setAsyncUserInfo ({ commit }, userId) {
    commit('SET_USER_INFO_REQUEST')
    api.fetchUserInfo(response => {
      commit('SET_USER_INFO_SUCCESS', response.data.user)

      const userId = response.data.user.id;
      commit('SET_USER_FRIENDS_REQUEST')
      api.fetchUserFriends(userId, response => {
        commit('SET_USER_FRIENDS_SUCCESS', response.data.friends);
        return Promise.resolve();
      }, err => {
        // 친구목록에 대한 API가 실패 시
        commit('SET_USER_FRIENDS_FAILURE');
        throw new Error(err);
      })
    }, err => {
      commit('SET_USER_INFO_FAILURE');
      throw new Error(err);
    });
  }
}
```

[코드 3-20]에서의 액션은 Promise를 반환하기 때문에 해당 액션을 호출하는 쪽에서는 자바스크립트 ES6의 Promise 문법 또는 자바스크립트 ES7의 async/await 문법으로 사용할 수 있다.

[코드 3-21] Promise를 반환하는 액션을 사용하는 모습

```
// Promise 패턴으로 작성할 수 있다.
store.dispatch('setAsyncUserInfo').then(() => {
```

```
  // 액션이 종료된 후의 작업을 수행
});

// 또는 async await 패턴도 사용할 수 있다.
async onUpdateUserInfo () {
  await store.dispatch('setAsyncUserInfo');
  // 이후 작업을 수행
}
```

3.3.5 Vuex 모듈 관리

간단한 애플리케이션을 작성할 때는 별도의 모듈로 관리하는 것이 어렵지 않다. 처음
작성할 때는 하나의 스토어를 가지고도 충분히 작성할 수 있을 것이다.

```
├── src
│   └── store
│       └── index.js
```

하지만 점점 애플리케이션의 구조가 커질수록 각각의 관심사별로 파일을 분리하기
시작한다.

```
├── src
│   └── store
│       └── actions.js
│       └── mutations.js
│       └── getters.js
│       └── states.js
│       └── index.js
```

애플리케이션의 규모가 점점 커질수록 관리되어야 할 상태가 많아지며, 이에 따라 하
나의 Vuex 모듈로 관리하기가 힘들어진다. Vuex에서는 이러한 모듈을 효율적으로
관리하기 위해 modules 옵션을 제공한다.

```
export default new Vuex.Store({
  modules: {
    a: foo,
    b: bar
  },
  state: {
    // ...
  },
  actions: {
    // ...
  },
  mutations: {
    // ...
  },
  getters: {
    // ...
  }
})
```

```
├── src
│   └── store
│       └── actions.js
│       └── mutations.js
│       └── getters.js
│       └── states.js
│       └── index.js
│       └── modules
│           └── foo.js
│           └── bar.js
```

스토어 내의 변이 유형에 따라 상수를 사용하는 것은 Flux 패턴에서 일반적인 방법이다. 만약 변이 유형에 대한 상수를 사용하는 상황에서 스토어가 각각 관심사에 맞게 분리되었다면 변이의 타입에 대한 상수에도 모듈에 따라 접두사 혹은 접미사를 붙여 준다면 분리된 스토어를 효율적으로 관리할 수 있다.

114

[코드 3-23] 변이 유형에 대한 상수

```
// foo에 대한 상수 타입
const FETCH_FOO = "FOO/FETCH_FOO"

// bar에 대한 상수 타입
const FETCH_BAR = "BAR/FETCH_BAR"
```

너무 작은 규모의 애플리케이션에서 관심사를 분리하기도 힘들거니와 오히려 너무 작은 단위로 분리하면 애플리케이션의 복잡성을 높일 수 있다. 그렇기 때문에 처음부터 모듈을 분리하기보다는 애플리케이션 규모의 크기에 따라 상황에 맞게 분리하는 것을 추천한다.

3.4 마치며

지금까지 Vue.js 프레임워크를 위한 상태 관리 라이브러리인 Vuex를 살펴보았다. Vuex의 효과는 Vue Devtools와 함께할 때, 그 효과를 극대화할 수 있다. Vuex의 큰 장점으로는 중앙 집중식 저장소 역할을 통해 컴포넌트들 간의 분산된 상태를 효율적으로 관리할 수 있다는 점도 있지만, 애플리케이션에 예측이 가능하다는 점 역시 큰 장점 중 하나다.

[그림 3-5]는 6장에서 진행할 커뮤니티 애플리케이션의 예시 화면이다. 아직 우리는 6장에 대해서 학습을 하지 않았지만, 대략 변이의 흐름만 살펴봐도 애플리케이션의 흐름을 한눈에 파악하기 쉽다는 것을 느낄 수 있을 것이다. 이렇듯 애플리케이션의 Vuex의 상태와 변이에 대한 흐름을 살펴보면 애플리케이션의 비즈니스의 흐름을 한눈에 파악하기가 쉽다.

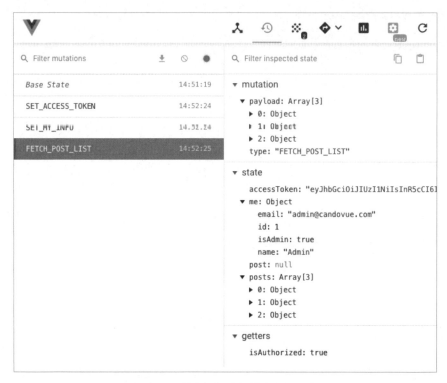

[그림 3-5] 커뮤니티 애플리케이션의 데이터 흐름

그뿐만 아니라 시간 여행 디버깅(Time travel debugging) 역시 가능하다는 큰 장점이 있다. 하지만 이러한 장점들이 있더라도 Vue 애플리케이션 내에서의 필수적으로 Vuex를 도입하는 것을 권장하지는 않는다. 애플리케이션이 간단한 구조를 가지고 있다면 굳이 Vuex를 사용하지 않아도 충분히 좋은 애플리케이션을 만들 수 있다. 하지만 애플리케이션의 규모가 점점 커짐에 따라 Flux 패턴의 라이브러리의 필요성에 대해 깨닫는 순간이 올 것이다.

애플리케이션 내에서 Vuex를 사용하면 학습에 대한 비용과 컴포넌트 내에서만 사용하던 데이터를 스토어의 상태로 분리해야 한다는 어려움이 분명히 존재한다. 하지만 그만큼 스토어를 사용하면서 얻는 이점 또한 적지 않다. 결국에는 Vuex의 도입은 기회비용이다. 이러한 점을 잘 고려하여 Vuex를 도입하길 바란다.

CHAPTER

4

Vue Router

4.1 Vue Router는 왜 필요한가요?

4.2 Vue 애플리케이션에서 Vue Router 사용하는 법

4.3 Vue Router의 라우트 설정의 속성들

4.4 동적 라우트 매칭

4.5 중첩된 라우트

4.6 프로그래밍 방식 내비게이션

4.7 이름을 가지는 뷰

4.8 리다이렉트와 별칭

4.9 라우트 컴포넌트에 속성 전달

4.10 해시 모드와 히스토리 모드

Vue Router

Vue Router는 Vue.js를 이용하여 단일 페이지 애플리케이션(SPA, Single Page Application)을 만드는 데 도움을 주는 클라이언트 사이드 라우팅 공식 라이브러리다. Vue Router의 경우 Vue.js로 개발할 때 필수로 사용해야 하는 것은 아니며, Vue CLI를 사용하여 프로젝트를 생성할 때 옵션을 이용하여 사용 여부를 결정하거나 npm을 사용하여 별도로 설치한 후 사용하는 것도 가능하다.

이 책에서의 예제는 Vue CLI를 통해 설정된 환경을 기반으로 설명하고 있으며, 예제 실행 시 Vue CLI를 통해 설정된 환경에서 실습해보길 권장한다. 또한, Vue Router의 기본적인 사용 방법은 Vue Router의 공식 문서(https://router.vuejs.org/kr/)에 이미 잘 설명되어 있기 때문에 이 장에서는 Vue Router의 기본적인 사용 방법보다는 공식 문서를 기반으로 하여 전문적인 용어의 해설이나 빠져 있는 내용의 보충, 문서를 이해하는 데 도움을 줄 수 있는 지식 등 공식 문서를 보조하는 내용을 설명할 것이다. 이 장에서 Vue Router에 대한 설명은 공식 문서에 표기된 순서를 최대한 따라갈 것이기 때문에 이 장을 읽기 전 공식 문서를 먼저 읽어보거나 공식 문서와 이 책을 함께 보기를 추천한다.

> 참고   Vue Router의 공식 문서는 Vue의 공식 문서와 마찬가지로 한국어로 번역되어 있다.

Vue Router에 대해 본격적인 설명에 들어가기에 앞서, 먼저 왜 이러한 형태의 라우터 라이브러리가 필요한지부터 알고 넘어가는 것이 좋다. 그러기 위해 우리는 먼저 전통적인 방법의 '서버 사이드 라우팅'과 모던 웹 애플리케이션에서 많이 사용하는 '클라이언트 사이드 라우팅'의 차이에 대해서 알아야 할 필요가 있다.

4.1 Vue Router는 왜 필요한가요?

단일 페이지 애플리케이션(SPA, Single Page Application)이 대두되기 전 웹 애플리케이션의 구조는 서버에서 라우팅에 대한 모든 권한을 가지고 처리하는 형태였다. 그러나 단일 페이지 애플리케이션은 각 URL에 해당하는 HTML 파일이 존재하는 것이 아니라 하나의 HTML 파일을 사용하되 그 내용을 자바스크립트를 사용하여 변경하는 방식이기 때문에 페이지에 어떤 내용을 넣을지는 서버가 아닌 클라이언트가 결정할 수밖에 없다. 먼저 서버 사이드 라우팅과 클라이언트 사이드 라우팅의 차이점에 대해서 살펴보자.

4.1.1 전통적인 방법의 라우팅

먼저 전통적인 방법의 라우팅을 살펴보자. 전통적인 방법의 라우팅 처리 과정은 다음과 같다.

1. 클라이언트가 서버에 페이지를 요청한다.
2. 서버는 요청받은 URL에 해당하는 HTML 파일을 찾는다.
3. 서버는 찾아온 HTML에 필요한 내용을 추가적으로 담는다.
4. 완성된 HTML을 클라이언트에 응답으로 보내준다.

보다시피 이 과정 중 클라이언트의 역할은 서버에 요청을 보내는 것밖에 없으며 서버가 모든 라우팅에 대한 권한을 가지고 처리하기 때문에 '서버 사이드 라우팅'이라고도 한다. 이 과정들을 거치며 어떤 일이 벌어지는지 간단하게 한번 살펴보도록 하자.

4.1.1.1 클라이언트가 서버에 페이지를 요청한다.

이 과정은 브라우저의 기본 기능으로, 사용자가 브라우저에 어떤 URL을 입력하면 브라우저는 입력된 URL로 text/html 형태의 페이지 문서를 보내 달라는 요청을 보낸다. 브라우저의 개발자 콘솔의 Network 탭에 들어간 후 https://www.example.com에 접속해보자. 이 페이지는 말 그대로 예시로 호스팅 되어있는 사이트이기 때문에 아무런 기능도 없다. 우리가 브라우저의 주소창에 https://www.example.com을 입력하여 해당 페이지로 이동하면 Network 탭의 제일 상단에 www.example.com이라는 이름을 가진 요청이 표시된다.

[그림 4-1] 개발자 콘솔에 나타난 예시 사이트의 메인 페이지 문서 요청

이 요청을 한 번 더 자세히 들여다보면 브라우저가 서버에 어떤 요청을 보냈는지 알 수 있다.

[코드 4-1] 예시 사이트의 메인 페이지 문서를 받아오는 요청의 일부분

```
GET https://www.example.com HTTP/2
accept: text/html,application/xhtml+xml,application/xml;
accept-encoding: gzip, defalte, br
accept-language: en-US,en;
```

[코드 4-1]과 같이 브라우저가 서버로 페이지에 대한 요청을 보냈다면 클라이언트의 역할은 끝이다. 이제부터는 서버가 라우팅할 차례다.

4.1.1.2 서버는 요청받은 URL에 해당하는 HTML 파일을 찾는다

요청을 받은 서버는 현재 URL인 /에 대응되는 함수를 찾는다. 서버를 작성할 때 사용한 프로그래밍 언어나 프레임워크에 따라 조금씩 다를 수 있지만, 예시를 들기 위해 자바스크립트를 사용하는 프레임워크인 NodeJS의 Express를 예로 간략하게 살펴보자.

[코드 4-2] 루트 경로에 해당하는 HTML 파일을 응답하는 서버 코드의 예시

```javascript
const app = express();

app.get('/', function (req, res) {
  // 루트(/) 경로에 GET 메소드로 요청을 보내면 index.html을 응답으로 보내준다.
  res.render('index.html');
});
app.get('/about', function (req, res) {
  // /about 경로에 GET 메소드로 요청을 보내면 about.html을 응답으로 보내준다.
  res.render('about.html');
});
```

[코드 4-2]는 / 경로의 HTML 문서인 index.html 파일과 /about 경로의 HTML 문서인 about.html을 렌더하는 간단한 서버 라우팅을 보여주고 있다. 이 경우에는 서버에서 아무런 처리도 하지 않고 바로 HTML 파일을 찾아서 응답으로 보내주고 있지만, 경우에 따라 추가적인 데이터를 사용하여 HTML 문서에 삽입할 수도 있다.

4.1.1.3 서버는 찾아온 HTML에 내용을 추가적으로 담는다

서버는 단순히 HTML 파일을 찾아서 응답으로 보내줄 수도 있지만 때로는 특정한 데이터가 필요한 페이지도 있기 때문에 HTML 파일에 원하는 정보를 삽입한 후 응답으로 HTML을 보내줄 수도 있다. 예를 들면 /posts/1과 같은 URL의 경우 1번 게시물의

정보를 요청하고 있다. 이런 경우에 서버는 데이터베이스나 메모리에 저장된 1번 게시물의 데이터를 불러온 후 HTML에 삽입한다.

4.1.1.4 완성된 HTML을 클라이언트에 응답으로 보내준다

이렇게 완성된 HTML 파일은 서버의 응답을 통해 클라이언트인 브라우저로 전달되고, 브라우저는 응답의 내용인 HTML을 사용하여 화면을 그린 후 사용자에게 페이지를 노출해준다. 응답으로 받아온 HTML은 개발자 콘솔의 Network 탭 내의 요청을 클릭한 후 Response 탭을 선택하면 확인할 수 있다.

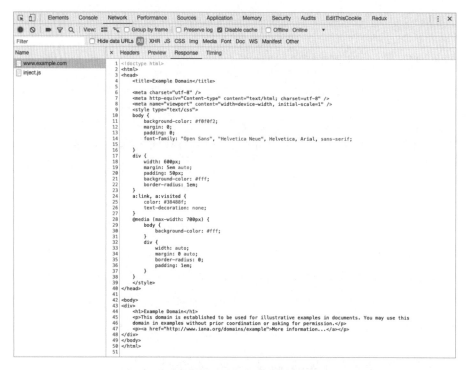

[그림 4-2] 예시 사이트의 메인 페이지 문서를 받아온 모습

브라우저는 text/html의 형식으로 받아온 문서를 페이지를 구성하는 HTML 파일이라는 것으로 해석하고 이 내용을 사용하여 화면을 그린다.

4.1.2 단일 페이지 애플리케이션의 라우팅

"4.1.1 전통적인 방법의 라우팅"장에서 살펴본 바와 같이 전통적인 방법의 경우 해당 URL에 어떤 내용이 보일지에 대한 결정권은 서버에 있으며, 클라이언트는 서버에 요청을 보내고 받아온 파일을 화면에 그대로 보여주는 역할만을 수행하고 있다. 하지만 단일 페이지 애플리케이션의 경우는 정반대다. 서버는 단순히 index.html을 보내주기만 할 뿐이고, 그 안에 어떤 내용이 들어갈지는 클라이언트의 자바스크립트를 통해 결정되기 때문이다. 이번에는 단일 페이지 애플리케이션의 라우팅 순서를 살펴보자.

1. 클라이언트가 서버에 페이지를 요청한다.
2. 서버는 index.html 파일을 찾아 응답으로 보내준다.
3. 클라이언트는 현재 URL에 따라 페이지의 내용을 결정하고 그린다.
4. 추가로 필요한 정보는 클라이언트에서 서버로 AJAX를 이용하여 요청한다.

전통적인 방법과 다르게 이번에는 서버의 역할이 거의 없고 클라이언트가 라우팅에 대한 주도권을 가지고 있다. 이 과정들에서 어떤 일이 벌어지는지 간단하게 살펴보자.

4.1.2.1 클라이언트가 서버에 페이지를 요청한다

전통적인 방법과 마찬가지로 이번에도 클라이언트는 서버에 페이지를 요청한다. 그러나 한 가지 차이점이 있다면 서버는 어떤 URL에 요청했든 하나의 HTML 파일만을 응답으로 보내준다는 것이다.

4.1.2.2 서버는 index.html 파일을 찾아 응답으로 보내준다

단일 페이지 애플리케이션과 전통적인 방법의 가장 큰 차이는 루트(/) 경로에 요청을 보내던 /post/1과 같은 특별한 경로에 요청을 보내던 서버는 항상 동일한 HTML 파일을 내려준다는 것이다. 페이지의 내용은 클라이언트에서 결정하기 때문에 응답으로 받은 HTML의 내용은 기본적인 것을 제외하면 모두 비어있다.

[코드 4-3] 단일 페이지 애플리케이션의 HTML 파일 예시

```html
<!DOCTYPE html>
<html>
  <head>
    <meta charset="utf-8">
    <meta name="viewport" content="width=device-width">
    <title>단일 페이지 애플리케이션의 예시</title>
    <link rel="stylesheet" href="index.css">
    <script src="index.js"></script>
  </head>
  <body>
    <div id="app"></div>
  </body>
</html>
```

[코드 4-3]에서 보는 바와 같이 단일 페이지 애플리케이션의 HTML은 필수적인 요소를 제외하면 내용이 대부분 비어있는 상태다. 내부에 어떤 내용을 그릴 것인지 클라이언트에서 결정한다.

4.1.2.3 클라이언트는 현재 URL에 따라 페이지의 내용을 결정하고 그린다

Vue Router가 맡은 역할이 바로 이 단계다. 클라이언트는 어떤 내용을 페이지에 그릴 것인지 결정해야 하는데 Vue Router는 이 과정을 굉장히 쉽게 만들어준다.

[코드 4-4] Vue CLI를 사용하여 프로젝트를 생성하면 작성되어 있는 기본적인 라우터의 모습

```js
import Vue from 'vue'
import Router from 'vue-router'
import HelloWorld from '@/components/HelloWorld'

Vue.use(Router)

export default new Router({
  routes: [
    {
```

```
    path: '/',
    name: 'HelloWorld',
    component: HelloWorld
  },
 ]
})
```

[코드 4-4]는 현재 경로가 루트(/)일 경우 HelloWorld라는 컴포넌트를 페이지에 삽입하고 렌더하는 코드다. 전통적인 방법의 서버 라우팅과 마찬가지로 클라이언트의 라우팅도 경로를 감지하고 그 경로에 해당하는 HTML 파일이나 프레임워크의 컴포넌트를 불러와서 페이지를 그린다.

4.1.2.4 추가로 필요한 정보는 AJAX 요청을 통해 서버에 요청한다

"4.1.1 전통적인 방법의 라우팅"장에서 사용자가 post/1이라는 1번 게시물의 정보를 볼 수 있는 페이지에 접속했을 때, 서버는 데이터베이스나 메모리에 저장된 1번 게시물의 정보에 접근해서 HTML을 렌더한다고 설명했다. 하지만 클라이언트는 서버나 데이터베이스에 저장된 1번 게시물에 직접 접근할 수 없기 때문에 API를 통해 서버에 1번 게시물의 정보를 추가로 요청해야 한다.

[코드 4-5] 서버에 요청한 1번 게시물의 데이터

```
HTTP/1.1 200 OK
Content-Length: 96
Content-Type: application/json
Content-Language: ko

{
    "page": 1,
    "page_size": 20
    "totalCount": 1,
    "data": [
        {
            id:1,
```

```
            title:'게시물의 제목',
            content:'이것은 1번 게시물의 내용입니다'
        }
    ]
}
```

서버의 API를 통해 필요한 데이터를 받아왔다면 이제 이 데이터를 사용해 페이지를
렌더하면 된다. 반드시 모든 데이터가 있어야만 페이지를 렌더할 수 있는 서버 사이드
라우팅과는 다르게 클라이언트 사이드 라우팅은 이 부분에서 자유롭기 때문에 필요
한 데이터가 없어도 사용자에게 먼저 빠르게 페이지를 노출한 후 데이터를 받아오는
통신 시간 동안 '로딩 중…'과 같은 문구를 노출하는 방법으로 사용자에게 체감 로딩
속도를 더 빠르게 느낄 수 있도록 하는 방법도 사용할 수 있다.

4.2 Vue 애플리케이션에서 Vue Router 사용하는 법

Vue Router를 사용하려면 우선 명시적으로 Vue Router를 Vue에 추가해줘야 한다.

[코드 4-6] Vue의 use메소드를 사용하여 Vue Router를 추가한 모습

```
import Vue from 'vue'
import VueRouter from 'vue-router'

Vue.use(VueRouter)
```

[코드 4-6]은 우리가 Vue CLI를 사용하여 프로젝트를 생성할 때 Vue Router를 사용
하겠다고 선택하면 자동으로 작성되는 코드이기도 하다. 그 후 우리는 Vue Router
인스턴스를 생성하고 애플리케이션에서 사용할 라우트 설정들을 Vue Router에 추가
해야 한다.

[코드 4-7] Vue Router 인스턴스를 생성하며 간단한 라우트 설정들을 추가한 모습

```
export default new VueRouter({
  routes: [
    {
      path: '/foo',
      component: Foo
    },
    {
      path: '/bar',
      component: Bar
    }
  ]
});
```

이때 routes 옵션은 여러 개의 라우트 설정을 가지고 있는 배열(Array)이다. 애플리케이션의 규모가 커지게 된다면 라우트의 개수도 늘어나게 되므로 라우트 설정만을 선언하는 파일을 따로 분리해줄 수도 있다.

[코드 4-8] 인증 페이지에 대한 라우트 설정과 사용자 페이지에 대한 라우트 설정 분리

```
// src/router/auth.js
export const AuthRouters = [
  {
    path: '/auth/login',
    name: 'Login',
    component: Login
  }
]

// src/router/user.js
export const UserRouters = [
  {
    path: '/user/profile',
    name: 'Profile',
    component: Profile
  }
]
```

[코드 4-9] 각각 선언된 라우트 설정을 라우터에 주입하는 코드

```
// src/router/index.js
import { AuthRouters } from '@/router/auth'
import { UserRouters } from '@/router/user'

export default new VueRouter({
  routes: [
    ...AuthRouters,
    ...UserRouters
  ]
})
```

[코드 4-9]와 같이 라우트 설정들을 관심사별로 분리하여 선언하게 되면 애플리케이션의 규모가 커져서 라우트들의 수가 늘어나더라도 가독성이 크게 떨어지지 않는다. 만약 이렇게 라우트 설정을 분리하게 될 경우 /login과 같은 경로보다는 /auth/login과 같이 모듈 이름을 경로 앞쪽에 붙여주는 것이 좋다. Vue Router가 라우트 설정 배열을 탐색할 때 배열의 머리(Head)부터 꼬리(Tail)로 탐색함으로써 자연스럽게 원소 간의 우선순위가 발생하기 때문에 개발자가 의도하지 않은 라우트가 선택되는 것을 방지하기 위해서다. 이 우선순위에 대해서는 "5.4.3 매칭 우선순위"장에서 다시 설명하도록 하겠다.

4.3 Vue Router의 라우트 설정의 속성들

Vue Router 라우트 설정의 옵션들을 살펴보면 라우트를 설정할 때 어떤 기능들을 사용할 수 있는지 알 수 있다.

[코드 4-10] Vue Router의 routes 속성에 선언된 라우트 설정 객체의 모습

```
new VueRouter({
  routes: [
```

```
  {
    path: '/foo',
    name: 'Foo',
    component: Foo
  }
  ]
});
```

라우트 설정 객체는 필수값으로 path를 가진다. path 속성은 URL이 변경되었을 때
어떤 라우트를 불러올지 구분할 수 있는 값이므로 반드시 필요하다. 그 외 다른 속성
들은 선택적 옵션이기 때문에 필수로 값을 기입해주지 않아도 된다. 그러나 라우트 설
정 객체의 다양한 속성들을 사용하여 Vue Router가 제공해주는 기능들을 사용할 수
있기 때문에 우리는 어떤 속성들이 존재하는지 알아야 할 필요가 있다. 라우트 설정
객체의 속성 중 주로 사용되는 속성은 다음과 같다.

[표 4-1] Vue Router 라우트 설정 객체의 주요 속성들

속성 이름	필수 여부	설명
path	O	라우트가 가질 경로
name	X	라우트의 이름
component	X	라우트가 불러와졌을 때 〈router-view〉에 주입될 컴포넌트
components	X	라우트가 불러와졌을 때 이름을 가지는 뷰에 주입될 컴포넌트들
redirect	X	리다이렉트할 라우트
alias	X	라우트의 별칭
children	X	중첩된 라우트들
props	X	동적 세그먼트 변수를 컴포넌트의 props 속성으로 주입할 것인지 여부

component 속성이나 components 속성의 경우 라우트 설정 시 필수로 입력해야 하
는 값은 아니지만 라우트에 컴포넌트를 할당하지 않는다면 해당 라우트에 매칭되는

컴포넌트가 없으므로 빈 화면만 나오게 되기 때문에 대부분의 경우 필요한 속성이다. 이렇게 Vue Router가 제공해주는 기능들을 제대로 사용하기 위해서는 이 속성들의 의미나 사용법을 알아야 하는 것과 마찬가지이므로 Vue Router의 기능들을 설명하면서 라우트 속성도 차례대로 설명하도록 하겠다.

4.4 동적 라우트 매칭

4.4.1 동적 세그먼트란 무엇인가?

동적 라우트란 posts/{게시글의 아이디}와 같이 경로에 변수를 가지고 있는 라우트를 의미한다. 이때 경로 내부에 들어있는 변수를 동적 세그먼트라고 부른다. Vue Router는 동적 세그먼트에 어떤 값이 들어올지 알 수 없으므로 우리는 라우트를 선언할 때 path속성을 사용하여 패턴을 정의해 주어야 한다. 동적 라우트는 같은 페이지 디자인을 가지고 있지만 다른 내용을 가질 수 있는 게시글 상세 페이지나 사용자의 정보 페이지와 같은 페이지에 사용될 수 있다.

[코드 4-11] 동적 라우트를 선언한 모습

```
new VueRouter({
  routes: [
    // 동적 세그먼트는 콜론으로 시작한다.
    { path: '/posts/:postId', component: PostDetailPage }
  ]
})
```

[코드 4-11]과 같이 라우트를 선언한다면 Vue Router는 posts/1과 posts/2와 같은 패턴을 지닌 라우트를 같은 경로라고 인식할 것이다. 동적 세그먼트는 :(콜론) 기호로 시작하며, 콜론 뒤의 단어는 변수명으로 사용된다. 이렇게 선언된 라우트의 동적 세그먼트는 컴포넌트 내에서 this.$route.params를 통해 접근할 수 있다.

[코드 4-12] 컴포넌트 내에서 동적 세그먼트에 접근하는 모습

```
<template>
<div>현재 {{ $route.params.postId }}번 게시글을 보고 있습니다.</div>
</template>

<script>
export default {
  name: 'PostDetailPage',
  created () {
    console.log(`${this.$route.params.postId}번 게시글의 페이지가 로드되었습니다.`)
  }
}
</script>
```

또한, 라우트는 여러 개의 동적 세그먼트를 가질 수도 있다. 만약 [코드 4-12]에서 예시를 들었던 게시글의 상세 정보 페이지의 경로에 글쓴이의 정보도 추가해야 한다면 우리는 이런 경로를 사용할 수 있다.

[코드 4-13] 여러 개의 동적 세그먼트를 가진 라우트의 모습

```
// 여러 개의 동적 세그먼트를 가진 라우트
{ path: '/users/:userId/post/:postId', name: 'UserPost' }
```

[코드 4-13]과 같이 여러 개의 동적 세그먼트를 가진 라우트도 마찬가지로 컴포넌트 내에서 this.$route.params를 통해 동적 세그먼트에 접근할 수 있다.

4.4.2 동적 세그먼트의 변경에 반응하기

만약 사용자가 /posts/1의 경로를 가진 1번 게시물 페이지를 보고 있다가 /posts/2의 경로를 가진 2번 게시물 페이지로 이동할 때 /posts/:postId와 같은 동적 라우트를 사용했다면 postId에 해당하는 동적 세그먼트가 변경되더라도 Vue Router는 이를 동일한 경로로 인식하기 때문에 한 번 사용되었던 컴포넌트를 새로 불러오지 않

고 기존에 불러왔던 컴포넌트를 재사용한다. 페이지 이동 시 페이지의 모든 내용을 변경하지 않고 필요한 부분만 변경할 수 있는 클라이언트 사이드 렌더링(Client Side Rendering)의 장점을 활용하는 것이다.

여기서 우리가 놓치기 쉬운 점은 모든 컴포넌트를 처음부터 다시 로딩하는 것이 아니기 때문에 created나 mounted와 같은 기존에 불러왔던 컴포넌트의 라이프 사이클 혹이 호출되지 않는다는 것을 의미한다는 것이다. 그렇기 때문에 우리는 다른 방법으로 경로가 변경되었음을 감지할 수 있어야 한다. 이렇게 동일한 경로의 동적 세그먼트만 변경되는 상황에서 우리는 Vue의 watch 속성을 사용하여 $route 객체를 감시함으로써 동적 세그먼트가 변경되었다는 것을 감지할 수 있다.

[코드 4-14] watch 속성을 사용하여 라우트 객체의 변경을 감지하는 모습

```
export default {
  name: 'PostDetailPage',
  watch: {
    '$route' (to, from) {
      console.log('라우트 객체가 변경되었습니다.')
    }
  }
}
```

또는 Vue Router에서 제공해주는 내비게이션 가드의 일종인 beforeRouteUpdate 가드를 사용하여 라우트 객체가 갱신되었음을 감지할 수도 있다.

[코드 4-15] beforeRouteUpdate 가드를 사용하여 라우트 객체의 변경을 감지하는 모습

```
export default {
  name: 'PostDetailPage',
  beforeRouteUpdate (to, from, next) {
    console.log('라우트 객체가 변경되었습니다.')
    // next 함수를 호출하지 않으면 다음 라우트로 이동하지 않는다.
    next()
  }
}
```

4.4.3 매칭 우선순위

앞서 "4.2 Vue 애플리케이션에서 Vue Router 사용하는 법"장에서 잠깐 설명했듯 이 Vue Router는 경로가 변경되었을 때 현재 경로와 일치하는 라우트를 찾기 위해 routes 배열을 탐색한다. 이 탐색은 배열의 머리(Head)인 0번 원소부터 배열의 꼬리 (Tail)인 가장 마지막 원소의 순서대로 진행된다. 이 탐색 우선순위가 왜 중요한지 알 아보기 위해 두 개의 라우트를 선언해보겠다.

[코드 4-16] 선언된 두 개의 라우트

```
new VueRouter({
  routes: [
    { path: '/posts/:postId', name: 'PostDetailPage' },
    { path: '/posts/hello', name: 'HelloPost' }
  ]
})
```

[코드 4-16]과 같이 선언한 다음 사용자가 /posts/hello라는 경로로 이동하면 HelloPost 라우트가 아닌 PostDetailPage 라우트로 이동하게 된다. 그리고 라우트 객체의 게시물 아이디인 $route.params.postId는 hello라는 문자열이 될 것이다. 왜 이런 상황이 발생하는 것일까? 사용자가 /posts/hello라는 경로로 이동했을 때 Vue Router는 배열의 머리부터 탐색을 시작했기 때문에 PostDetailPage 라우트를 먼저 찾았을 것이다. 그리고 /posts/hello라는 경로는 /posts/:postId의 패턴에도 일치하 는 경로이기 때문에 Vue Router는 현재 경로가 PostDetailPage 라우트의 경로인 것 으로 인식한 것이다. 이런 상황을 방지하기 위해서 우리는 라우트의 우선순위를 변경 해줄 필요가 있다.

[코드 4-17] 우선순위가 변경된 라우트들의 모습

```
new VueRouter({
  routes: [
    { path: '/posts/hello', name: 'HelloPost' },
```

```
    { path: '/posts/:postId', name: 'PostDetailPage' }
  ]
})
```

[코드 4-17]과 같이 우선순위를 변경해주면 /posts/hello라는 경로는 HelloPost 라우트로 이동할 것이고 그 외의 패턴인 /posts/1이나 /posts/hi 등의 경로는 PostDetailPage 라우트로 이동하게 된다. 이렇게 라우트들 간의 우선순위 때문에 발생하는 문제는 애플리케이션의 규모가 커지고 라우트가 늘어나게 되면 생각보다 놓치기 쉽고 에러 메시지도 발생하지 않아 문제의 원인을 찾기 어렵기 때문에 라우트를 선언하는 단계에서부터 유의해서 선언하는 것이 좋다.

4.5 중첩된 라우트

4.5.1 중첩된 라우트란 무엇인가?

중첩된 라우트란 /posts/foo, /posts/bar와 같이 여러 단계로 중첩된 라우트를 말한다. 이때 /posts/foo의 경로를 사용하는 페이지와 /posts/bar의 경로를 사용하는 페이지가 레이아웃과 내용이 모두 다른 완벽하게 다른 페이지라면 중첩된 라우트 기능은 사용할 수 없다. 그러나 이런 경로를 가지고 있는 페이지들의 경우 같은 레이아웃을 공유하되 내용이 다른 경우가 일반적이기 때문에 Vue Router는 이런 관계의 페이지들을 쉽게 정의할 수 있는 기능을 제공한다.

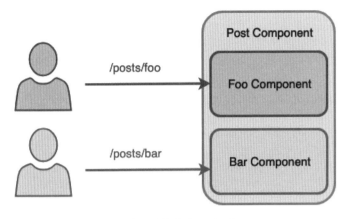

[그림 4-3] 중첩된 라우트의 모습

4.5.2 중첩된 라우트 기능을 사용하지 않고 만들어보기

[그림 4-3]과 같은 레이아웃을 가진 페이지를 만들려면 우리는 /posts/foo 경로와 /
posts/bar 경로에 모두 Post 컴포넌트를 매칭한 후 Post 컴포넌트 내부에서 v-if 또는
v-show를 사용하여 Foo 컴포넌트와 Bar 컴포넌트를 조건부 노출해야 한다.

[코드 4-18] /posts/foo와 /posts/bar 라우트에 모두 Post 컴포넌트를 사용한 모습

```
new VueRouter({
  routes: [
    {
      path: '/posts/foo',
      name: 'Foo',
      component: Post
    },
    {
      path: '/posts/bar',
      name: 'Bar',
      component: Post
```

```
    }
  ]
})
```

[코드 4-19] Post 컴포넌트 내에서 조건부 노출되고 있는 Foo 컴포넌트와 Bar 컴포넌트

```
<template>
  <div>
    <h4>Post 컴포넌트입니다.</h4>
    <Foo v-if="$route.fullPath === '/posts/foo'" />
    <Bar v-else-if="$route.fullPath === '/posts/bar'" />
  </div>
</template>
```

[코드 4-19]와 같은 방법은 선언된 라우터를 개발자가 보았을 때 해당 라우트에 어떤 컴포넌트들이 사용되고 있는지 명시적으로 알기 어렵고 Post 컴포넌트의 레이아웃을 공유하는 다른 페이지가 생길 때마다 v-if문이 계속 추가되어야 한다는 단점이 있다. 그래서 VueRouter는 이렇게 중첩되는 레이아웃을 쉽게 그릴 수 있도록 중첩된 라우트 기능을 제공한다.

4.5.3 중첩된 라우트 사용하기

우리는 현재 경로와 일치하는 컴포넌트들을 그리기 위해서 router-view 컴포넌트를 사용한다. 그리고 처음 Vue CLI를 사용하여 프로젝트를 생성하면 router-view 컴포넌트는 루트 컴포넌트인 App.vue에만 존재한다.

[코드 4-20] App.vue에 선언된 router-view 컴포넌트

```
<div id="app">
  <router-view></router-view>
</div>
```

[코드 4-20]에서 볼 수 있듯이 일반적인 경우 router-view는 루트 컴포넌트에만 존재하지만, 중첩된 라우트는 router-view 컴포넌트를 중첩해서 사용할 수 있다는 것을 의미한다. "5.5.2 중첩된 라우트 기능을 사용하지 않고 만들어보기"장에서 v-if를 사용해 Foo, Bar 컴포넌트를 조건부 노출했던 코드에 중첩된 라우트 기능을 사용함으로써 좀 더 효율적이고 깔끔한 코드로 변경할 수 있다.

[코드 4-21] v-if문을 router-view 컴포넌트로 대체한 Post 컴포넌트의 모습

```
<template>
  <div id="post">
    <h4>Post 컴포넌트입니다.</h4>
    <!-- Foo, Bar 컴포넌트가 있던 자리에 router-view를 삽입한다. -->
    <router-view></router-view>
  </div>
</template>
```

[코드 4-21]과 같이 Post 컴포넌트를 변경하면 애플리케이션의 DOM 구조는 router-view 컴포넌트가 중첩된 모습이 될 것이다.

[코드 4-22] 중첩된 라우트를 사용한 DOM 구조의 모습

```
<div id="app">
  <router-view>
    <!--첫 번째 router-view에는 Post 컴포넌트가 렌더된다. -->
    <div id="post">
      <h4>Post 컴포넌트입니다.</h4>
      <!-- 중첩된 router-view에 다른 컴포넌트를 렌더할 수 있다. -->
      <router-view></router-view>
    </div>
  </router-view>
</div>
```

물론 [코드 4-22]와 같이 router-view 컴포넌트가 실제로 DOM에 나타나진 않지만 중첩된 상태의 이해를 돕기 위해 예시를 든 것이다. 이렇게 중첩된 router-view 컴포넌

트에 자식 컴포넌트를 렌더할 때에는 "5.2.3 Vue Router의 라우트 속성들"장에서 소
개했던 children 속성을 사용하면 된다.

[코드 4-23] 중첩된 라우트를 선언한 모습

```
new VueRouter({
  routes: [
    {
      path: '/posts',
      component: Post,
      children: [
        {
          // /posts 경로와 일치하는 라우트
          // 컴포넌트가 할당되지 않았기 때문에 아무것도 렌더되지 않는다.
          // 다른 경로로 리다이렉트시키거나 PostHome과 같은 컴포넌트를 생성해서 할당할
          수도 있다.
          path: '',
        }
        {
          // /posts/foo 경로와 일치하는 라우트
          // Foo 컴포넌트는 Post 컴포넌트의 <router-view> 내에 렌더링 된다.
          path: 'foo',
          component: Foo
        },
        {
          // /posts/bar 경로와 일치하는 라우트
          // Bar 컴포넌트는 Post 컴포넌트의 <router-view> 내에 렌더링 된다.
          path: 'bar',
          component: Bar
        }
      ]
    }
  ]
})
```

[코드 4-23]에서 볼 수 있듯이 children 속성은 Vue Router의 routes 속성과 같이 라
우트 설정 객체로 이루어진 배열이다. 그렇기 때문에 이미 중첩된 라우트 설정 내에

서 다시 한번 children 속성을 사용하면 필요한 만큼 라우트를 계속해서 중첩할 수도 있다.

4.6 프로그래밍 방식 내비게이션

Vue Router는 router-link 컴포넌트를 사용하여 anchor 태그를 만드는 방법 외에도 컴포넌트 내에서 this.$router로 접근할 수 있는 라우터 객체의 메소드를 사용하여 라우팅할 수 있도록 지원하고 있다. 보통 이렇게 코드를 사용하여 실행하는 방법을 프로그래밍 방식(programmatic)으로 수행한다고 한다.

4.6.1 router.push

[코드 4-24] push 메소드

```
push: Function(location, onComplete?, onAbort?)

$router.push('/posts') // 경로를 직접 전달
$router.push({ path: '/posts' }) // 라우트 객체를 통해 경로를 전달
$router.push({ name: 'Posts' }) // 라우트 객체를 통해 라우트 이름을 전달
$router.push({ path: '/posts' }, () => {
  console.log('라우트 이동이 완료되었습니다.')
}, () => {
  console.log('라우트 이동이 중단되었습니다.')
})
```

push 메소드는 다른 경로로 이동할 때 사용한다. 이 메소드는 이동하면서 새로운 경로를 브라우저의 히스토리에도 저장하기 때문에 사용자가 '뒤로 가기' 버튼을 눌렀을 때 이전 경로로 다시 돌아갈 수 있다. 또한 이 메소드는 router-link 컴포넌트를 사용자가 클릭할 때 Vue Router가 내부적으로 호출하는 메소드이기 때문에 push 메소드

를 사용하여 이동하는 것과 router-link 컴포넌트를 클릭해서 이동하는 것은 같은 동작이라고 할 수 있다.

4.6.2 router.replace

[코드 4-25] replace 메소드

```
replace: Function(location, onComplete?, onAbort?)
```

replace 메소드는 push 메소드와 같은 역할을 하지만 브라우저의 히스토리에 이동한 라우트가 추가되지 않는다. 즉, replace 메소드를 사용하여 라우트를 변경하게 되면 이후 사용자가 '뒤로 가기' 버튼을 눌러도 이동하기 전 라우트로 돌아갈 수 없다는 뜻이다.

4.6.3 router.go

[코드 4-26] go 메소드

```
go: Function(n)

// 한 단계 앞으로 이동
$router.go(1)
// 한 단계 뒤로 이동
$router.go(-1)
// 3단계 앞으로 이동
$router.go(3)
```

go 메소드는 현재 쌓여있는 히스토리 스택에서 앞 또는 뒤로 이동할 수 있는 메소드다. 사용자가 브라우저에서 사용할 수 있는 '뒤로 가기', '앞으로 가기' 기능과 동일하다고 생각하면 된다. 메소드의 n 인자는 정수이며, 양수를 사용하면 n 단계 앞으로 이동하고 음수를 사용하면 n단계 뒤로 이동한다.

4.7 이름을 가지는 뷰

우리가 페이지의 UI를 설계할 때 한 개의 레이아웃만을 사용하기도 하지만 간혹 여러 개의 레이아웃을 사용해야 하는 경우도 생긴다. 이때 각 레이아웃은 중첩된 상태가 아니라 동시에 같은 계층에 존재하는 레이아웃들이다.

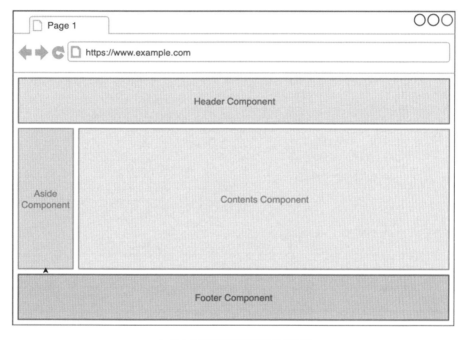

[그림 4-4] 여러 개의 레이아웃을 가진 뷰

이런 경우 router-view 컴포넌트에 이름을 부여함으로써 라우트 설정 시 원하는 router-view에 컴포넌트를 삽입할 수 있다. 이름을 부여하지 않은 router-view 컴포넌트는 기본적으로 default라는 이름을 가진다.

[코드 4-27] router-view 컴포넌트에 이름을 부여한 모습

```
<router-view name="header"></router-view>
<router-view name="aside"></router-view>
```

```
<router-view></router-view>
<router-view name="footer"></router-view>
```

이후 Vue Router 인스턴스를 생성할 때 라우트 설정 객체의 components 속성을 사용함으로써 이름을 가진 뷰에 여러 개의 컴포넌트를 삽입할 수 있다.

[코드 4-28] 이름을 가진 뷰에 컴포넌트를 삽입하는 모습

```
new VueRouter({
  routes: [
    {
      path: '/',
      components: {
        header: AppHeader,
        aside: AppAside,
        default: Content,
        footer: AppFooter
      }
    }
  ]
})
```

4.8 리다이렉트와 별칭

4.8.1 리다이렉트

리다이렉트는 사용자가 어떤 페이지에 접속했을 때 자동으로 다른 페이지로 넘겨주는 행위를 의미한다. Vue Router는 이런 리다이렉트 기능을 자체적으로 지원해주고 있다. "5.2.3 Vue Router의 라우트 설정의 속성들"에서 한번 살펴봤듯이 라우트 속성 객체는 redirect라는 속성을 가지고 있고 이 속성을 사용하여 문자열로 리다이렉트할 라우트의 경로를 직접 할당하거나 라우트의 이름을 지정할 수도 있다.

```
// 문자열로 리다이렉트할 페이지의 경로를 지정
new VueRouter({
  routes: [
    { path: '/a', redirect: '/b' }
  ]
})

// 리다이렉트할 라우트의 이름을 지정
new VueRouter({
  routes: [
    { path: '/a', redirect: { name: 'PageB' }}
  ]
})

// 함수를 통해 리다이렉트할 라우트를 반환할 수도 있다.
new VueRouter({
  routes: [
    { path: '/a', redirect: to => {
      // 인자로 이동할 라우트를 받아올 수 있다.
      return { name: 'PageB' }
    }}
  ]
})
```

4.8.2 별칭

별칭은 라우터 설정 객체의 alias 속성을 통해 사용할 수 있다. 리다이렉트는 사용자
가 해당 페이지에 방문했을 때 실제로 페이지를 이동시키지만, 별칭을 사용하면 실제
로 페이지는 이동하지 않은 채 URL만 변경할 수 있다.

[코드 4-30] 리다이렉트와 별칭의 차이

```
// 사용자가 /a 페이지를 방문하면 /b의 경로를 가진 라우트로 이동한다.
new VueRouter({
```

```
  routes: [
    { path: '/a', redirect: '/b' }
  ]
})

// 사용자는 /a 페이지를 방문하지만 URL만 /b로 변경한다.
new VueRouter({
  routes: [
    { path: '/a', alias: '/b' }
  ]
})
```

4.9 라우트 컴포넌트에 속성 전달

우리는 "4.4 동적 라우트 매칭"장에서 라우트 경로에 동적 세그먼트를 할당하고 컴포넌트 내부에서는 $route.params 속성을 통해 동적 세그먼트에 접근할 수 있다는 사실을 알아보았다. 그러나 컴포넌트 내에서 $route를 사용하면 특정 URL에서만 사용할 수 있는 컴포넌트가 되어버리기 때문에 컴포넌트 자체의 재사용성을 떨어트리는 원인이 된다.

[코드 4-31] 동적 세그먼트를 사용하여 선언한 예제 라우트

```
new VueRouter({
  routes: [
    {
      path: '/posts/:postId',
      component: Example
    }
  ]
})
```

[코드 4-32] $route를 통해 동적 세그먼트에 접근하는 모습

```
export default {
  name: 'Example',
  data () {
    return {
      postId: -1
    }
  }
  created () {
    this.postId = this.$route.params.postId
  }
}
```

[코드 4-32]처럼 $route를 통해 postId 동적 세그먼트에 접근하는 Example 컴포넌트는 /post/:postId와 같은 경로에서만 사용할 수 있다. 만약 컴포넌트가 사용된 경로가 /post/:id와 같이 동적 세그먼트의 변수명이 달라지거나 /와 같이 동적 세그먼트가 없는 경로라면 $route.params.postId는 undefined 값이 될 것이기 때문에 컴포넌트가 올바르게 작동하지 않을 가능성이 있다. 그렇기 때문에 "이 컴포넌트는 라우트와 강하게 결합하여 있다"라고 표현하는 것이다.

Vue Router는 이러한 컴포넌트와 라우트 간의 이러한 강한 결합 라우트의 동적 세그먼트를 컴포넌트의 props 속성으로 주입할 수 있는 기능을 제공해준다. props 속성을 통해 동적 세그먼트를 주입한다면 이 컴포넌트는 라우트에 postId 동적 세그먼트가 없더라도 props를 통해서 해당 데이터를 주입받을 수 있기 때문에 라우트에 대한 결합이 사라진다고 볼 수 있다.

[코드 4-33] 동적 세그먼트를 컴포넌트의 props 속성에 주입하는 모습

```
new VueRouter({
  routes: [
    {
      path: '/posts/:postId',
      component: Example,
```

```
      // props 옵션을 true로 설정해준다.
      props: true
    }
  ]
})

// 이름을 가지는 뷰를 사용하는 경우
new VueRouter({
  routes: [
    {
      path: '/posts/:postId',
      components: {
        header: AppHeader,
        contents: Example
      },
      // 뷰의 이름을 사용하여 따로 옵션을 설정할 수 있다.
      props: {
        contents: true
      }
    }
  ]
})
```

[코드 4-34] props 속성을 사용해서 선언한 postId 변수

```
export default {
  name: 'Example',
  props: {
    postId: {
      type: String,
      required: true
    }
  },
  created () {
    // 컴포넌트의 props 속성으로 주입된 postId 동적 세그먼트에 바로 접근할 수 있다.
    console.log(this.postId)
  }
}
```

[코드 4-34]와 같이 컴포넌트의 props 속성을 사용해서 동적 세그먼트에 접근하도록 컴포넌트를 설계한다면 라우트의 동적 세그먼트 유무와 관계없이 <Example :post-id="1" />과 같은 방법으로도 사용할 수 있기 때문에 라우트와 독립적인 유연한 구조를 가져갈 수 있다.

4.10 해시 모드와 히스토리 모드

4.10.1 해시 모드

Vue Router는 두 가지 라우팅 모드를 지원한다. 아무 설정도 하지 않은 Vue Router는 기본적으로 해시(hash, #) 모드로 작동한다.

[코드 4-35] 해시모드의 URL 구조

```
http://localhost:8080/#/example/page
```

해시 모드는 단일 페이지 애플리케이션(Single Page Application)이 개발되기 시작하면서 고안된 기법이다. 단일 페이지 애플리케이션의 페이지 이동은 보기에는 페이지가 이동되는 것처럼 보이지만 실제로 페이지가 이동되는 것이 아니다. 단일 페이지라는 말 그대로 단 하나 페이지만 있고 자바스크립트로 내용만 계속해서 바꿔주는 것이므로 실제로는 페이지가 이동되지 않지만 사용자는 마치 페이지가 이동하는 것 같은 사용자 경험을 받을 수 있다. 그러나 이렇게 페이지 이동을 흉내만 낸다면 사용자는 어떤 페이지를 들어가더라도 항상 같은 URL을 보게 된다.

전통적인 웹은 URL이 변경되면 실제 페이지도 함께 이동되는 구조기 때문에 URL을 변경할 수 없다. 만약 URL이 변경되었을 때 브라우저가 실제로 페이지를 이동시켜버리면 그에 해당하는 HTML 파일이 없기 때문에 페이지가 제대로 렌더되지 않는다. 그러나 URL이 변경되지 않는다면 사용자가 사이트 내에서 자신의 현재 위치를 인지하기 어렵고, 링크 공유와 같이 URL과 직접적인 연관이 있는 행동이 불가능하다는 등의 문제점이 발생하기 때문에 실제로 페이지는 이동하지 않지만 URL만 변경하여 페이지가 이동한 것처럼 보여야 했던 것이다. 그래서 나온 방법이 URL의 해시(#)를 이용하는 방법이다.

[코드 4-36] URL에 해시 프래그먼트를 사용하는 모습

```
http://localhost:8080#hello
```

이렇게 해시 뒤쪽으로 오는 문자열을 프래그먼트(Fragment)라고 부른다. 원래 기본적인 프래그먼트의 역할은 '어떤 페이지 내부의 앵커로 이동'이다. 예를 들어 http://localhost:8080#hello라는 URL을 사용할 경우 브라우저는 localhost:8080에 요청하여 응답으로 받은 HTML 내부에서 이름이 hello인 엘리먼트를 찾는다. 이후 브라우저가 <a id="hello"></a>라는 태그를 발견하면 그 태그의 위치로 자동으로 스크롤을 옮겨주는 것이다.

Vue Router의 해시 모드는 브라우저가 페이지의 경로를 읽어올 때 해시(#) 뒤쪽으로 오는 문자열은 경로로 인식하지 않는다는 성질을 이용한 것이다. 그러나 해시 모드는 URL에 불필요한 문자인 해시(#)가 들어가서 미관상 좋지 않고, 또 원래 URL의 해시는 페이지 내의 앵커 태그로 이동시켜준다는 원래 역할이 있으므로 최근에는 HTML5 History API를 사용하는 URL 변경 방법을 더 선호하고 있다.

4.10.2 히스토리 모드

히스토리(History) 모드는 HTML5의 스펙인 history API를 사용하는 방법이다. 이 API는 pushState라는 메소드를 제공해주는데, 이 메소드는 URL을 변경하고 브라우저의 히스토리도 남겨지지만 실제로 페이지는 이동하지 않는 기능을 가지고 있다. pushState 메소드를 사용하여 URL을 변경하면 브라우저가 페이지 이동으로 인식하

지 않기 때문에 해시 모드처럼 URL에 해시(#)를 사용하지 않아도 되고, 또 브라우저 히스토리에 URL 변경 내역이 저장되기 때문에 사용자에게 실제 페이지 이동과 유사한 경험을 줄 수 있는 장점이 있다.

[코드 4-37] 히스토리모드의 URL 구조

```
http://localhost:8080/example/page
```

물론 "4.6 프로그래밍 방식 내비게이션"장에서 설명했듯이 Vue Router는 해시 모드든 히스토리 모드든 내부적으로는 전부 history API를 사용하여 라우팅을 진행하기 때문에 해시 모드라고 해서 브라우저의 히스토리가 쌓이지 않는 것은 아니다.

 참고 Vue Router가 내부적으로 결국 history API를 사용하면 해시 모드와 히스토리 모드는 큰 차이가 없는 것 아닌가요?

이 두 가지 모드의 가장 큰 차이점은 브라우저가 History API를 제공하지 않는 브라우저일 경우 나타난다. 해시 모드는 해당 브라우저가 History API를 지원하지 않을 경우 window.location. hash를 사용하여 URL을 변경해주기 때문에 실제로 페이지가 이동하지 않고 URL만 갱신된다. 그러나 히스토리 모드는 브라우저가 History API를 지원하지 않을 경우 window.location. assign 메소드를 사용하여 URL을 변경하기 때문에 실제로 페이지가 이동해버린다는 단점이 있다.

4.11 내비게이션 가드

내비게이션 가드는 라우터에서 다른 라우터로 이동하는 내비게이팅이 수행될 때 실행되어 라우터의 이동을 막거나 혹은 다른 라우터로 리다이렉팅 할 수 있는 기능이다. 내비게이션 가드는 적용 범위에 따라 전역 가드, 라우트별 가드, 컴포넌트별 가드로 나뉜다. 그리고 다시 가드의 호출 타이밍에 따라 before 훅과 after 훅으로 나뉘게

된다. before 훅은 라우터의 이동이 끝나기 전에 미리 호출되는 훅이고 after 가드는
라우터의 이동이 끝난 후 호출되는 훅이다.

4.11.1 전역 가드

전역 가드는 이름 그대로 라우터에서 특정 라우터나 컴포넌트가 아니라 애플리케이
션 내부에서 내비게이팅이 수행될 때마다 호출되는 전역적인 가드다. 주로 애플리케
이션 내에서 공통적으로 수행해야 하는 동작을 정의할 때 사용한다.

4.11.1.1 beforeEach

beforeEach 훅은 라우터가 내비게이팅을 시작한 후 이동할 라우트의 컴포넌트들을
불러오기 전에 실행되는 훅이다.

[코드 4-38] beforeEach 훅을 선언한 모습

```
const router = new VueRouter({ ... })

router.beforeEach((to, from, next) => {
  // ...
})
```

beforeEach 훅의 콜백 함수는 세 가지의 인자를 전달받는다.

- to: 다음에 이동할 라우트 정보
- from: 이전 라우트 정보
- next: 이 함수가 명시적으로 호출되어야 다음 라우트로 이동을 시작한다.

이 중 가장 중요한 것은 next 함수인데, beforeEach를 포함한 모든 before 훅은 명시
적으로 next 함수가 호출되지 않으면 다음 라우터로 이동하지 않는다.

[코드 4-39] 반드시 next 함수를 호출해줘야 한다

```
router.beforeEach((to, from, next) => {
  // ...
  next()
})
```

또한, next 함수는 전달 인자에 따라 다른 동작을 하게 된다. 이를 이용하여 원래 이동할 예정이었던 라우트로 이동하거나 이전 라우트로 다시 돌아가는 등의 다양한 동작을 수행할 수 있다.

[코드 4-40] next 함수의 다양한 사용

```
// 다음 라우트로 이동한다.
next()

// 현재 내비게이팅을 중단하고 이전 라우트로 돌아간다.
next(false)

// 인자로 주어진 라우트로 이동한다.
next('/')
next({ path: '/' })

// 인자가 Error 객체라면 라우트 이동이 취소되고 router.onError를 사용하여 등록된 콜백이
호출된다.
const error = new Error('Navigating Failed')
next(error)
```

beforeEach 훅의 이러한 기능을 사용하면 사용자가 현재 라우트로 이동할 권한이 있는지 여부를 확인하는 용도로 사용할 수도 있다.

[코드 4-41] beforeEach 가드를 사용하여 라우트의 권한을 정의한 모습

```
router.beforeEach((to, from, next) => {
  const isLoginUser = isLogin()
  if (to.meta.canAccessGuest) {
```

```
    // 이동할 라우트에 비로그인 유저도 접근할 수 있다면 라우트 이동을 계속한다.
    next()
  }
  else if (!to.meta.canAccessGuest && isLogin) {
    // 이동할 라우트에 비로그인 유저는 접근할 수 없지만 로그인이 되어 있다면 라우트 이동을
    계속한다.
    next()
  }
  else {
    // 이동할 라우트에 비로그인 유저는 접근할 수 없고 로그인도 되어 있지 않다면 이전 라우트
    로 되돌려 보낸다.
    next(false)
    // 또는 로그인 페이지로 보낸다.
    next({ path: '/login' })
  }
});
```

4.11.1.2 afterEach

afterEach 가드는 beforeEach 가드와 다르게 라우터의 이동이 완료된 후 호출되는
훅이다. 따라서 afterEach훅에서는 beforeEach와 같이 라우트 이동을 제한하는 기
능을 구현할 수 없다.

[코드 4-42] afterEach 훅을 선언한 모습

```
const router = new VueRouter({ ... })

router.afterEach((to, from) => {
  // ...
})
```

afterEach 훅의 콜백 함수는 두 가지의 인자를 전달받는데, 이미 라우팅이 완료된 후
호출되는 훅이기 때문에 next 함수가 없기 때문이다.

4.11.2 라우트별 가드

라우트별 가드는 특정 라우트에서만 수행하는 가드다. 라우트별 가드는 특정 페이지에만 영향을 끼쳐야 하는 리다이렉트와 같은 동작에 주로 사용된다.

4.11.2.1 beforeEnter

beforeEnter 혹은 라우트의 설정 객체에 직접 정의할 수 있다.

[코드 4-43] beforeEnter 훅을 선언한 모습

```
const router = new VueRouter({
  routes: [
    {
      path: '/foo',
      component: Foo,
      beforeEnter: (to, from, next) => {
        // ...
      }
    }
  ]
})
```

beforeEnter 혹 또한 beforeEach와 동일하게 세 개의 인자를 받고, 이 인자들의 내용도 beforeEach와 동일하다.

4.11.3 컴포넌트별 가드

컴포넌트별 가드는 특정 컴포넌트에서 수행되는 가드다. 컴포넌트별 가드에는 다른 가드와 다르게 leave 훅을 사용할 수 있다.

4.11.3.1 beforeRouteEnter

[코드 4-44] 컴포넌트 내에서 beforeRouteEnter 훅을 선언한 모습

```
export default {
  name: 'Foo',
  template: `...`,
  beforeRouteEnter (to, from, next) {
    // ...
  }
}
```

beforeRouteEnter 훅 내에서는 아직 라우팅이 끝나지 않았기 때문에 컴포넌트가 생성되지 않은 상태다. 즉, beforeRouteEnter 내에서는 this 컨텍스트를 통해서 컴포넌트에 접근할 수 없다는 것을 의미한다.

4.11.3.2 beforeRouteLeave

[코드 4-45] 컴포넌트 내에서 beforeRouteLeave 훅을 선언한 모습

```
export default {
  name: 'Foo',
  template: `...`,
  beforeRouteLeave (to, from, next) {
    // ...
  }
}
```

beforeRouteLeave 훅 내에서는 this 컨텍스트를 통해 컴포넌트에 접근 할 수 있다. beforeRouteLeave 훅은 사용자가 저장하지 않은 편집 내용을 두고 실수로 현재 라우트를 떠나는 것을 방지하는 등의 동작에 사용될 수 있다. 이때 next(false)를 사용하여 다음 라우트로의 이동을 취소할 수 있다.

CHAPTER

5

메모 관리 애플리케이션 만들기

5.1 메모 관리 애플리케이션을 만들기에 앞서

5.2 컴포넌트 구조

5.3 프로젝트 구성

5.4 헤더 컴포넌트 생성하기

5.5 메모 데이터 생성 기능 구현하기

5.6 메모 데이터 노출 기능 구현하기

5.7 메모 데이터 삭제 기능 구현하기

5.8 메모 데이터 수정 기능 구현하기

5.9 서버와 API 연동하기

메모 관리 애플리케이션 만들기

5.1 메모 관리 애플리케이션을 만들기에 앞서

이번 챕터에서는 간단한 메모 관리 애플리케이션을 만든다. 이번 챕터에서 이루고자 하는 목표는 메모 관리 애플리케이션을 구현함으로써 소프트웨어의 기본적인 처리 기능이라고 할 수 있는 CRUD를 구현해보고, 이에 더하여 RESTful API를 사용해보는 것이다. CRUD란 대부분의 소프트웨어가 기본적으로 가져야 하는 데이터 처리 기능으로서 생성(Create), 읽기(Read), 수정(Update), 삭제(Delete)를 묶어서 일컫는 말이다. 이 챕터에서는 로컬스토리지(Local storage)를 이용하여 메모 관리 애플리케이션을 구현한 뒤, 필자가 미리 구축해놓은 NodeJS 샘플 서버를 이용하여 RESTful API를 통한 애플리케이션으로 전환할 것이다.

5.2 컴포넌트 구조

프로젝트를 구성하기 전에는 먼저 컴포넌트 구조를 설계해야 한다. Vue의 경우 컴포넌트 기반의 개발이 이뤄지기에 컴포넌트의 설계에 항상 신경 써야 한다. 우리가 만들 애플리케이션은 App, AppHeader, MemoApp과 그리고 MemoApp의 자식 컴포넌트인 Memo와 MemoForm 으로 5개의 컴포넌트로 나뉜다.

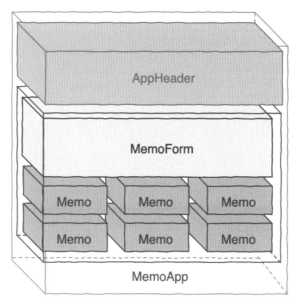

[그림 5-1] 컴포넌트의 구조화

[그림 5-1]을 한번 살펴보면 먼저 모든 컴포넌트의 부모이자 루트 컴포넌트가 될 App 컴포넌트가 있다. 그리고 App 컴포넌트 안에는 AppHeader 컴포넌트와 MemoApp 컴포넌트가 있다. 두 컴포넌트는 독립된 각기 다른 역할을 하는 컴포넌트로서, 서로 상태(state)를 공유하지 않는다. App 컴포넌트는 각기 다른 역할을 하는 독립된 2개의 컴포넌트를 감싸고 있는 컴포넌트인 셈이다.

그리고 이번 챕터에서 가장 중요한 메모 애플리케이션에 대한 상태는 MemoApp 컴포넌트가 관리한다. 다시 말해, 우리가 앞으로 구현할 모든 CRUD(Create, Read, Update, Delete)에 대한 액션은 바로 이 MemoApp 컴포넌트에서 이뤄질 것이다. 그리고 MemoForm과 Memo 컴포넌트는 부모 컴포넌트인 MemoApp 컴포넌트로부터 상태를 props를 통해 주입받을 수 있고, 사용자 액션에 대해 이벤트를 발생시켜 부모 컴포넌트인 MemoApp 컴포넌트가 이후 액션을 수행할 수 있도록 한다.

생성될 파일의 구조

```
├── components
│   ├── AppHeader.vue
│   ├── Memo.vue
│   ├── MemoApp.vue
│   └── MemoForm.vue
└── App.vue
```

5.3 프로젝트 구성

5.3.1 프로젝트 생성하기

프로젝트에 들어가기에 앞서 먼저 Vue CLI를 통해 우리가 만들 메모 관리 애플리케이션의 개발 환경을 구축한다. 우리가 만들 애플리케이션은 Vue CLI에서 제공하는 옵션 중 webpack-simple 옵션을 이용한다.

[코드 5-1] webpack-simple 옵션을 통한 환경 구축 명령어

```
$ vue init webpack-simple memo-application
```

먼저 프로젝트를 생성할 폴더의 위치로 이동한 후 아래와 같이 Vue-CLI의 webpack-simple 옵션을 통해 애플리케이션의 개발 환경을 구축한다. 필자는 다음과 같은 설정을 사용했다.

- Project name: memo-application (자유롭게 작성해도 좋다.)
- Project description: A Vue.js project (자유롭게 작성해도 좋다.)
- License: MIT
- Use sass?: No

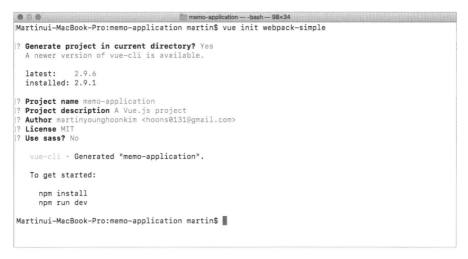

[그림 5-2] webpack-simple 옵션을 이용하여 프로젝트를 생성한 화면

차례대로 설정을 입력하고 나면 Vue CLI가 프로젝트의 구조를 만들어준다. Vue CLI
를 통한 개발 환경 구축이 성공적으로 완료되었다면 To get started 의 문구 아래로
친절하게 실행시켜야 할 명령어가 출력된다. npm install 또는 npm i 명령어를 이용
하여 애플리케이션에 필요한 모듈을 설치한 후, npm run dev 명령어를 통해 서버를
실행시켜주면 브라우저가 실행되며 자동으로 localhost:8080으로 연결된 후 다음과
같은 화면이 노출된 것을 볼 수 있다.

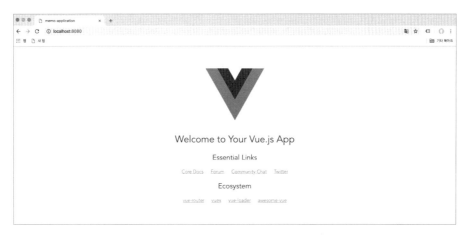

[그림 5-3] 생성된 프로젝트의 서버가 실행된 후 브라우저 화면

브라우저에서 [그림 5-3]과 같은 화면을 확인하였다면 정상적으로 서버가 실행된 것이다. 프로젝트에 들어가기에 앞서 src 디렉터리의 내부에 styles이라는 이름을 가진 디렉터리를 생성하고, 해당 디렉터리 안에 reset.css라는 파일과 함께, 다음과 같은 CSS를 추가해준다.

[코드 5-2] reset.css 파일에 작성된 스타일

```css
/* src/styles/reset.css */
@import "https://use.fontawesome.com/releases/v5.6.3/css/all.css";

body {
  background-color: #f5f5f5;
}
html, body, div, input, fieldset, form, h1, p, textarea, button {
  margin: 0;
  padding: 0;
  border: 0;
  box-sizing: border-box;
}
textarea {
  border: none;
  resize: none;
}
li {
  list-style: none;
}
```

[코드 5-2]와 같은 초기화 CSS 코드를 작성하는 이유는 브라우저마다 DOM에 기본으로 적용하는 스타일이 조금씩 다르기 때문이다. 그렇기 때문에 같은 DOM과 스타일을 작성했더라도 최종적으로 렌더링 되는 결과 또한 조금씩 다를 수 있다. 우리는 사용자가 어떤 브라우저에서 페이지를 보더라도 일관된 UI/UX를 제공해줘야 하므로 이런 초기화용 CSS 코드를 사용하여 브라우저가 DOM에 기본적으로 적용하는 스타일에 우리의 초기화 CSS 코드를 덮어씌워 줘야 한다. 여기에 더해 애플리케이션에서 아이콘 폰트를 사용할 수 있게 해주는 폰트 어썸(Font awesome)도 @import문을 사

용하여 추가해준다.

이렇게 작성한 reset.css를 루트 컴포넌트인 App 컴포넌트의 style 영역의 코드를 삭제 후 다음과 같이 주입한 후 app에 대한 스타일을 추가한다.

[코드 5-3] App.vue 파일에 주입된 reset.css 파일

```
<!-- src/App.vue -->
<style>
  /* 앞에서 작성한 reset.css 파일을 가져온다. */
  @import "./styles/reset.css";

  #app {
    width: 560px;
    margin: 0 auto;
  }
</style>
```

이로써 우리는 메모 애플리케이션을 만들기 위한 모든 준비가 완료되었다.

5.4 헤더 컴포넌트 생성하기

AppHeader 컴포넌트는 애플리케이션의 제목 정보를 노출해주는 컴포넌트다. 먼저 컴포넌트를 만들기 위해 src 디렉터리 아래로 components라는 디렉터리를 생성하고, components 디렉터리 내부에는 우리 애플리케이션의 제목이 들어갈 AppHeader.vue 파일을 생성한다.

```
├── ...
├── components
│   └── AppHeader.vue
└── App.vue
```

컴포넌트의 DOM을 작성하고 h1 태그 안에 애플리케이션 제목을 입력한 후 깔끔하
게 보일 수 있도록 간단한 스타일도 작성해주자.

[코드 5-4] 완성된 AppHeader 컴포넌트의 모습

```html
<!-- src/components/AppHeader.vue -->
<template>
  <div class="app-header">
    <h1>메모 애플리케이션</h1>
  </div>
</template>

<script>
  export default {
    name: 'AppHeader',
  };
</script>

<style scoped>
  .app-header {
    overflow: hidden;
    padding: 52px 0 27px;
  }
  .app-header h1 {
    float: left;
    font-size: 24px;
    text-align: center;
  }
</style>
```

AppHeader 컴포넌트 작성이 완료되었다면, App.vue 안의 Vue CLI가 만들어준 코
드 중 script 영역 안의 코드를 지운다. 그 후 우리가 작성한 컴포넌트를 import 구문

을 이용하여 불러온 후, components 속성에 등록해준다.

[코드 5-5] App.vue 파일에 작성한 AppHeader 컴포넌트를 등록하는 코드

```
<!-- src/App.vue -->
<script>
 // 1. 우리가 필요한 컴포넌트를 가져온다.
  import AppHeader from './components/AppHeader';

  export default {
    name: 'app',
    components: {
    // 2. 1에서 가져온 컴포넌트를 등록해준다.
      AppHeader
    }
  }
</script>
```

참고 import 구문과 export 구문은 무엇인가요?

import 구문은 추출된 자바스크립트의 모듈을 불러오는 문법으로 기본 사용법은 import '가져올 객체 이름' from '모듈 이름 혹은 파일명' 형태로 작성한다. import 구문을 통해 추출된 물리적으로 분리된 파일 혹은 외부의 모듈을 가져올 수 있다. import '가져올 객체 이름' from '모듈 이름 혹은 파일명'와 같은 경우 '가져올 객체 이름'은 '모듈 혹은 파일명'에서 추출된 모듈의 모든 멤버를 받아온다. 다만 모든 멤버를 받아오기 위한 전제조건으로 해당하는 모듈에서 default 파라미터를 통해 모듈을 내보내야 한다.

반대로 export 구문은 Javascript 모듈을 내보낼 때 사용한다. export 구문을 이용하여 Javascript 모듈을 내보낼 때는 default 파라미터를 입력해주는 방법과 변수 이름으로 내보내기가 있다. 하나의 모듈에서 여러 개의 변수 이름은 내보낼 수 있지만 default 파라미터는 하나만 가능하다. AppHeader 컴포넌트는 export default를 통해 추출되었으므로 굳이 컴포넌트의 이름과 변수를 맞추지 않아도 에러가 발생하지는 않으나, 변수를 컴포넌트 이름과 다르게 설정하면 추후 모듈이 많아질 시 헷갈릴 수 있기 때문에 되도록 맞춰주는 것을 추천한다. 만약 변수 이름으로 내보낼 경우에는 "export const a = 1" 과 같이 내보낼 수 있으며, 사용 시에는 import { a } from '모듈 이름'와 같이 내보낸 변수의 이름과 동일한 변수 이름으로 사용할 수 있다.

이렇게 등록된 컴포넌트는 해당 컴포넌트의 template 영역에서 커스텀 엘리먼트 (Custom element)로서 사용할 수 있다. App 컴포넌트 내의 template 영역의 코드를 삭제한 후, 등록한 컴포넌트를 추가한다.

[코드 5-6] App.vue 파일에 등록한 AppHeader 컴포넌트를 커스텀 엘리먼트로 사용하는 코드

```
<!-- src/App.vue -->
<template>
  <div id="app">
    <!-- 등록한 컴포넌트를 Template 영역에 커스텀 엘리먼트로 추가한다. -->
    <app-header/>
  </div>
</template>
```

위에서 우리가 등록한 컴포넌트를 template 영역 안에서 커스텀 엘리먼트(Custom element)로 사용하였다. 문자열 템플릿을 사용할 때는 HTML의 대소문자를 구분하지 않기 때문에 사용자 지정 태그를 작성할 때는 파스칼 케이스, 카멜 케이스 등으로 작성해도 문제없이 렌더링은 되지만, 예제와 같이 케밥 케이스로 작성하는 것이 보편적으로 사용하는 방법(Convention)이므로 케밥 케이스로 작성하는 것을 권장한다.

> **팁** 언어마다 혹은 프로젝트마다 케이스 네이밍 컨벤션(Case naming convention)이 다르다. 그중 대표적인 케이스들로는 카멜 케이스(camelCase), 파스칼 케이스(PascalCase), 스네이크 케이스(snake_case) 그리고 케밥 케이스(kebab-case)가 있다.
>
> - 카멜 케이스(camelCase): 단어 단위로 첫 문자를 대문자로 사용하되, 첫 단어만 소문자로 표기한다.
> - 파스칼 케이스(PascalCase): 단어 단위로 첫 문자는 대문자로 사용하며, 카멜 케이스와는 다르게 첫 단어 역시 대문자로 표기한다.
> - 스네이크 케이스(snake_case): 단어 단위로 밑줄 문자를 사용하여 구분한다.
> - 케밥 케이스(kebab-case): 단어 단위로 하이픈을 사용하여 구분한다.

5.5 메모 데이터 생성 기능 구현하기

첫 번째로 우리가 구현할 기능은 CRUD 중 생성(Create)에 해당하는 처리 기능인 메모를 생성하는 기능이다. 이 기능을 통해 사용자는 우리의 애플리케이션에서 사용자가 입력한 내용의 메모를 추가할 수 있어야 한다. 먼저 메모 애플리케이션의 메인 기능을 담당하는 컴포넌트인 MemoApp, MemoForm, Memo를 생성한다.

```
├── ...
├── components
│   ├── ...
│   ├── Memo.vue
│   ├── MemoApp.vue
│   └── MemoForm.vue
└── App.vue
```

세 컴포넌트 중 MemoApp 컴포넌트는 우리가 만들 메모 애플리케이션에서 사용될 컴포넌트들(MemoForm 컴포넌트와 Memo 컴포넌트)의 부모 컴포넌트다. 각 컴포넌트의 역할을 간단히 설명하자면 다음과 같다.

- MemoForm: 사용자의 메모를 입력받는 폼 컴포넌트
- Memo: 각각의 메모의 상태를 표현할 수 있는 컴포넌트
- MemoApp: 메모들의 상태를 관리하는 컴포넌트

Vue 컴포넌트 내의 데이터 흐름은 단방향으로 흐르며, 메모의 상태는 메모와 연관된 모든 자식 컴포넌트에서 알 수 있어야 한다. 그렇기 때문에 먼저 MemoForm 컴포넌트와 Memo 컴포넌트의 부모 컴포넌트인 MemoApp 컴포넌트에 상태를 초기화해준다.

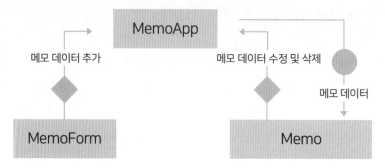

[그림 5-4] 메모 애플리케이션 데이터의 흐름도

각 컴포넌트를 [코드 5-7]과 같이 싱글 파일 컴포넌트로 생성한 후, MemoApp에 컴포
넌트로 등록해준다.

[코드 5-7] 싱글 파일 컴포넌트의 기본 형식

```
<template>
  <div>Single File Component의 기본 형식</div>
</template>

<script>
  export default {
    name: '컴포넌트 이름'
  }
</script>

<style scoped>
</style>
```

[코드 5-8] 작성된 MemoApp.vue의 코드

```
<!-- src/components/MemoApp.vue -->
<template>
  <div class="memo-app">
    <memo-form />
    <memo />
  </div>
```

```
</template>
<script>
import MemoForm from './MemoForm';
import Memo from './Memo';

export default {
  name: 'MemoApp',
  data () {
    return {
      memos: [],
    };
  },
  created () {
    // 1. 만약 기존에 추가된 localStorage에 데이터가 있다면 created 훅에서
    localStorage의 데이터를 컴포넌트 내의 memos 데이터에 넣어주고, 그렇지 않다면 그대로
    빈 배열로 초기화한다.
    this.memos = localStorage.memos ? JSON.parse(localStorage.memos) : [];
  }
}
</script>
```

[코드 5-8]을 살펴보면 Vue의 생명주기 중 하나인 created 훅에서 삼항 연산자를 통해 로컬스토리지의 데이터와 함께 컴포넌트의 데이터 memos를 초기화하고 있다. 애플리케이션을 개발할 때 컴포넌트의 초기화에 필요한 데이터를 API 서버와 같이 외부에서 받아와야 하는 경우가 종종 발생한다. Vue 애플리케이션을 개발할 때 컴포넌트의 초기화에 필요한 데이터를 외부 애플리케이션에 요청해서 받아와야 하는 경우에는 일반적으로 훅의 실행 타이밍이 가장 빠른 created 훅에서 데이터를 받아온다. 현재 작성되고 있는 우리의 애플리케이션에서는 API 서버에 별도의 요청을 보내 받아오진 않지만 로컬스토리지의 데이터를 받아와야 하기 때문에 마찬가지로 created 훅에서 실행시켜준다.

MemoApp 컴포넌트의 작성이 완료되었다면 이제 사용자가 입력한 메모를 추가할 수 있도록 폼 엘리먼트를 가지고 있는 MemoForm 컴포넌트를 작성한다.

반드시 그런 것은 아니다. 상황에 따라 DOM에 심어져 있는 데이터를 사용하여 API를 호출해야 하는 경우도 생길 수 있다. 이런 경우 created 훅에서는 컴포넌트가 아직 렌더되지 않은 상태이므로 DOM에 접근할 수 없기 때문에 mounted 훅을 사용해야 하는 경우도 발생할 수 있다. 또한 vue-server-renderer를 사용하여 컴포넌트를 서버에서 렌더하는 경우에는 created 훅은 서버에서 실행되므로 함수의 실행 조건이 달라질 수 있다. 일반적인 경우 가장 호출 타이밍이 빠른 created 훅을 데이터를 받아오는 것(Fetch)을 권장하지만 무조건적인 것은 아니므로 여러분이 처한 상황에 따라 다른 훅에서 받아올 수도 있다는 점을 알아둬야 한다.

[코드 5-9] MemoForm.vue 파일에 HTML 엘리먼트를 작성하는 코드

```
<!-- src/components/MemoForm.vue -->
<template>
  <div class="memo-form">
    <!-- 1. form을 이용하여 사용자가 입력할 수 있는 필드를 추가한다. -->
    <form>
      <fieldset>
        <div>
          <input class="memo-form__title-form"
                 type="text"
                 placeholder="메모의 제목을 입력해주세요."/>
          <textarea class="memo-form__content-form"
                    placeholder="메모의 내용을 입력해주세요."/>
          <!-- 앞에서 추가해준 폰트어썸은 다음과 같이 클래스를 이용하여 아이콘을 사용할 수
          있다. -->
          <button type="reset"><i class="fas fa-sync-alt"></i></button>
        </div>
        <button type="submit">등록하기</button>
      </fieldset>
    </form>
  </div>
</template>

<script>
export default {
  // 컴포넌트의 이름을 MemoForm으로 변경한다.
```

```
    name: "MemoForm"
  }
</script>
```

해당 파일의 style 태그 안에 다음과 같이 스타일도 추가해준다.

[코드 5-10] MemoForm.vue 파일 하단에 스타일을 작성하는 코드

```
<!-- src/components/MemoForm.vue -->
<!-- scoped 옵션을 사용해 해당 컴포넌트에서만 스타일이 적용될 수 있도록 하였다. -->
<style scoped>
  .memo-form {
    margin-bottom: 24px;
    padding-bottom: 40px;
    border-bottom: 1px solid #eee;
  }
  .memo-form form fieldset div {
    position: relative;
    padding: 24px;
    margin-bottom: 20px;
    box-shadow: 0 4px 10px -4px rgba(0, 0, 0, 0.2);
    background-color: #ffffff;
  }
  .memo-form form fieldset div button[type="reset"] {
    position: absolute;
    right: 20px;
    bottom: 20px;
    font-size: 16px;
    background: none;
  }
  .memo-form form fieldset button[type="submit"] {
    float: right;
    width: 96px;
    padding: 12px 0;
    border-radius: 4px;
    background-color: #ff5a00;
    color: #fff;
    font-size: 16px;
  }
```

```
  .memo-form form fieldset .memo-form__title-form {
    width: 100%;
    margin-bottom: 12px;
    font-size: 18px;
    line-height: 26px;
  }
  .memo-form form fieldset .memo-form__content-form {
    width: 100%;
    height: 66px;
    font-size: 14px;
    line-height: 22px;
    vertical-align: top;
  }
  .memo-form input:focus {
    outline: none;
  }
</style>
```

MemoForm 컴포넌트를 작성했다면 이제 MemoApp 컴포넌트를 루트 컴포넌트인 App 컴포넌트에 등록해준다.

[코드 5-11] App 컴포넌트에 MemoApp 컴포넌트를 등록하는 코드

```
<!-- src/App.vue -->
<template>
  <div id="app">
    <!-- ... -->
    <!-- 3. 등록된 MemoApp 컴포넌트를 커스텀 엘리먼트를 이용하여 template 영역에 추가
    한다. -->
    <memo-app/>
  </div>
</template>
<script>
// ...
// 1. MemoApp 컴포넌트를 추가한다.
import MemoApp from "./components/MemoApp";

export default {
```

```
  // ...
  components: {
    // ...
    // 2. MemoApp 컴포넌트를 components에 등록한다.
    MemoApp
  }
}
</script>
```

[코드 5-11]과 같이 MemoApp 컴포넌트를 App 컴포넌트에 등록한 후, 브라우저로 돌아오면 [그림 5-5]와 같이 기본적인 레이아웃 및 스타일이 잡혀 있는 것을 확인할 수 있다.

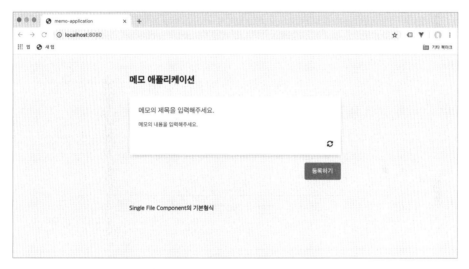

[그림 5-5] 브라우저에서 확인한 애플리케이션의 모습

> (참고) **scoped 속성은 무엇인가요?**
>
> [코드 5-10]에서 MemoForm 컴포넌트의 style 태그에 scoped라는 속성을 입력해주었다. 이 속성을 통해 스타일의 유효 범위를 적용해 해당 컴포넌트의 돔 엘리먼트(DOM Element)에만 스타일을 적용할 수 있다.

[그림 5-6] style 태그에 scoped 속성을 주지 않았을 경우에 보이는 화면

scoped 속성을 입력하지 않았을 경우, 브라우저의 개발자 도구를 통해 컴포넌트의 렌더된 DOM을 확인해보면 [그림 5-6]과 같이 우리가 작성한 코드 외에 별다른 코드는 보이지 않는다. 하지만 scoped 옵션을 준 후, 다시 확인해보면 우리가 작성하지 않은 data-v 속성(Attribute)이 자동으로 입력되어 있는 것을 확인할 수 있다.

174

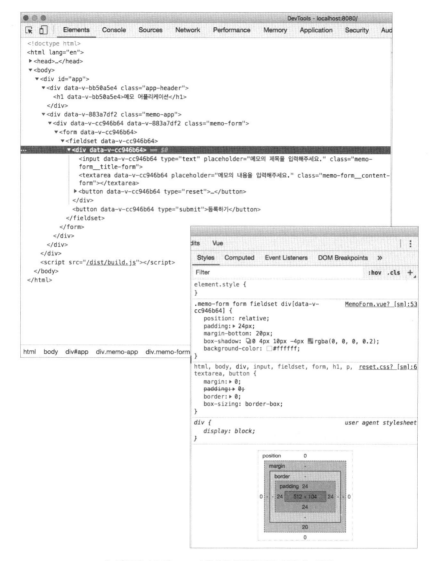

[그림 5-7] style에 scoped 옵션을 주었을 경우에 보이는 화면

스타일 영역에 scoped 속성을 부여하면 해당 컴포넌트의 DOM이 렌더될 때 DOM 자체에 고유한 data-v속성을 부여한 후 부여된 속성에 따라 CSS 스타일을 주기 때문에 CSS 유효 범위 설정이 가능한 것이다.

컴포넌트의 data 속성에 사용자가 입력하는 데이터를 제목과 내용으로 나누어 저장할 수 있도록 컴포넌트 내의 데이터로 각각 초기화해준다. 컴포넌트의 데이터로 저장하기 위해서 다음과 같이 먼저 data 속성에 저장하고자 하는 값에 대한 키(key)와 값(value)을 등록해줘야 한다.

[코드 5-12] MemoForm 컴포넌트에 데이터를 등록하는 코드

```
<!-- src/components/MemoForm.vue -->
<script>
  export default {
    name: 'MemoForm',
    data () {
      return {
        // 사용자가 입력할 제목과 콘텐츠가 저장될 데이터의 키(key)와 값(value)
        title: '',
        content: '',
      }
    }
  }
</script>
```

[코드 5-12]에서 등록한 데이터를 v-model 디렉티브(Directive)를 이용하여 사용자가 텍스트를 입력할 입력 필드에 연결해준다. 이렇게 v-model 디렉티브를 통해 모델을 연동하면 사용자가 입력 필드에 값을 입력할 때 v-model을 통해 데이터 바인딩 되어 있는 title이나 content 모델 변수도 함께 갱신된다. 마찬가지로 컴포넌트의 스크립트 영역 내에서 this.title = '변경된 값'과 같이 모델 변수에 값을 할당한다면 입력 필드에 표시되어 있는 값도 갱신된다.

[코드 5-13] MemoForm.vue 파일에 v-model 디렉티브를 이용하여 데이터를 추가하는 코드

```
<!-- src/components/MemoForm.vue -->
<template>
  <div class="memo-form">
    <form>
      <fieldset>
```

```
<div>
    <!--앞에서 추가한 데이터 title을 v-model을 이용하여 연결한다.-->
    <input class="memo-form__title-form"
            type="text"
            v-model="title"
            placeholder="메모의 제목을 입력해주세요."/>
    <!--앞에서 추가한 데이터 content을 v-model을 이용하여 연결한다.-->
    <textarea class="memo-form__content-form"
            v-model="content"
            placeholder="메모의 내용을 입력해주세요."/>
    <button type="reset"><i class="fas fa-sync-alt"></i></button>
</div>
    <button type="submit">등록하기</button>
    </fieldset>
  </form>
 </div>
</template>
```

v-model 디렉티브로 입력 필드와 연결한 후, 브라우저로 돌아와서 "1.3.1. Vue Devtools"장에서 설치한 Vue Devtools를 이용해서 살펴보면 input 엘리먼트에서 입력 이벤트가 발생할 때마다 우리가 추가한 데이터의 값이 변경되는 것을 볼 수 있다.

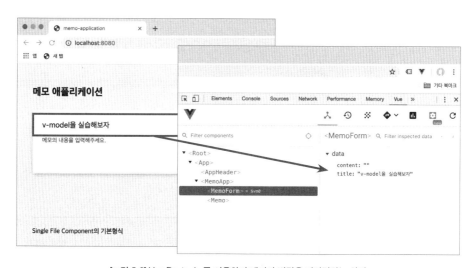

[그림 5-8] Vue Devtools 를 이용하여 데이터 변경을 디버깅하는 화면

사용자가 제목과 내용을 입력한 후 type이 submit으로 선언된 등록하기 버튼을 누르면 form 엘리먼트(Element)에는 submit 이벤트가 발생한다. 또한, 브라우저는 submit 이벤트가 발생하면 해당 이벤트를 동기 방식으로 실행시키기 때문에 현재의 브라우저가 리로딩이 된다. 그러나 우리의 애플리케이션은 데이터를 갱신하기 위해 페이지를 새로 요청할 필요가 없기 때문에, submit 이벤트의 event.preventDefault 함수를 사용하여 페이지를 새로 요청하는 것을 방지해야 한다. Vue는 submit 이벤트가 발생할 때 개발자가 직접 event.preventDefault를 호출하지 않아도 되도록 prevent옵션을 제공해준다. 해당 옵션에 대한 자세한 설명은 "5.1.4.5.2. v-on"장을 참고하면 된다.

이 옵션을 이용하여 submit 이벤트의 기본 동작을 막은 후, addMemo 함수에서 사용자가 입력한 제목과 내용에 대한 데이터를 부모 컴포넌트인 MemoApp 컴포넌트에 emit을 이용하여 전파한다.

[코드 5-14] MemoForm.vue 파일에 메모를 저장하는 기능을 추가하는 코드

```
<!-- src/components/MemoForm.vue -->
<template>
  <div class="memo-form">
    <!--
      1. form의 submit 이벤트가 발생하면 이벤트의 기본 동작을 방지된 후,
      우리가 아래에 선언한 addMemo 함수가 콜백 함수로 실행된다.
    -->
    <form @submit.prevent="addMemo">
      <fieldset>
        <div>
          <input class="memo-form__title-form"
                 type="text"
                 v-model="title"
                 placeholder="메모의 제목을 입력해주세요."/>
          <textarea class="memo-form__content-form"
                 v-model="content"
                 placeholder="메모의 내용을 입력해주세요."/>
          <button type="reset"><i class="fas fa-sync-alt"></i></button>
```

```
          </div>
          <button type="submit">등록하기</button>
        </fieldset>
      </form>
    </div>
</template>

<script>
  export default {
    name: 'MemoForm',
    data () {
      return {
        title: '',
        content: '',
      }
    },
    methods: {
      addMemo () {
        // ** 비구조화 할당(destructuring assignment) 구문** 을 이용하여 변수를
        선언한다.
        const { title, content } = this;
        // 데이터의 고유한 식별자를 생성한다.
        const id = new Date().getTime();

        // 제목이나 내용을 입력하지 않은 경우를 대비하여 방어 코드를 추가한다.
        const isEmpty = title.length <= 0 || content.length <= 0;
        if (isEmpty) {
          return false;
        }

        // addMemo 이벤트를 발생시키고 payload로 사용자가 입력한 데이터를 넣어준다.
        this.$emit('addMemo', { id, title, content });
      },
    }
  }
</script>
```

비구조화 할당(destructuring assignment) 구문이란 객체의 속성을 해제하여 그 값을
각각의 변수에 담을 수 있도록 하는 자바스크립트의 표현식 문법이다.

방어 코드를 추가한 후, 사용자가 등록한 제목과 내용을 부모 컴포넌트인 MemoApp으
로 전파해주면 MemoForm의 역할은 끝나게 된다. 이제 부모 컴포넌트인 MemoApp
컴포넌트는 자식 컴포넌트인 MemoForm에서 인자로 전달한 데이터를 로컬 스토리
지에 추가해주면 된다.

[코드 5-15] MemoApp컴포넌트에서 MemoForm컴포넌트로부터 받은 데이터를 로컬스토리지에 추가하는 코드

```
<!-- src/components/MemoApp.vue -->
<script>
export default {
  name: 'MemoApp',
  // ...
  methods: {
    addMemo (payload) {
      // MemoForm에서 올려 받은 데이터를 먼저 컴포넌트 내부 데이터에 추가한다.
      this.memos.push(payload);
      // 내부 데이터를 문자열로 변환 후, 로컬 스토리지에 저장한다.
      this.storeMemo();
    },
    storeMemo () {
      const memosToString = JSON.stringify(this.memos);
      localStorage.setItem('memos', memosToString);
    }
  },
  // ...
}
</script>
```

[코드 5-15]와 같이 작성한 후에 MemoApp 컴포넌트에 작성한 addMemo 메소드를
v-on 디렉티브를 이용하여 자식 컴포넌트인 MemoForm 컴포넌트의 addMemo 이

벤트 콜백 함수로 연결한다.

[코드 5-16] MemoForm 컴포넌트에 사용된 v-on 디렉티브의 약어 표현식

```
<!-- src/components/MemoApp.vue -->
<template>
 <div class="memo-app">
   <!-- <memo-form v-on:addMemo="addMemo"/>과 아래의 코드는 같은 의미다. -->
   <memo-form @addMemo="addMemo"/>
 </div>
</template>
```

v-on 디렉티브를 이용하여 MemoForm 컴포넌트의 addMemo 이벤트로부터 데이터를 받아오면 메모를 등록할 때 브라우저의 콘솔 창에서 로컬 스토리지에 입력한 데이터가 정상적으로 저장되는 것을 확인할 수 있다.

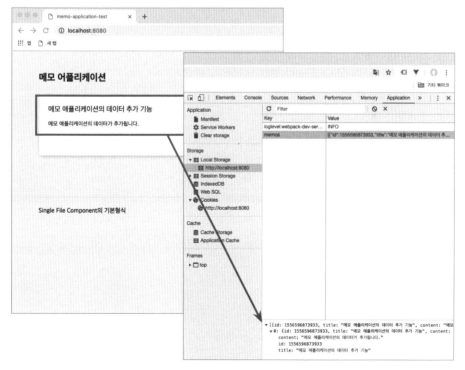

[그림 5-9] 개발자 도구에서 로컬스토리지가 변경되는 것을 확인하는 화면

메모 데이터가 로컬 스토리지에 저장되고 나서 확인해보니 제목과 내용을 저장한 후 인풋 필드에 사용자가 입력한 내용이 그대로 입력되어 있다. MemoForm 컴포넌트에 제목과 내용 입력 필드를 다시 초기화시켜주는 코드를 추가하여 애플리케이션의 완성도를 높인다.

[코드 5-17] MemoForm.vue 파일의 필드 초기화 기능을 작성하는 코드

```
// src/components/MemoForm.vue
export default {
  name: 'MemoForm',
  // ...
  methods: {
    resetFields () {
      // 제목과 내용을 빈 값으로 초기화시켜준다.
      this.title = '';
      this.content = '';
    },
    addMemo () {
      const { title, content } = this;
      const id = new Date().getTime();
      const isEmpty = title.length <= 0 || content.length <= 0;
      if (isEmpty) {
        return false;
      }
      this.$emit('addMemo', { id, title, content });
      // 부모 컴포넌트에 데이터를 전파한 후 데이터를 다시 원상태로 초기화한다.
      this.resetFields();
    },
  },
  // ...
}
```

5.6 메모 데이터 노출 기능 구현하기

앞에서 우리는 사용자가 입력한 메모 데이터를 로컬스토리지를 이용하여 저장하는 기능을 추가했다. 다음으로 저장된 메모 데이터를 로컬스토리지로부터 받아온 후 Memo 컴포넌트를 통해 보여주는 기능을 추가해볼 것이다. Memo 컴포넌트는 각각의 메모 데이터와 1:1로 매칭될 것이다.

[코드 5-18] 작성된 Memo 컴포넌트

```
<!-- src/components/Memo.vue -->
<template>
  <li class="memo-item"></li>
</template>

<script>
  export default {
    name: 'Memo',
  }
</script>
```

이제 작성한 Memo 컴포넌트를 ul 태그를 이용하여 감싸준 후, 스타일을 추가한다.

[코드 5-19] MemoApp 컴포넌트에 Memo 컴포넌트를 추가하는 코드

```
<!-- src/components/MemoApp.vue -->
<template>
  <div class="memo-app">
    <!-- ... -->
    <ul class="memo-list">
      <!-- 3. Memo 컴포넌트를 추가한다. -->
      <memo/>
    </ul>
  </div>
</template>
<!-- ... -->
<style scoped>
```

```
  .memo-list {
    padding: 20px 0;
    margin: 0;
  }
</style>
```

마크업 구조 수정과 스타일 작업이 완료되었다면 다음으로 앞서 생성한 MemoApp
컴포넌트 내의 memos 데이터를 사용할 차례다. 메모의 리스트인 memos 모델은 이
런 구조를 가지고 있다.

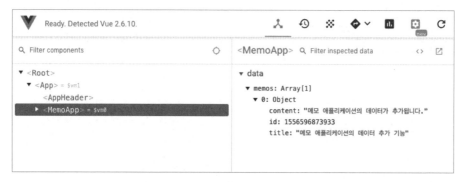

[그림 5-10] Vue Devtools에서 확인한 memos 모델

[그림 5-10]에서 볼 수 있듯이 memos는 변수명 그대로 메모라는 데이터 여러 개를 배
열(Array)에 담고 있는 데이터다. 배열은 여러 가지 특징을 가지고 있는데 그중 하나
는 배열을 순회하며 순차적으로 데이터를 가져올 수 있다는 것이다. 대표적인 반복문
인 for문처럼 Vue에서는 v-for라는 디렉티브를 제공해준다. 이를 사용하여 우리는
메모의 개수만큼 Memo 컴포넌트를 렌더할 수 있다.

[코드 5-20] v-for를 사용하여 memos 데이터의 개수만큼 Memo 컴포넌트를 렌더하는 모습

```
<!-- src/components/MemoApp.vue -->
<template>
  <div class="memo-app">
    <!-- ... -->
```

```
    <ul class="memo-list">
      <memo v-for="memo in memos"
            :key="memo.id"
            :memo="memo"/>
    </ul>
  </div>
</template>
```

v-for 디렉티브는 사용할 변수 in 배열 변수와 같은 문법으로 작성되며 v-for가 사용된 컴포넌트 혹은 DOM 엘리먼트는 배열 변수가 가리키는 배열의 개수만큼 반복하며 렌더된다. 자세한 내용은 "2.1.5.5 v-for"장을 참고하면 된다.

이제 메모 데이터를 사용하여 Memo 컴포넌트가 렌더되고 있으니 Memo 컴포넌트에서 메모 데이터를 보여줄 수 있도록 만들어보자. 컴포넌트의 외부에서 데이터를 받을 수 있는 Props 속성을 사용하면 된다.

[코드 5-21] Memo 컴포넌트에 memo props를 등록하는 모습

```
<!-- src/components/Memo.vue -->
<template>
  <li class="memo-item">
    <!-- 2. 등록된 props의 값을 각 DOM에 위치시킨다. -->
    <strong>{{ memo.title }}</strong>
    <p>{{ memo.content }}</p>
    <button type="button"><i class="fas fa-times"></i></button>
  </li>
</template>

<script>
  export default {
    name: 'Memo',
    // 1. 부모에게 내려받은 props를 등록한다.
    props: {
      memo: {
        type: Object
      }
```

```
      },
    }
</script>
```

props 속성에 memo를 등록하면 화면에서 노출될 것이다. 추가로 우리의 애플리케이션에 디자인을 입히기 위해 Memo 컴포넌드의 style 태그 안에 스타일을 작성한다.

[코드 5-22] Memo 컴포넌트의 스타일

```
<!-- src/components/Memo.vue -->
<style scoped>
  .memo-item {
    overflow: hidden;
    position: relative;
    margin-bottom: 20px;
    padding: 24px;
    box-shadow: 0 4px 10px -4px rgba(0, 0, 0, 0.2);
    background-color: #fff;
    list-style: none;
  }
  .memo-item button {
    background: none;
    position: absolute;
    right: 20px;
    top: 20px;
    font-size: 20px;
    color: #e5e5e5;
    border: 0;
  }
  .memo-item strong {
    display: block;
    margin-bottom: 12px;
    font-size: 18px;
    font-weight: normal;
    word-break: break-all;
  }
  .memo-item p {
    margin: 0;
```

```
    font-size: 14px;
    line-height: 22px;
    color: #666;
  }
</style>
```

[코드 5-22]와 같이 스타일까지 작성한 후 브라우저에서 확인해보면, 기존에 생성된 메모 데이터를 보여줄 뿐만 아니라 새로운 메모를 생성해도 기존에 생성된 데이터에 연동되어 바로 노출되는 것을 확인할 수 있다.

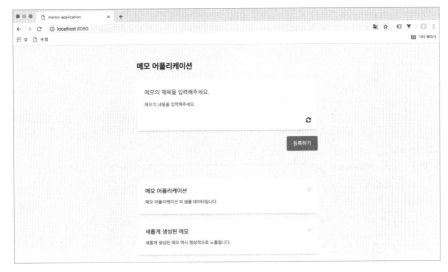

[그림 5-11] 메모 애플리케이션 화면

5.7 메모 데이터 삭제 기능 구현하기

지금까지 우리는 CRUD 중 생성(Create)과 읽기(Read) 기능을 구현했다. 이번에는 CRUD 중 삭제(Delete)에 해당하는 기능을 구현해보자. 사용자는 메모를 생성하다 가 잘못된 메모를 등록했을 때 해당 메모를 삭제할 수 있어야 한다. 그러기 위해서는 우리가 어떠한 메모를 삭제하려고 하는지 메모 데이터의 대상에 대해서 명확하게 알아야 한다. 앞서 메모 데이터를 생성할 때 각각의 메모 데이터를 식별할 수 있는 고유한 id를 같이 생성했다. 이 id를 이용하면 우리가 어떤 메모 데이터를 삭제하려고 하는지 명확하게 알 수 있다.

> 팁 데이터는 보통 고유한 식별자를 가진다. 우리가 구현할 메모 애플리케이션은 고유한 식별자를 id 키로 구별한다. 이러한 식별자는 Primary key(PK) 또는 Unique Identifier(UID)라고 표현한다.

먼저 앞서 만든 Memo 컴포넌트의 삭제 버튼의 클릭 이벤트 리스너로 삭제 함수를 등록해준다.

[코드 5-23] Memo컴포넌트에 삭제 기능을 담당하는 메소드가 추가된 코드

```
<!-- src/components/Memo.vue -->
<template>
  <li class="memo-item">
    <strong>{{ memo.title }}</strong>
    <p>{{ memo.content }}</p>
    <!-- 클릭 이벤트 리스너로 deleteMemo 함수를 등록한다. -->
    <button type="button" @click="deleteMemo">
      <i class="fas fa-times"></i>
    </button>
  </li>
</template>
<script>
  export default {
    // ...
    methods: {
      deleteMemo () {
        // 부모로부터 props로 내려받은 memo의 id를 부모 컴포넌트의 사용자 정의 이벤트인
        deleteMemo 함수의 파라미터로 전달해준다.
        const id = this.memo.id;
        this.$emit('deleteMemo', id);
```

188

```
      }
    }
  }
</script>
```

메모 데이터를 생성하는 기능을 담당하는 MemoForm 컴포넌트와 마찬가지로 Memo 컴포넌트는 직접적인 삭제를 하지 않고 부모 컴포넌트인 삭제의 책임을 위임하되, 인자로 ID 값을 전달해준다. 다음으로 MemoApp 컴포넌트에서 deleteMemo 함수를 작성한 후 작성된 함수를 자식 컴포넌트인 Memo 컴포넌트의 이벤트 리스너로 등록해준다.

[코드 5-24] MemoApp 컴포넌트의 deleteMemo 메소드

```html
<!-- src/components/MemoApp.vue -->
<template>
  <div class="memo-app">
    <memo-form @addMemo="addMemo"3
    <ul class="memo-list">
      <memo v-for="memo in memos"
            :key="memo.id"
            :memo="memo"
            @deleteMemo="deleteMemo"/>
    </ul>
  </div>
</template>
<script>
  // ...
  export default {
    // ...
    methods: {
      // ...
      deleteMemo (id) {
        // 1. 자식 컴포넌트에서 인자로 전달해주는 id에 해당하는 메모 데이터의 인덱스를 찾
        는다.
        const targetIndex = this.memos.findIndex(v => v.id === id);
        // 2. 찾은 인덱스 번호에 해당하는 메모 데이터를 삭제한다.
```

```
        this.memos.splice(targetIndex, 1);
        // 3. 삭제된 후의 데이터를 다시 로컬스토리지에 마찬가지로 저장한다.
        this.storeMemo();
      }
    },
    // ...
  }
</script>
```

[코드 5-24]에서 MemoApp 컴포넌트에 작성한 deleteMemo 메소드에서는 Memo 컴포넌트에서 전달한 ID, 즉 삭제 버튼이 클릭된 메모의 ID를 이용하여 memos 모델에서 해당 ID를 가진 메모 데이터를 찾아서 제거한다. 코드를 작성한 후 브라우저에서 삭제 버튼을 눌러보면 해당 메모 데이터가 삭제되며 마찬가지로 로컬 스토리지에서도 삭제되는 것을 확인할 수 있다.

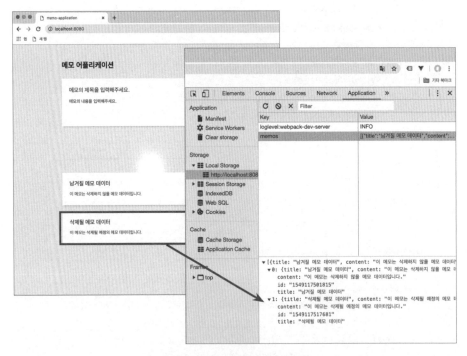

[그림 5-12] 메모 데이터가 삭제되기 전

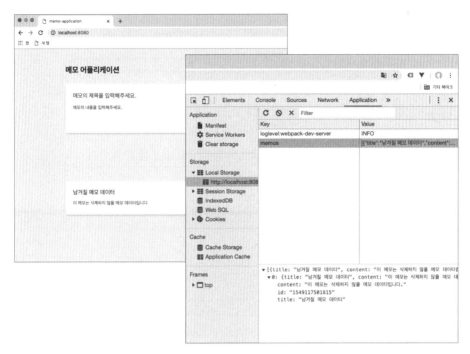

[그림 5-13] 메모 데이터가 삭제된 후

5.8 메모 데이터 수정 기능 구현하기

지금까지 생성, 읽기, 삭제와 같은 대부분의 CRUD를 구현하였다. 마지막으로 남겨진 기능은 수정(Update) 기능이다. 앞서 우리는 잘못된 메모 데이터를 등록했을 경우 해당하는 메모 데이터를 삭제하는 기능을 추가했다. 하지만 사용자가 매번 잘못 작성한 메모를 삭제한 후 다시 등록하는 과정은 사용자 입장에서는 꽤 피로한 작업이 될 것이다. 그래서 사용자가 잘못 작성한 메모를 매번 삭제하지 않고 필요한 부분만 수정할 수 있도록 기능을 추가해주려 한다.

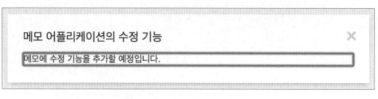

[그림 5-14] 수정 기능을 위한 메모 컴포넌트의 모습

먼저 기능 추가를 위해 MemoApp 컴포넌트의 함수의 일부를 수정한다.

[코드 5-25] MemoApp 컴포넌트의 updateMemo 메소드

```html
<!-- src/components/MemoApp.vue -->
<template>
 <div class="memo-app">
   <memo-form @addMemo="addMemo"/>
   <ul class="memo-list">
    <!-- 2. 수정기능의 함수를 자식 컴포넌트의 updateMemo 이벤트 리스너로 등록해준다. -->
     <memo v-for="memo in memos"
           :key="memo.id"
           :memo="memo"
           @deleteMemo="deleteMemo"
           @updateMemo="updateMemo"/>
   </ul>
 </div>
</template>
<script>
// ...
export default {
    // ...
    methods: {
      // ...
      updateMemo (payload) {
        // 1. 수정된 메모를 저장한다.
        const { id, content } = payload;
        const targetIndex = this.memos.findIndex(v => v.id === id);
        const targetMemo = this.memos[targetIndex];
        this.memos.splice(targetIndex, 1, { ...targetMemo, content });
        this.storeMemo();
```

```
      }
    },
    // ...
  }
</script>
```

여기까지 작성했다면 이제 Memo 컴포넌트에서 updateMemo 이벤트를 발생시켰을 때 MemoApp 컴포넌트의 updateMemo 메소드가 실행될 것이다. 하지만 아직 Memo 컴포넌트의 updateMemo 함수는 부모 컴포넌트의 updateMemo와 연결되어 있지 않기 때문에 해당 메소드가 호출될 일은 없다. 먼저 Memo 컴포넌트가 메모의 데이터를 수정할 수 있도록 변경해주어야 한다. 지금은 Memo 컴포넌트에는 데이터를 입력받아 메모를 수정할 수 있는 인풋 필드가 없기 때문에 Memo 컴포넌트의 DOM과 스타일을 수정한다.

[코드 5-26] Memo 컴포넌트에 추가된 데이터 수정용 인풋 필드

```
<!-- src/components/Memo.vue -->
<template>
  <li class="memo-item">
    <strong>{{ memo.title }}</strong>
    <p>
      <!-- 1. template 태그를 이용하여 제목 텍스트를 감싸준다. -->
      <template>{{ memo.content }}</template>
      <!-- 2. 수정 필드를 위한 태그를 추가해준다. -->
      <input type="text"
             ref="content"
             :value="memo.content"/>
    </p>
    <button type="button" @click="deleteMemo">
      <i class="fas fa-times"></i>
    </button>
  </li>
</template>
<script>
  // ...
```

```
</script>
<style scoped>
  /* … */
  .memo-item p input[type="text"] {
    box-sizing: border-box;
    width: 100%;
    font-size: inherit;
    border: 1px solid #999;
  }
</style>
```

[코드 5-26]과 같이 코드를 작성하였다면, 메모의 내용을 변경할 수 있는 인풋 영역이 생성되었음을 확인해볼 수 있다. 우리는 input 태그의 value 값을 memo.content로 입력해주었기 때문에 인풋에는 Memo 컴포넌트가 가지고 있는 메모의 내용이 자동으로 들어가 있다.

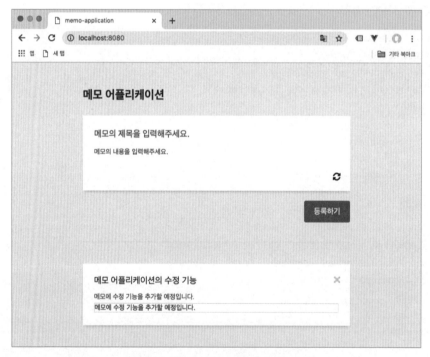

[그림 5-15] 콘텐츠 영역 하단에 생성된 인풋 영역

[그림 5-15]에서 볼 수 있는 것처럼 현재 메모 수정용 인풋은 항상 사용자에게 노출되어 있다. 하지만 메모 수정용 인풋은 사용자가 메모를 수정하려 할 때만 보여야 한다. 그래서 우리는 어떤 값을 통해 Memo 컴포넌트가 수정 가능 상태 또는 수정 불가능 상태를 전환할 수 있도록 만들어주어야 한다. 이제 우리는 텍스트 영역을 더블 클릭했을 때, 수정할 수 있는 인풋 영역이 보이도록 컴포넌트를 변경해야 한다. Memo 컴포넌트의 문단 영역을 더블 클릭했을 때, 메모 수정용 인풋이 보일 수 있도록 Memo 컴포넌트를 아래와 같이 수정한다.

[코드 5-27] Memo 컴포넌트가 수정 모드로 변경될 수 있도록 기능을 추가

```
<!-- src/components/Memo.vue -->
<template>
 <li class="memo-item">
   <!-- ... -->
   <!-- 감싸준 <p> 태그에 더블클릭에 대한 이벤트를 추가해준다. -->
   <p @dblclick="handleDblClick">
     <!-- 문단이 보이는 영역과 인풋 영역에 v-if와 v-else를 이용하여 조건문을 추가해준다.
     -->
     <template v-if="!isEditing">{{ memo.content }}</template>
     <input v-else
            type="text"
            ref="content"
            :value="memo.content"/>
   </p>
   <!-- ... -->
 </li>
</template>
<script>
  export default {
    // ...
    data () {
      // 현재 메모에 대한 수정 상태에 대한 데이터를 저장한다.
      return {
        isEditing: false
      }
    },
```

```
    methods: {
      // ...
      handleDblClick () {
        // 더블 클릭을 했을 때, 클릭한 메모의 수정 상태를 true로 변경한다.
        this.isEditing = true;
      },
    }
  }
</script>
```

[코드 5-27]과 같이 작성한 후 브라우저로 돌아와 콘텐츠 영역을 더블 클릭하면 다음과 같이 콘텐츠 영역의 글이 사라지고, 수정을 위한 인풋 영역이 노출되는 것을 확인할 수 있다.

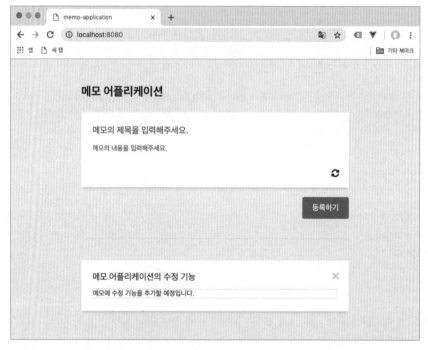

[그림 5-16] 기존의 콘텐츠 영역의 글자가 사라지고 인풋 영역이 노출된 모습

추가로 메모 수정용 인풋 영역이 활성화되면 활성화된 인풋 영역에 자동으로 포커스가 잡혀서 사용자가 바로 수정할 메모 내용을 입력할 수 있도록 기능을 추가할 것이다. 앞에서 추가한 handleDblClick 함수에 다음과 같이 focus 이벤트를 추가한다.

[코드 5-28] handleDblClick 메소드에 자동 포커스 기능 추가

```
// src/components/Memo.vue
// ...
export default {
  name: 'Memo',
  // ...
  methods: {
    // ...
    handleDblClick () {
      this.isEditing = true;
      // content에 foucs 이벤트를 추가한다.
      this.$refs.content.focus();
    }
  },
  //...
}
```

[코드 5-28]과 같이 작성한 후 브라우저로 돌아와서 다시 메모 내용을 더블 클릭해보면 우리가 의도했던 대로 포커스 기능이 정상적으로 동작하지 않는 것을 확인할 수 있다. 정상적으로 동작하지 않는 것이 당연하니 당황하지 않아도 된다. 현재 구현된 기능을 다이어그램으로 표현하면 다음과 같다.

[그림 5-17] 현재 구현된 기능의 다이어그램

Memo 컴포넌트에서 더블클릭 이벤트가 발생하면 handleDblClick 메소드에서 isEditing을 true로 변경하여 Memo 컴포넌트의 상태를 수정 가능한 상태로 변경해준다. Memo 컴포넌트는 데이터의 값이 변경됨에 따라 다시 렌더링이 될 것이다. 이후 foucs 이벤트를 실행시켜주고 있다. 이러한 과정만 살펴보았을 때는 문제가 되지 않아 보인다. 하지만 여기에서 우리가 간과한 것은 Vue의 DOM 업데이트 흐름은 비동기적으로 이루어진다. [그림 3-18]의 다이어그램을 이 과정이 순서대로 흘러가는 것처럼 보이기 때문에 문제가 되지 않아 보이지만 실제 Vue가 리렌더링 되는 과정은 다음과 같다.

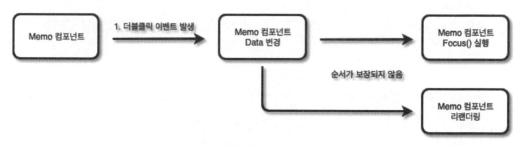

[그림 5-18] Vue의 렌더링 플로우

[그림 5-18]과 같이 Memo 컴포넌트의 메모 데이터가 변경되어 DOM이 재렌더링되는 흐름과 기존의 실행된 handleDblClick의 실행 흐름은 별개라고 봐도 좋다. 즉, focus 이벤트를 this.$refs.content에 강제로 발생시키려고 할 때 DOM의 렌더링이 끝났는지 진행 중인지 우리는 알 수 없다는 뜻이다. 이 과정을 눈으로 직접 보고 싶다면 beforeUpdate 훅과 updated 훅 그리고 우리가 작성한 handleDblClick 함수 하단에서 디버깅함으로써 확인할 수 있다.

[코드 5-29] Memo 컴포넌트의 디버깅 코드

```
// src/components/Memo.vue
export default {
  // ...
  beforeUpdate () {
```

```
      console.log("beforeUpdate =>", this.$refs.content);
    },
    updated () {
      console.log("updated =>", this.$refs.content);
    },
    // ...
    methods: {
      // ...
      handleDblClick () {
        this.isEditing = true;
        console.log("handleDblClick =>", this.$refs.content);
        this.$refs.content.focus();
      }
    }
  }
```

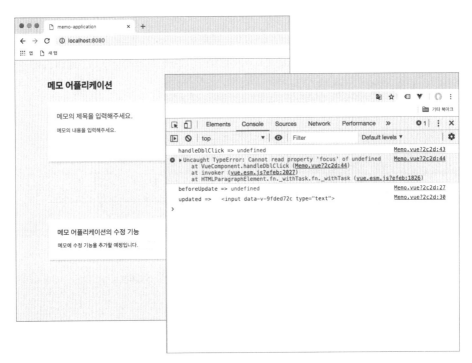

[그림 5-19] 브라우저 콘솔에서 확인해본 디버깅 결과

콘솔을 확인해보면 사용자가 메모를 더블클릭했을 때 대략 다음과 같은 순서로 코드가 실행됨을 알 수 있다.

1. handleDblClick 메소드가 실행된다.
2. isEditing 값이 true로 변경된다.
3. $refs.content에 접근했으나 undefeind 상태여서 에러가 발생한다.
4. beforeUpdate 훅에서도 여전히 $refs.content에 접근할 수 없다.
5. updated 훅에서는 $refs.content에 접근할 수 있다.

handleDblClick 내에서 focus 함수를 실행시킬 때 이벤트의 대상이 될 $refs.content가 감지되지 않는다는 것을 알 수 있다. 이는 isEditing 값의 변경으로 인한 Vue의 재렌더링이 아직 진행 중이라 $refs.content라는 값이 없다는 것을 의미한다. DOM의 업데이트를 하기 직전인 beforeUpdate에서도 마찬가지로 DOM이 감지되지 않는다. 하지만 데이터의 변화에 따라 DOM이 재렌더링 된 이후인 updated에서는 대상 DOM이 감지된다. 우리는 여기에서 데이터의 변경에 따른 컴포넌트 재렌더링 순서가 보장되지 않음을 알 수 있다.

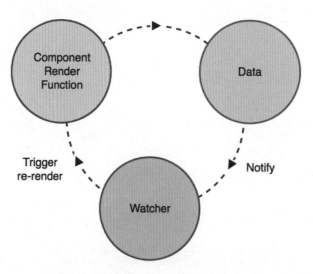

[그림 5-20] 애플리케이션 데이터의 흐름에 대한 다이어그램

이러한 상황에 nextTick을 이용하면 우회할 수 있다. 앞서 handleDblClick 메소드 하단에 작성한 focus 이벤트를 다음과 같이 수정하면 우리가 원하는 기능이 정상적으로 동작하는 것을 확인할 수 있다. nextTick을 이용하여 코드를 수정해보도록 하자.

[코드 5-30] handleDblClick 메소드를 $nextTick을 사용하여 수정하는 코드

```
// src/components/Memo.vue
export default {
  name: 'Memo',
  // ...
  methods: {
    // ...
    handleDblClick () {
      this.isEditing = true;
      this.$nextTick(() => {
        this.$refs.content.focus();
      });
    },
  }
}
```

다음으로 작성할 것은 메모를 수정하는 역할을 수행할 메소드다. 앞서 우리는 부모 컴포넌트인 MemoApp 컴포넌트에 Memo 컴포넌트로부터 updateMemo 라는 이벤트가 발생했을 경우 실행될 메소드를 작성했다. 그 메소드는 인자로 수정된 메모를 받아 memos 배열을 수정하고 로컬스토리지에 저장하는 메소드였다. Memo 컴포넌트의 역할은 사용자가 입력한 데이터를 받아 부모 컴포넌트인 MemoApp 컴포넌트로 전달해주면 된다. 생성할 때와 마찬가지로 글자를 하나도 입력하지 않을 경우를 위한 유효성 검사를 작성하고 검사를 통과하였을 때만 부모의 이벤트를 실행시켜주도록 코드를 작성한다.

[코드 5-31] Memo 컴포넌트에 메모 수정 메소드를 추가

```
<!-- src/components/Memo.vue -->
<template>
```

```html
<!-- ... -->
  <!-- 1. 키보드의 enter를 칠 경우, updateMemo 함수를 실행시켜준다. -->
  <input type="text"
         v-else
         ref="content"
         :value="memo.content"
         @keydown.enter="updateMemo"/>
<!-- ... -->
</template>
<script>
export default {
  // ...
  methods: {
    // ...
    updateMemo (e) {
      const id = this.memo.id;
      const content = e.target.value.trim();
      if (content.length <= 0) {
        return false;
      }
      this.$emit('updateMemo', { id, content });
      this.isEditing = false;
    },
  },
  // ...
}
</script>
```

수정 기능을 추가한 후, 브라우저 메모 데이터를 수정하고 확인해보면 데이터가 수정
되는 것을 확인할 수 있다.

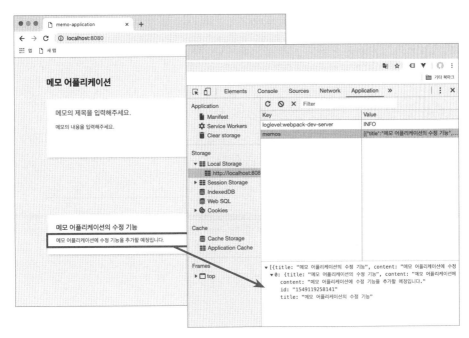

[그림 5-21] 변경되기 전의 데이터

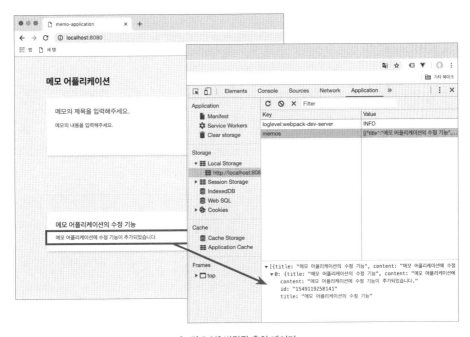

[그림 5-22] 변경된 후의 데이터

마지막으로 인풋 영역에서 다른 곳으로 커서를 옮기는 등의 행위를 통해 포커스가 사라지고 blur 이벤트가 발생한다면 수정 중인 메모를 저장하지 않고 수정 모드를 종료할 수 있는 기능을 추가하도록 하자.

[코드 5-32] Memo 컴포넌트의 blur 이벤트에 대한 메소드 추가

```
<!-- src/components/Memo.vue -->
<template>
  <li class="memo-item">
    <p @dblclick="handleDblClick">
      <template v-if="!isEditing">{{ memo.content }}</template>
      <!-- 1. 해당 인풋 영역에서 blur 이벤트가 발생한다면 handleBlur 함수를 실행시켜
      준다. -->
      <input v-else
             type="text"
             ref="content"
             :value="memo.content"
             @blur="handleBlur"
             @keydown.enter="updateMemo"/>
    </p>
    <!-- ... -->
  </li>
</template>
<script>
export default {
  name: 'Memo',
  // ...
  methods: {
    // ...
    handleBlur () {
      // 2. 수정 중인 상태를 종료시켜준다.
      this.isEditing = false;
    }
  }
}
</script>
```

이후 브라우저에서 메모를 수정하던 중에 다른 곳을 클릭하여 인풋에서 blur 이벤트가 발생하면 인풋 창이 사라지고 메모의 내용 또한 바뀌지 않은 것을 확인할 수 있다.

5.9 서버와 API 연동하기

이번 챕터에서는 지금까지 만들었던 메모 애플리케이션을 NodeJS 기반의 백엔드 서버에서 제공해주는 RESTful API와 연동해보고자 한다. API와 연동하기 위해서는 API에 대한 설명과 API를 연동하기 위해 사용할 라이브러리에 대한 학습이 필요하다. 먼저 API와 통신에 대한 규약 그리고 우리가 사용할 라이브러리에 대해서 학습해보도록 하자.

5.9.1 API란 무엇인가?

5.9.1.1 API란?

API(Application Programming Interface)는 프로그램을 작성하기 위해 약속된 일련의 규격 또는 사양이다. 단순한 사양이기 때문에 실제 구현체를 의미하는 것은 아니다. API에서 I가 의미하는 인터페이스(Interface)는 각기 다른 식으로 동작하는 무엇인가를 이어준다는 뜻이다. 예를 들어 UI(User Interface)에서는 연결되는 대상이 컴퓨터와 사람이고 컴퓨터와 모니터를 연결할 때 사용하는 HDMI나 기계들을 서로 연결해주는 USB도 이러한 인터페이스에 속한다. 즉, 정해져 있는 규약을 통해 연결한다라는 약속만 정해져 있다면 각각의 장치 혹은 프로그램의 내부가 어떻게 구성되어 있든 서로 연결을 가능하게 하는 것이 인터페이스의 존재 의미다.

API는 이 중 프로그램과 프로그램의 연결을 위한 인터페이스다. 우리가 작성하고 있는 클라이언트 애플리케이션과 서버 애플리케이션은 분명히 다른 프로그램이다. 사용한 언어가 다를 수도 있고 작동 방식이 다를 수도 있다. 그래서 우리는 서버와 통신하기 위하여 서버와의 연결을 위한 규약, 즉 API가 필요하다. 보통은 프로젝트가 시작하기 전 프론트엔드 개발자와 백엔드 개발자가 함께 회의해서 어떤 API가 필요한지를 정의하기도 하고, 백엔드 개발자가 미리 정의된 API 문서를 프론트엔드 개발자에게 넘겨주기도 한다. 그 후, 서버에서 어떤 API들을 제공해주는지 알고 나면 우리는 이제 서버와 통신할 준비가 된 것이다.

웹 애플리케이션에서는 보통 엔드포인트(endpoint)라고 불리는 특정한 URL을 사용하여 API를 정의한다. 엔드포인트를 설계할 때는 보통 REST라는 방법론을 사용하여 설계를 진행하게 된다.

5.9.1.2 REST? RESTful API?

REST는 Representational State Transfer의 약자다. Transfer는 그냥 전송이라는 뜻이니 우리는 Representational State라는 뜻에 더 집중해서 살펴보면 된다. Representational State는 한국말로 간단히 직역하면 대표적인 상태 정도의 뜻을 가진 단어다. 좀 더 유연하게 번역해보자면 어떠한 특정 상태라고 할 수 있고, 이 상태는 우리가 통신을 통해서 제어할 자원의 상태를 의미한다.

이런 REST의 개념을 반영하여 설계한 API를 RESTful API라고 호칭하며, HTTP 프로토콜(Protocol)을 사용하는 애플리케이션에서 API를 설계하는 방법론 중 하나이다.

 즉, RESTfule API란 엔드포인트(URL)가 어떠한 특정 상태를 가진 자원을 의미할 수 있도록 설계된 API를 의미하는 것이다.

이게 도대체 무슨 의미일까?

5.9.1.3 자원의 상태란 무엇인가요?

프로그래밍에서 '자원'은 어떤 문서가 될 수도 있고 이미지 또는 단순한 데이터가 될 수도 있다. 넓게 보면 그 소프트웨어가 관리하는 모든 것이 자원이다. 즉, 자원은 굉장히 정적인 개념이다. 예를 들어 클라이언트에서 서버에 어떤 사용자가 가지고 있는 메모 자원을 요청했다고 가정해보자.

[코드 5-33] 메모 자원에 대한 요청 예시

```
GET https://iamserver.com/api/users/2/memos
Host: iamserver.com
Accept: application/json, text/plan, */*
Accept-Language: en, ko; q=0.9, *; q=0.1
```

우리는 서버의 /api/users/2/memos라는 API 엔드포인트를 통해 사용자의 메모 자원을 요청했다. 요청이 성공적으로 처리되었다면 우리는 서버로부터 다음과 같은 응답을 받을 것이다.

[코드 5-34] 메모 자원에 대한 응답 예시

```
HTTP/1.1 200 OK
Content-Length: 101
Content-Type: application/json
Content-Language: ko

{
  "page": 1,
  "page_size": 20,
  "totalCount": 1,
  "data": [{id:1,title:'메모의 제목',content:'저는 사용자가 남긴 메모 데이터입니
  다'}]
}
```

이런 상황을 우리는 흔히 /api/users/2/memos라는 엔드포인트를 통해서 2번 사용자의 메모 자원을 받아왔다라고 한다. 지금 이 상황에서 자원은 메모인 것이다. 조금 더

살펴보자면, 우리는 2번 사용자가 작성한 메모 자원을 요청했다. 즉, 우리가 방금 했던 통신의 결과로 서버에서 받은 것은 단순한 메모 자원이 아닌, 2번 사용자가 작성한 메모 목록의 상태다. 자원이 메모라는 정적인 개념이라면 자원의 상태는 2번 사용자의 메모목록과 같이 언제든지 변할 수 있는 동적인 개념을 의미한다. 2번 사용자의 메모목록은 2번 사용자가 메모를 삭제하고 수정하고 지우는 행위에 의해서 언제든지 변경될 수 있기 때문에 동적인 개념이다.

우리가 서버에서 받았던 응답을 다시 살펴보면 사용자의 메모 자원 상태 외에도 Content-Type, Content-Language와 같은 값도 함께 받은 것을 볼 수 있다. 이 값들은 자원의 상태를 좀 더 자세하게 설명하는 역할을 한다. 즉, 우리는 서버로부터 application/json 형태를 띠고 있고 ko 언어로 표현된 사용자의 메모목록 자원 상태를 받은 셈이 된다.

또한, 우리는 2번 사용자의 메모목록 외에도 "page": 1을 통해 현재 요청한 페이지가 1페이지고, "page_size": 20을 통해 한 페이지는 20개의 데이터로 이루어져 있으며, "total_count": 1을 통해 2번 사용자가 작성한 메모는 1개뿐이라는 상태도 얻을 수 있었다.

RESTful에서 어떤 특정 상태를 가진 자원이란 이런 종합적인 모든 것들이 합쳐진 의미를 모두 포괄적으로 의미하는 것이라고 할 수 있다. 이런 개념을 충실히 반영하여 서버의 API 설계가 되어있다면, 클라이언트에서는 서버에 자원을 요청할 때 HTTP 헤더의 Content-Type이나 Content-Language와 같은 값이나 ?page_size=40과 같은 쿼리스트링을 사용하여 원하는 상태의 자원을 자유롭게 가져올 수 있게 된다.

5.9.1.4 RESTful API의 규칙

RESTful API 설계는 다음 2가지의 항목을 바탕으로 이루어진다.

1. URI로 자원을 표현하는 데 집중해야 한다.

2. 자원에 대한 행위는 HTTP 메소드로 표현한다.

[코드 5-35] RESTful API에 대한 잘못된 예

```
GET /cats/1/delete
```

이 엔드포인트는 URI에 delete라는 행위에 대한 표현이 들어가 있다. RESTful API의
URI는 자원을 표현하는 데 집중해야 하며 행위는 HTTP 메소드로 표현해야 한다. 그
러므로 RESTful한 엔드포인트 URI와 메소드는 아래와 같다.

[코드 5-36] RESTful API에 대한 올바른 예

```
DELETE /cats/1
```

몇 가지 더 예를 살펴보자.

[코드 5-37] RESTful API에 대한 예시

```
GET /dogs/create (x)
POST /dogs       (o)

GET /birds/1/update   (x)
PUT /birds/1  (o)
```

RESTful API의 엔드포인트는 URI만으로 이루어진 것이 아니라 GET, POST, DELETE,
PUT과 같은 HTTP 메소드들과 같이 합쳐졌을 때 제대로 된 의미를 가진다는 것을 이
해했을 것이다.

5.9.1.5 HTTP 메소드

HTTP 메소드는 여러 가지 종류가 있지만 RESTful API에서 사용하는 대표적인 메소드
는 다음 4가지다. 이 메소드들은 소프트웨어의 가장 기본적인 기능인 CRUD(Create,
Read, Update, Delete)에 해당하는 기능들이다.

[표 5-1] HTTP 메소드

메소드명	설명
GET	해당 자원을 조회합니다.
POST	해당 자원을 생성합니다.
PUT	해당 자원을 수정합니다.
DELETE	해당 자원을 삭제합니다.

서버는 보내진 요청의 메소드를 읽어 그 메소드에 해당하는 함수를 실행하여 리소스를 조작하고 그 결과를 HTTP 응답 코드와 함께 클라이언트로 다시 보내준다.

참고 **PUT과 PATCH의 차이는 무엇인가요?**

프로젝트를 진행하다 보면 자원을 수정하는 HTTP 메소드로 PUT이 아니라 PATCH 라는 메소드를 사용하는 경우가 있다. PATCH 메소드 또한 PUT과 마찬가지로 자원을 수정할 수 있는 메소드다. 단, 자원을 통째로 수정한다는 의미를 가진 PUT과 달리 PATCH 메소드는 자원의 일부분만을 수정한다는 의미를 가지고 있다. 예를 들어 사용자라는 자원을 수정한다고 가정해보자. 사용자는 다음과 같은 속성을 가지고 있다.

[표 5-2] 사용자에 대한 정보

key	value
id	1
name	John
age	20
birthday	1994-01-03

그리고 사용자가 클라이언트에서 사용자의 생일을 1991년 11월 25일로 수정 후 서버로 다시 전송하는 상황일 때 PUT 메소드는 다음과 같이 데이터를 전송한다.

[코드 5-38] PUT 메소드에 대한 요청 데이터

```
{
  "id": 1,
  "name": "John",
  "age": 20,
  "birthday": "1991-11-25"
}
```

PUT 메소드를 사용하게 되면 수정된 데이터와 수정되지 않은 데이터를 한 번에 서버로 전송하고, 서버에서는 해당 사용자의 데이터를 찾아 속성 전체를 치환한다. 이것이 PUT의 개념이다. 반면에 PATCH는 다음과 같이 데이터를 전송한다.

[코드 5-39] PATCH 메소드에 대한 요청 데이터

```
{
  "birthday": "1991-11-25"
}
```

[코드 5-39]와 같이 PUT과 PATCH의 차이점은 해당 자원의 모든 속성의 수정을 요청하는가 혹은 수정하고 싶은 데이터만을 요청하는가이다. 그러나 이러한 표준을 준수하는 것은 어디까지나 강제가 아닌 선택이기 때문에 실제 프로젝트에서는 PUT과 PATCH가 혼용되어 사용되기도 하고 PATCH를 아예 사용하지 않는 프로젝트도 있다.

5.9.1.6 HTTP 응답코드

HTTP 응답 코드는 100~500번대 코드로 이루어져 있다. 이 중 프론트엔드 개발자가 가장 많이 마주하는 코드는 보통 200번대, 400번대, 500번대 코드일 것이다. 이 중 200번대를 제외한 400번, 500번대 코드는 모두 오류와 관련된 코드이므로 알아두면 서버에서 내려온 응답을 보고 대략적인 오류의 원인을 추정할 수 있게 된다. 이 책에서 모든 응답 코드를 설명하기에는 양이 많기 때문에 프론트엔드 개발자가 자주 마주할 만한 코드만 간단히 짚고 넘어가겠다.

[표 5-3] HTTP 응답 코드

응답 코드	설명
200	OK. 요청이 성공적으로 수행됨.
201	Created. 요청에 의해 자원이 성공적으로 생성됨. POST의 응답으로 주로 사용.
204	No Content. 요청은 성공적으로 수행되었으나 전송할 데이터가 없음. DELETE의 응답으로 주로 사용.
400	Bad Request. 요청의 내용이 잘못되었음. 필수로 보내야 하는 값을 안 보냈는지 체크해보자.
401	Unauthorized. 권한이 없음. 로그인 등의 인증이 필요한 엔드포인트를 호출했는지 체크해보자.
403	Forbidden. 접근 금지. 401은 인증을 받으면 사용할 수 있다는 뜻이지만 403의 경우 아예 접근을 금지한다.
404	Not Found. 요청한 자원이 없음.
405	Method not allowed. 허용되지 않은 메소드 사용.
408	Request Timeout. 요청 시간이 초과됨. 클라이언트에서 요청을 생성하지 못한 경우다.
414	Request URI too long. 요청 URI가 너무 김.
500	Internal Server Error. 내부 서버 오류. 서버에서 발생한 예상하지 못했던 에러다.
503	Service Temporarily Unavailable. 서버를 일시적으로 사용할 수 없음.
504	Gateway Timeout. 408과 다른 점은 요청은 보내졌으나 게이트웨이에서 문제가 생겨 응답을 받지 못한 경우다.

하지만 이러한 응답 코드 또한 표준이기는 하나, 실제 프로젝트에서는 서버에서 정의한 규칙에 따라 변경될 수 있으니 절대적이라고 생각하기보다 참고하는 것이 좋다.

5.9.2 Axios란?

Axios는 전 세계에서 가장 사랑받는 HTTP 클라이언트 라이브러리다. Axios는 Vue 에서만 사용되도록 만들어진 라이브러리가 아닌 자바스크립트 라이브러리이기 때문에 한번 사용법을 익혀둔다면 Vue로 작성된 프로젝트뿐 아닌 다른 프로젝트에서도 유용하게 사용할 수 있기 때문에 익혀놓는 것이 좋다.

5.9.2.1 설치하기

우리의 프로젝트에서는 Vue CLI를 사용하여 프로젝트를 진행하고 있기 때문에 npm
을 사용하여 간단하게 Axios를 설치할 수 있다.

[코드 5-40] npm을 이용한 axios 라이브러리 설치

```
$ npm install axios --save
```

만약 프로젝트에서 bower 를 사용하더라도 마찬가지로 명령어 한 줄로 설치할 수
있다.

[코드 5-41] bower을 이용한 axios 라이브러리 설치

```
$ bower install axios --save
```

설치가 완료되었다면 이제부터 설치된 모듈을 호출하여 바로 Axios를 사용할 수
있다.

5.9.2.2 기초 사용법

Axios는 HTTP 통신을 위한 라이브러리이기 때문에 기본적으로 HTTP 메소드를 기
반으로 한 API들을 제공해준다. ?가 붙은 인자들은 필수가 아니라 필요에 따라 선택
할 수 있는 인자들이다.

- axios.get(url, config?) - GET 메소드를 사용하여 자원을 조회합니다.
- axios.post(url, data?, config?) - POST 메소드를 사용하여 자원을 생성합
  니다.
- axios.put(url, data?, config) - PUT 메소드를 사용하여 자원을 수정합니다.
- axios.patch(url, data?, config) - PATCH 메소드를 사용하여 자원의 일부
  를 수정합니다.

- axios.delete(url, config?) – DELETE 메소드를 사용하여 자원을 삭제합
  니다.

이 메소드들은 모두 Promise 객체를 반환하며 then과 catch 체인을 사용하여 이후
동작을 제어할 수 있다. 한번 사용자의 메모 목록을 불러오는 예제 코드를 살펴보도록
하자.

[코드 5-42] Axios를 이용하여 메모 목록을 불러오는 예제 코드

```
import axios from 'axios';

axios.get('https://api.example.com/users/1/memos')
  .then(response => {
    alert('요청이 성공하였습니다.');
  })
  .catch(error => {
    alert('요청이 실패하였습니다.');
  })
  .then(response => {
    alert('이 블록은 항상 실행됩니다.');
  });
```

ECMAScript 2017에서 추가된 새로운 문법인 async/await 구문을 사용해서 작성할
수도 있다.

[코드 5-43] async/await 방식의 메모 목록을 불러오는 예제 코드

```
async function getUserMemo () {
  try {
    const response = await axios.get('https://api.example.com/user/1/
    memos');
    alert('요청이 성공하였습니다.');
  }
  catch (error) {
    alert('요청이 실패하였습니다.');
  }
```

```
  finally {
    alert('이 블록은 항상 실행됩니다.');
  }
}
```

POST 메소드나 PUT, PATCH 메소드와 같이 서버로 데이터를 추가로 보내야 할 때
는 요청할 데이터를 인자로 사용하여 요청할 수 있다.

[코드 5-44] 데이터와 함께 서버에 요청을 보내는 예제 코드

```
import axios from 'axios';

// 메모 데이터를 선언
const memo = {
  title: '1번 사용자의 메모',
  content: '이것은 1번 사용자의 메모 내용입니다.',
};

// post 메소드의 두 번째 인자로 메모 데이터를 사용한다.
axios.post('https://api.example.com/users/1/memo', memo)
  .then(response => {
    alert('메모 생성에 성공하였습니다.');
  })
  .catch(response => {
    alert('메모 생성에 실패하였습니다.');
  });
```

5.9.2.3 옵션을 사용하여 Axios 사용하기

Axios는 사용자가 직접 커스터마이징 하여 라이브러리를 사용할 수 있도록 많은 옵
션을 제공한다. 옵션을 사용하는 방법은 크게 2가지가 있다.

1. Axios 모듈의 defaults 키를 사용하여 옵션을 적용할 수 있다.
2. Axios를 초기화하는 시점에 create 메소드를 사용해 옵션을 적용할 수 있다.

3. Axios의 메소드를 사용하는 시점에 옵션을 적용할 수 있다.

1번은 Axios 모듈의 defaults 키를 사용하여 옵션을 적용하는 방법이다.

[코드 5-45] defaults 설정 예제

```
import axios from 'axios';

axios.defaults.baseURL = 'https://api.example.com';
axios.defaults.headers.common['X-Example-Key'] = 'example';
axios.defaults.headers.post['Content-Type'] = 'application/json';

/*
 * baseURL 옵션을 사용했기 때문에 요청을 보내는 실제 URL은
 * https://api.example.com/users/1/memos이 된다.
 */
axios.get('/users/1/memos');
```

이 방법은 요청하려 하는 URL에 API 서버의 호스트를 반복적으로 입력해줘야 하는 상황이나 요청 시 HTTP 헤더에 특정한 값을 반복적으로 넣어줘야 하는 상황에 유용하게 사용할 수 있다. 하지만 상황에 따라 다른 값들을 사용해야 한다면 2번 방법을 사용할 수 있다. 2번은 axios.create 메소드를 사용하여 새로운 Axios 객체를 만들어 사용하는 방법이다.

[코드 5-46] Axios의 create 메소드를 사용하여 생성한 객체

```
import axios from 'axios';

const AuthAPI = axios.create({
  baseURL: 'https://api.auth.com',
});
const UserAPI = axios.create({
  baseURL: 'https://api.users.com',
});
```

이때 axios.create 메소드에서 반환된 Axios 모듈도 상단에서 불러온 Axios와 동일한 기능을 가지고 있다. 이 방법은 서버를 관심사에 따라서 분리하여 설계하는 마이크로서비스아키텍처(Micro service architecture)를 사용하고 있는 애플리케이션에서 사용하기 적합한 구조다. 마이크로서비스아키텍처는 그 특성상 서버가 분리되어 있기 때문에 서버마다 다른 URL을 가지고 있을 가능성이 높은데 매번 요청할 때마다 서버의 호스트를 입력하는 것보다 axios.create 메소드를 사용하여 각 서버를 담당하는 Axios 모듈을 생성하여 사용하는 편이 더 사용하기 좋다.

마지막 3번 방법은 Axios의 메소드를 사용할 때마다 옵션을 직접 주입해주는 방법이다.

[코드 5-47] axios 요청에 옵션을 주입하는 예제

```
import axios from 'axios';

axios.post('/users/1/memos', {
  title: '메모 제목',
  content: '메모의 내용입니다.',
}, {
  headers: { 'Content-Type': 'application/json' },
});
```

이 방법은 직관적이기는 하지만 반복적으로 값을 입력해줘야 하는 작업에는 적합하지 않다. 위의 3가지 방식 중 상황에 따라서 알맞은 방법을 선택하여 사용하면 된다. 이 외에도 Axios 라이브러리 내에는 다양한 옵션이 존재한다. 라이브러리에서 제공해주는 옵션들을 파악해 상황에 맞게 사용할 수 있도록 하자.

[코드 5-48] Axios의 다양한 옵션 종류

```
{
  // 요청을 보내고자 하는 URL
  url: '/users/1/memos',
```

```
// `baseURL`옵션의 값은 각각의 HTTP 메소드를 사용할 때 입력된 URL의 앞쪽에 붙게 된다.
// 예를 들어 axios.get('/users')를 사용했을 때 요청을 보내는 전체 URL은 https://
api.example.com/users가 된다.
baseURL: 'https://api.example.com',

// `transformRequest` 옵션을 사용하여 요청을 서버로 보내기 전 데이터를 가공할 수 있다.
// 또한 배열로 되어있기 때문에 여러 개의 함수를 사용할 수 있다.
transformRequest: [function (data, headers) {
  // 이 블록에서 데이터를 가공할 수 있습니다.
  return data;
}],

// `transformResponse` 옵션을 사용하여 서버에서 보내준 응답을 사용하기 전에 데이터를
가공할 수 있다.
transformResponse: [function (data) {
  // 이 블록에서 데이터를 가공할 수 있습니다.
  return data;
}],

// `headers` 옵션을 사용하여 커스터마이징된 값을 HTTP 헤더에 담을 수 있다.
headers: { 'X-Custom-Value': 'example' },

// `params` 옵션을 사용하여 URL에 쿼리스트링 인자를 사용할 수 있다.
// params: { id: 1 }은 `?id=1`로 변환되어 URL에 맨 뒤에 붙여진다.
params: { id: 1 },

// `paramsSerializer` 옵션을 사용하여 params 옵션에서 받아들인 인자를 가공할 방법을
커스터마이징할 수 있다.
paramsSerializer (params) {
  return qs.stringify(params, {arrayFormat: 'brackets'});
},

// `data` 옵션을 사용하여 요청을 보낼 때 HTTP 바디에 데이터를 담을 수 있다.
data: {
  title: '메모입니다',
  content: '메모의 내용입니다',
},

// `timeout` 옵션은 요청을 생성한 뒤 얼마나 오래 기다릴 것인지를 정의한다.
```

```
  // 정의된 시간 동안 서버에서 응답이 오지 않으면 Axios는 에러를 반환한다.
  // 단위는 `밀리초`를 사용하므로 1000은 1초를 의미한다.
  timeout: 1000,

  // `withCredentials` 옵션은 서버로 보낼 요청의 Access-Control 사용 여부를 나타낸다.
  // 해당 값이 true 라면, 브라우저는 Access-Control-Allow-Credentials: true 헤
  더를 가지고 있지 않은 서버 응답을 모두 거절한다.
  withCredentials: false,

  // `responseType` 옵션은 HTTP 응답의 자료형을 정의한다.
  // `arraybuffer`, 'blob', 'document', 'json', 'text', 'stream' 중 원하
  는 옵션을 사용할 수 있다.
  responseType: 'json',

  // `responseEncoding` 옵션은 응답의 인코딩 형식을 정의한다.
  // 그러나 `responseType` 옵션이 stream일 경우 이 옵션은 무시된다.
  responseEncoding: 'utf8',

  // `xsrfCookieName` 옵션은 XSRF 토큰을 담고 있는 쿠키의 이름을 의미한다.
  // XSRF(Cross Site Resource forgery)는 '사이트 간 요청 위조'라는 뜻으로 해킹 기
  법 중 하나다.
  xsrfCookieName: 'XSRF-TOKEN',

  // `xsrfHeaderName` 옵션은 XSRF 토큰을 요청의 헤더에 담아 보낼 때의 키 값이다.
  xsrfHeaderName: 'X-XSRF-TOKEN',

  // `maxContentLength` 옵션은 HTTP 응답의 최대 크기를 정의한다.
  // 단위는 byte 를 사용한다.
  maxContentLength: 2000,

  // `validateStatus` 옵션은 서버에서 보내준 응답의 HTTP 상태 코드 중 어떤 것을 '성
  공'으로 처리할 것인지를 정의한다.
  // 기본값으로는 200 이상 300 미만의 코드가 내려왔을 때, 요청이 성공했다고 정의되어 있다.
  // 이 메소드를 거쳐 성공으로 판단된 요청은 axios.then으로 제어할 수 있고, 실패한 요청은
  axios.catch로 제어할 수 있다.
  validateStatus (status) {
    return status >= 200 && status < 300;
  },
}
```

5.9.2.5 Axios의 HTTP 응답 헨들링하기

Axios를 사용하여 서버로 요청을 보내게 되면 서버에서는 요청에 대해서 작업을 수행하고 성공 또는 실패 여부가 담긴 HTTP 응답을 브라우저로 되돌려주게 된다. Axios는 이 응답을 자체적으로 한번 가공하여 사용하기 편하게 만들어 주며, 성공 또는 실패 여부와 관계없이 항상 같은 구조의 응답을 반환해준다. Axios가 반환하는 응답의 구조는 다음과 같다.

[코드 5-49] Axios의 응답 구조

```
{
  // `data`는 서버에서 응답에 실어 보낸 HTTP 본문에 있는 데이터를 의미한다.
  data: {},

  // `status`는 서버 응답의 HTTP 상태 코드를 의미한다.
  status: 200,

  // `statusText`는 서버 응답의 HTTP 상태의 메시지를 의미한다.
  statusText: 'OK',

  // `config`는 Axios가 서버로 요청을 보냈을 때 어떤 설정을 가지고 있었는지를 의미한다.
  config: {},

  // `request`는 현재 응답을 받기 위해 서버로 보낸 요청에 대한 데이터다.
  request: {},
}
```

요청이 성공했다면 axios.then 함수를 사용하여 이 응답을 확인하고 제어할 수 있다.

[코드 5-50] axios 응답 제어 예시

```
axios.get('/users/1/memos')
  .then(response => {
    console.log(response.data);
    console.log(response.status);
    console.log(response.statusText);
```

```
        console.log(response.config);
        console.log(response.request);
    });
```

혹은 반대로 Axios의 요청이 실패로 끝났을 때 Axios는 Promise.reject를 반환하게
되고, 우리는 axios.catch를 사용하여 에러를 핸들링할 수 있다.

[코드 5-51] axios 에러 헨들링 예시

```
axios.get('/users/1/memos')
  .then(response => { /* ... */ })
  .catch(error => {
    if (error.response) {
      // 요청이 성공적으로 생성되었으나
      // 서버의 응답이 실패로 처리되었을 때는 error 객체에 response 속성이 들어있다.
      // 이 response 속성은 성공 시의 응답 구조와 같은 구조를 가지고 있다.
      console.log(error.response.data);
      console.log(error.response.status);
      console.log(error.response.statusText);
    }
    else if (error.request) {
      // 요청이 성공적으로 생성되었으나
      // 서버로부터 아무 응답이 없는 경우에는 error 객체에 response 속성이 들어있지 않다.
      console.log(error.request);
    }
    else {
      // 어떤 이유인지는 모르겠지만 에러가 발생한 경우도 핸들링해 줘야 한다.
      console.log('Error', error.message);
    }
  });
```

5.9.3 RESTful API 확인하기

우리는 API와 통신에 대한 규약 그리고 Axios에 대해 학습했다. 이제 본격적으로 애
플리케이션과 API 연동을 해보도록 하자. 만약 API 서버가 세팅되지 않았다면 "1.5

RESTful API 서버 세팅하기"장을 참고하여 구축을 완료하도록 하자.

API 서버를 실행시킨 후 http://localhost:8000/api/memos로 접속하면 [그림 5-23]
과 같이 빈 배열을 내려주는 것을 확인할 수 있다.

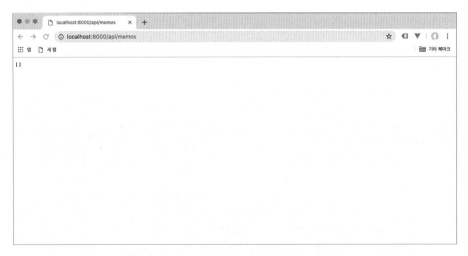

[그림 5-23] memos로 접속할 때 노출되는 브라우저의 화면

지금은 현재 아무런 데이터가 들어가 있지 않아 API 서버에서 빈 배열을 내려주지만,
메모 애플리케이션에서 사용하는 데이터를 살펴보면 [표 5-4]와 같은 형태의 데이터가
들어가야 한다는 것을 알 수 있다.

[표 5-4] 메모 데이터의 구조

key	type	required
id	string	true
title	string	true
content	string	true

[표 5-4]를 참고하여 RESTful API와 우리의 메모 애플리케이션을 연동해주도록 하자.

5.9.4 RESTful API 연동하기

먼저 HTTP 라이브러리인 Axios를 설치한다.

[코드 5-52] npm을 사용하여 axios 라이브러리를 설치

```
$ npm install axios --save
```

이제 설치된 Axios 라이브러리를 이용하여 MemoApp 컴포넌트에 Axios 객체를 생성한다.

[코드 5-53] MemoApp 컴포넌트에 생성된 Axios객체

```
// src/components/MemoApp.vue
// ...
// 1. axios 라이브러리를 추가한다.
import axios from 'axios';

// 2. 앞서 생성된 memos의 url을 이용하여 객체를 생성한다.
const memoAPICore = axios.create({
  baseURL: 'http://localhost:8000/api/memos'
});
```

5.9.4.1 데이터 초기화 기능 API와 연동하기

앞서 우리는 MemoApp 컴포넌트의 created 훅에서 로컬스토리지의 데이터를 사용하여 MemoApp 컴포넌트의 memos 모델을 초기화하는 코드를 작성하였다.

[코드 5-54] 로컬스토리지의 메모 데이터를 가져와 MemoApp의 memos 모델을 초기화하는 코드

```
// src/components/MemoApp.vue
export default {
  name: 'MemoApp',
  data () {
    return {
```

```
      memos: []
    };
  },
  // ...
  created () {
    this.memos = localStorage.memos ? JSON.parse(localStorage.memos) : [];
  }
  // ...
};
```

이제 우리는 API를 사용할 예정이기 때문에 더 이상 로컬스토리지를 사용할 필요가 없다. 앞에서 생성한 Axios 객체를 이용하여 서버에 있는 초기 데이터를 받아와 data에 저장하도록 변경한다.

[코드 5-55] API를 통해 받은 데이터를 사용해 memos 모델을 초기화하는 코드

```
// src/components/MemoApp.vue
export default {
  name: 'MemoApp',
  data () {
    return {
      memos: []
    };
  },
  // ...
  created () {
    // 1. 기존 로컬스토리지를 사용하는 코드는 삭제한다.
    // this.memos = localStorage.memos ? JSON.parse(localStorage.memos)
    : [];
    // 2. 앞서 생성된 Axios객체의 get 메소드를 이용하여 데이터를 받아온다.
    memoAPICore.get('/')
      .then(res => {
        // 3. 받아온 데이터를 data의 memos에 저장한다.
        this.memos = res.data;
      });
  }
  // ...
};
```

만약 정상적으로 API를 호출하는지 확인하고 싶다면 크롬 개발자 도구를 이용하여 현재 API를 정상적으로 호출하고 있는지 확인할 수 있다.

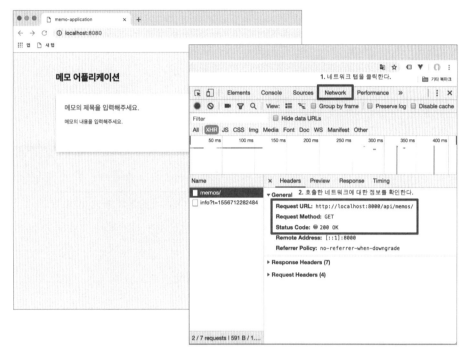

[그림 5-24] API 호출에 대한 네트워크 정보 화면

[그림 5-24]와 같이 우리가 정의된 URL과 메소드를 이용하여 호출하였을 때, Status Code가 200으로 노출되고 있다면 정상적으로 API를 호출하고 있다는 의미다.

5.9.4.2 메모 데이터 생성 기능 API와 연동하기

다음으로 애플리케이션에 메모 추가 기능을 추가해보자.

[코드 5-56] 기존에 작성되어 있던 메모 추가 메소드

```
// src/components/MemoApp.vue
export default {
```

```
    name: 'MemoApp',
    // ...
    methods: {
      addMemo (payload) {
        this.memos.push(payload);
        this.storeMemo();
      },
      // ...
    }
}
```

우리는 MemoForm 컴포넌트에서 addMemo 이벤트를 통해 입력된 메모 데이터를
부모 컴포넌트인 MemoApp 컴포넌트에서 받아 memos 모델에 추가한 후, 로컬스
토리지에 저장하는 코드를 작성했다. 기존에는 메모의 ID를 MemoForm 컴포넌트
가 임의로 생성하여 메모 데이터를 만들었지만, 이제는 API 서버에서 새로 등록된 메
모 데이터의 ID를 생성하기 때문에 임의의 ID를 클라이언트에서 생성할 필요가 없다.
그러므로 기존에 작성된 코드에서 메모의 ID를 생성하는 코드는 삭제해주도록 하자.

[코드 5-57] MemoForm 컴포넌트에서 메모의 id와 관련된 코드를 삭제

```
// src/components/MemoForm.vue
export default {
  name: 'MemoForm',
  // ...
  methods: {
    // ...
    addMemo () {
      // const id = new Date().getTime(); 1. 임의의 id를 생성 변수를 삭제한다.
      const { title, content } = this;
      const isEmpty = title.length <= 0 || content.length <= 0;
      if (isEmpty) {
        return false;
      }
      // this.$emit('addMemo', { id, title, content }); 2. 부모 컴포넌트에
      게 전달해주는 인자에서 id를 삭제한다.
      this.$emit('addMemo', { title, content });
```

```
      this.resetFields();
    }
  }
}
```

MemoForm 컴포넌트에서 id를 제거하면 부모 컴포넌트 MemoApp은 자식 컴포
넌트 MemoForm 컴포넌트로부터 제목과 단락에 대한 데이터만 인자로 받게 된다.
MemoApp 컴포넌트는 인자로 전달받은 제목과 단락에 대한 데이터를 API 호출 시
서버에 전달해야 한다.

[코드 5-58] post메소드를 이용하여 메모 데이터를 생성

```
// src/components/MemoApp.vue
export default {
  name: 'MemoApp',
  // ...
  methods: {
    addMemo (payload) {
      // 1. axios 객체의 post 메소드를 이용하여 데이터를 추가한다.
      memoAPICore.post('/', payload)
        .then(res => {
          // 2. 정상적인 메모를 생성 후, 결괏값을 memos에 추가한다.
          this.memos.push(res.data);
        });
    },
    // ...
  }
}
```

[코드 5-58]과 같이 작성한 후 브라우저에서 메모를 추가하면 [그림 5-25]와 같이 우리
가 생성한 제목과 단락에 대한 데이터와 함께 서버로 요청을 보내는 것을 확인할 수
있다.

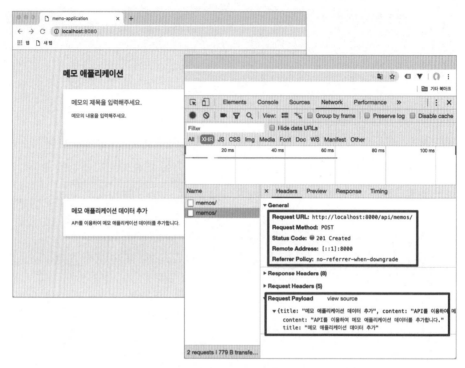

[그림 5-25] API 호출에 대한 네트워크 정보 화면

HTTP 상태코드가 201 Created라면 요청에 대한 처리가 정상적으로 이뤄졌음을 유추할 수 있다.

5.9.4.3 메모 데이터 삭제 기능 API와 연동하기

우리가 작성했던 삭제 기능은 메모 생성 시 임의로 생성한 ID와 일치하는 데이터를 MemoApp 컴포넌트의 memos 배열에서 삭제한 후, 그 배열을 로컬스토리지에 다시 저장하는 순서로 동작했다.

[코드 5-59] 기존의 메모 데이터를 삭제하는 코드

```
// src/components/MemoApp.vue
export default {
```

```
    name: 'MemoApp',
    // ...
    methods: {
      // ...
      deleteMemo (id) {
        const targetIndex = this.memos.findIndex(v => v.id === id);
        this.memos.splice(targetIndex, 1);
        this.storeMemo();
      },
      // ...
    },
    // ...
};
```

수정되는 코드 역시 기존의 코드와 크게 달라지지 않는다. 메모 데이터 생성 시 API
서버에서 메모의 ID를 함께 생성하여 저장하고 있고 클라이언트에서 메모 데이터를
요청할 때 메모 데이터에 ID를 포함해서 함께 전달해주기 때문에 우리는 이 ID를 이
용하여 서버에 삭제 요청을 보내주면 된다.

[코드 5-60] delete 메소드를 이용하여 데이터를 삭제하는 코드

```
// src/components/MemoApp.vue
export default {
  name: 'MemoApp',
  // ...
  methods: {
    // ...
    deleteMemo (id) {
      const targetIndex = this.memos.findIndex(v => v.id === id);
      // 1. 삭제 대상과 일치하는 id 값을 delete 메소드와 함께 요청한다.
      memoAPICore.delete(`/${id}`)
        .then(() => {
          // 2. 요청 후, MemoApp 컴포넌트의 memos 데이터에서도 삭제한다.
          this.memos.splice(targetIndex, 1);
        });
    },
    // ...
```

```
  },
  // ...
};
```

[코드 5-60]과 같이 코드를 작성한 후 브라우저에서 메모 데이터를 삭제했을 경우 해당 요청에 대해서 정상적으로 처리되었음을 HTTP 상태 코드를 통해 확인할 수 있다.

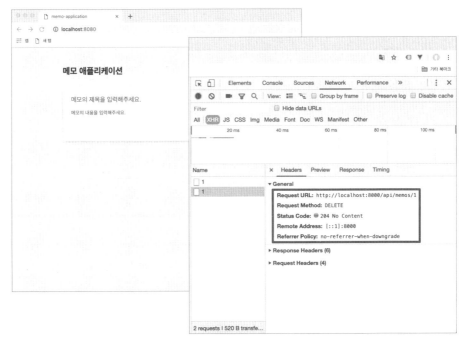

[그림 5-26] API 호출에 대한 네트워크 정보 화면

5.9.4.4 메모 데이터 수정 기능 API와 연동하기

마지막으로 구현 기능은 메모 수정에 대한 기능이다. 수정 기능의 경우 삭제와 마찬가지로 자식 컴포넌트로부터 대상이 되는 메모 데이터의 ID를 받고 추가로 수정된 단락에 대한 정보를 인자로 받았다.

[코드 5-61] 기존에 작성되어 있던 MemoApp의 updateMemo 메소드

```
// src/components/MemoApp.vue
export default {
  name: 'MemoApp',
  // ...
  methods: {
    // ...
    updateMemo (payload) {
```

```
    const { id, content } = payload;
    const targetIndex = this.memos.findIndex(v => v.id === id);
    const targetMemo = this.memos[targetIndex];
    this.memos.splice(targetIndex, 1, { ...targetMemo, content });
    this.storeMemo();
  }
},
// ...
};
```

기존의 작성된 코드를 API와 연동할 수 있도록 수정한다.

[코드 5-62] API 연동을 위해 수정된 MemoApp의 updateMemo 메소드

```
// src/components/MemoApp.vue
export default {
  name: 'MemoApp',
  // ...
  methods: {
    // ...
    // 사용하지 않는 코드는 삭제한다.
    // storeMemo () {
    //   const memosToString = JSON.stringify(this.memos);
    //   localStorage.setItem('memos', memosToString);
    // },
    // ...
    updateMemo (payload) {
      const { id, content } = payload;
      const targetIndex = this.memos.findIndex(v => v.id === id);
      const targetMemo = this.memos[targetIndex];
      // 1. 수정 대상과 일치하는 id값과 수정된 단락에 대한 데이터를 delete put과 함께
      요청한다.
      memoAPICore.put(`/${id}`, { content })
        .then(() => {
          // 2. 요청 후, MemoApp 컴포넌트의 memos 데이터에서도 해당하는 데이터를 업데
          이트한다.
          this.memos.splice(targetIndex, 1, { ...targetMemo, content });
        });
```

```
    }
  },
  // ...
};
```

[코드 5-62]와 같이 코드를 작성한 후 메모 애플리케이션에서 메모를 수정하면 [그림
5-27]처럼 수정할 데이터와 함께 정상적으로 요청되는 것을 확인할 수 있다.

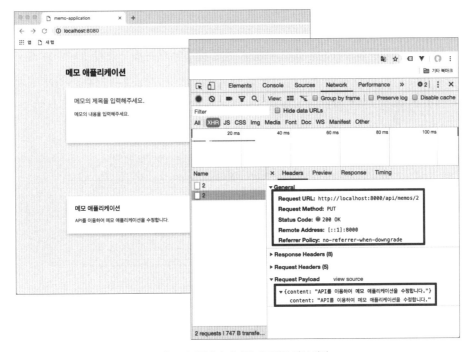

[그림 5-27] API 호출에 대한 네트워크 정보 화면

이로써 기존의 로컬스토리지를 이용하여 저장했던 데이터를 RESTful API를 이용하여
API 서버에 저장하였다. 현재 작성된 우리 애플리케이션에서는 통신이 실패했을 경우
에 대한 예외 처리를 다루고 있지는 않다. 하지만 실제 서비스를 제작할 경우에는 꼭
통신 실패에 대한 예외 처리를 고려하여 코드를 작성해야 한다는 것을 명심해야 한다.

5.9.5 추가 요구 사항 기능 구현하기

이번 챕터에서는 개발한 메모 애플리케이션에 새로운 기능을 추가함에 따라 발생하는 현재의 애플리케이션의 데이터 상태 관리 구조의 한계를 알아보고 그에 따라 상태 관리 라이브러리인 Vuex를 적용할 것이다. 어떠한 경우에 Vuex를 도입하는 것인지, 또 왜 도입해야 하는 것인지 이번 챕터에서 학습하도록 하자.

5.9.5.1 문제 도출하기

만약 우리의 애플리케이션에 헤더 부분에 현재 메모의 개수를 노출해야 한다는 요구 사항이 발생했다면, 현재 구조가 적합할까? 먼저 새로운 기능을 추가하기 전에 현재 우리의 컴포넌트 구조를 한번 살펴보자.

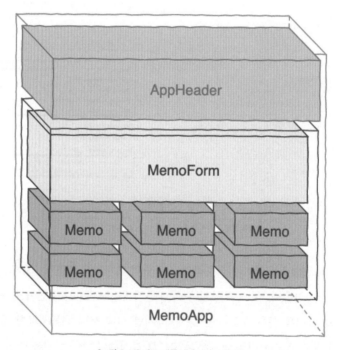

[그림 5-28] 메모 애플리케이션의 구조

AppHeader 컴포넌트에 현재 메모의 개수를 노출해주기 위해서는 MemoForm 컴포넌트와 Memo 컴포넌트들을 감싸고 있는 MemoApp 컴포넌트가 가지고 있는 memos, 즉 전체 메모 개수에 대한 데이터를 루트 컴포넌트인 App 컴포넌트 계층으로 올려 보내서 AppHeader 컴포넌트에 전해줘야 한다. 또한, 메모 개수는 사용자가 메모를 추가하거나 삭제할 때마다 바로 변경되므로 그때마다 AppHeader 컴포넌트에도 바로 반영되어야 한다. 예제 코드를 통해 문제점에 대해서 살펴보도록 하자.

먼저 간단하게 이 구조에 대한 예제 코드를 살펴보면 다음과 같다. 우리가 이전에 구현했던 메모 애플리케이션과 같은 구조이나 좀 더 간략한 구조로 다시 표현해보았다.

[코드 5-63] 루트 컴포넌트인 App 컴포넌트의 코드

```
<template>
  <div id="app">
    <app-header :memo-count="memoCount" />
    <memo-app @change="updateMemoCount" />
  </div>
</template>

<script>
  import AppHeader from './components/AppHeader.vue';
  import MemoApp from './components/MemoApp.vue';

  export default {
    name: 'App',
    data () {
      return {
        memoCount: 0,
      };
    },
    methods: {
      // MemoApp에서 change 이벤트가 발생되면 updateMemoCount가 실행된다.
      updateMemoCount (count) {
        this.memoCount = count;
      },
    },
```

```
    components: {
      AppHeader,
      MemoApp
    },
  };
</script>
```

루트 컴포넌트인 App 컴포넌트 내에 메모의 개수에 해당하는 데이터를 생성하고, 그 데이터를 업데이트할 수 있는 함수를 하나 추가한다. 그다음 AppHeader 컴포넌트로는 해당 데이터를 props로 전달해주고, MemoApp 컴포넌트에는 업데이트할 수 있는 함수를 이벤트 리스너로 등록해준다.

[코드 5-64] MemoApp 컴포넌트의 코드

```
export default {
  name: 'MemoApp',
  // ...
  methods: {
    // 메모가 추가되든 삭제되든 메모 개수가 변동된다면 change이벤트를 호출한다.
    addMemo (payload) {
      // ...
      this.$emit('change', this.memos.length);
    },
    deleteMemo () {
      // ...
      this.$emit('change', this.memos.length);
    },
  },
  // ...
}
```

자식 컴포넌트인 MemoApp 컴포넌트 내에서는 메모 데이터의 개수에 변화가 생길 때마다 부모 컴포넌트로부터 받은 이벤트 리스너를 메모 데이터의 개수를 인자로 호출한다.

```
<template>
  <div class="app-header">
    <h1>Memo application</h1>
    <p>{{ memoCount }}</p>
  </div>
</template>

<script>
export default {
    name: 'AppHeader',
    props: {
        // App 컴포넌트로부터 memoCount를 내려받아서 사용자에게 보여준다.
        memoCount: {
            type: Number,
            default: 0,
        },
    },
}
</script>
```

다음 AppHeader 컴포넌트에서는 부모 컴포넌트로부터 전달받은 메모 데이터의 개수에 해당하는 데이터를 노출해준다. 루트 컴포넌트인 App 컴포넌트에서 MemoApp 컴포넌트가 가지고 있는 모델의 메모 개수에 대해서 memos.length를 이용하여 직접 참조할 수도 있지만, 이렇게 다른 컴포넌트의 메소드나 변수에 직접 접근하는 방법은 두 컴포넌트 간의 의존성을 강하게 만들기 때문에 피하는 편이 좋다. 그래서 두 컴포넌트는 같은 모델을 공유하기 위해 각각 자기 자신의 모델을 가지고 이를 동기화하는 방향으로 작성되었다. 이 과정을 좀 더 보기 쉽게 그림으로 표현해보면 다음과 같다.

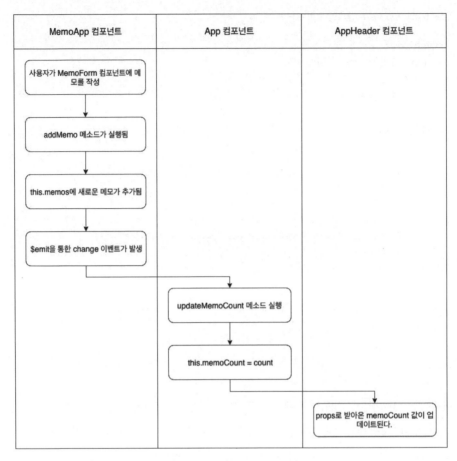

MemoApp 컴포넌트	App 컴포넌트	AppHeader 컴포넌트
사용자가 MemoForm 컴포넌트에 메모를 작성		
addMemo 메소드가 실행됨		
this.memos에 새로운 메모가 추가됨		
$emit을 통한 change 이벤트가 발생		
	updateMemoCount 메소드 실행	
	this.memoCount = count	
		props로 받아온 memoCount 값이 업데이트된다.

[그림 5-29] 컴포넌트 모델 플로우차트

[그림 5-29]를 살펴봤을 때, 컴포넌트 트리의 깊이가 깊어지거나 전파해줘야 할 컴포넌트가 더욱더 많아진다면 그림과 같이 간단하게 표현할 수 없다는 것을 쉽게 유추할수 있다. 결국 지금의 구조에서는 새로운 기능을 추가할 때 다음과 같은 문제점을 가진다.

1. 여러 개의 컴포넌트가 같은 상태(데이터)에 의존한다. 이런 경우 지나치게 중첩된 컴포넌트를 통과하는 props는 점점 늘어날 것이고 장황해질 것이다.
2. 서로 다른 컴포넌트의 액션이 동일한 상태를 변경 또는 반영해야 할 수 있다.

즉, 직접 부모/자식 컴포넌트를 직접 참조해야 하거나 이벤트를 통해 상태의 여러 복사본을 변경 및 동기화하려는 등의 복잡한 해결 방법을 사용해야 한다.

이러한 패턴을 가진 애플리케이션은 컴포넌트 간 데이터의 흐름이 복잡하기 때문에 기능을 개발하면 할수록 단순함이 빠르게 저하되기 시작하고 결국은 너무 복잡해서 유지보수가 불가능한 애플리케이션이 될 수도 있다. 이 문제점을 해결할 수 있는 방법이 바로 Vuex라는 라이브러리다.

5.9.5.2 Vuex 세팅하기

라이브러리를 사용하기에 앞서 먼저 우리 애플리케이션에서 사용할 수 있도록 다음의 명령어를 통해 설치한다.

[코드 5-66] Vuex 라이브러리 설치

```
$ npm install vuex --save
```

Vuex 라이브러리의 설치가 완료되었다면 Vuex Store를 작성할 store 디렉터리를 src 하위 디렉터리로 생성한 후, 차례로 actions, getters, mutations, states, index에 해당하는 파일을 생성한다.

store의 디렉터리 구조

```
├── store
│   ├── actions.js
│   ├── getters.js
│   ├── index.js
│   ├── mutations.js
│   └── states.js
└── ...
```

각 파일을 생성했다면 index 파일에 애플리케이션 내에서 Vuex 라이브러리를 사용
할 수 있도록 등록해준다.

[코드 5-67] store/index.js의 코드

```javascript
// src/store/index.js
import Vue from 'vue';
import Vuex from 'vuex';

import state from './states.js';
import getters from './getters.js';
import mutations from './mutations.js';
import actions from './actions.js';

// Vuex를 사용하기 위해 Vue.use(Vuex)를 먼저 호출한다.
Vue.use(Vuex);

export default new Vuex.Store({
  state,
  getters,
  mutations,
  actions
});
```

Vuex의 Store 인스턴스에는 state, getters, mutations 그리고 actions 등을 이용하
여 생성할 수 있다. 앞서 생성한 파일들을 Vuex의 Store 인스턴스에 추가한다. 이렇
게 생성된 Vuex Store를 애플리케이션의 엔트리 파일인 main.js에 추가해준다.

[코드 5-68] 스토어를 main.js의 Vue 인스턴스 생성부에 삽입한 모습

```javascript
// src/main.js
import Vue from 'vue';
import App from './App.vue';
// 1. 앞서 정의한 store를 가져온다.
import store from './store';

new Vue({
```

```
  el: '#app',
  // 2. Vue 인스턴스에 store 옵션으로 등록한다.
  store,
  render: h => h(App)
});
```

[코드 5-68]과 같이 Vue 인스턴스에 스토어를 등록해주면 Vue Devtools의 Vuex 탭에서 애플리케이션 내의 Vuex를 감지하고 있다는 것을 확인할 수 있다.

> **팁** import store from './store와 같이 해당 디렉터리까지만 경로를 적어주면 그 디렉터리 내에 있는 index.js파일을 찾아서 불러온다. 단, index.js 파일이 해당 디렉터리 내에 없다면 에러가 발생하니 주의해야 한다.

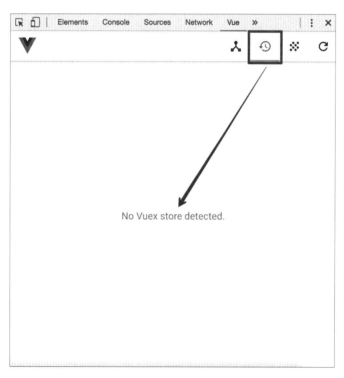

[그림 5-30] Vuex를 등록하기 전의 Vue Devtools의 모습

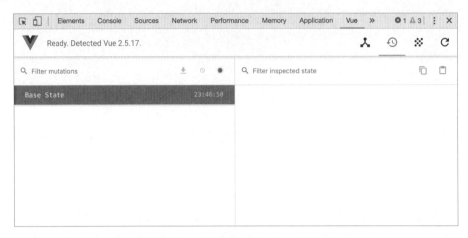

[그림 5-31] Vuex를 등록한 후의 Vue Devtools의 모습

5.9.5.3 Vuex에 데이터 저장한 후 노출 기능 구현하기

[그림 5-31]과 같이 Vue Devtools에서 Vuex를 인식한 것을 Vuex 탭에서 확인했다면 Vuex를 사용할 모든 준비가 끝난 것이다. 이제 우리는 메모 애플리케이션을 위한 상태를 먼저 정의해야 한다. 현재 메모 애플리케이션에서 사용하는 데이터 중 스토어에 저장할 데이터는 MemoApp 컴포넌트에 정의된 memos 상태밖에 없으므로 memos의 상태만 정의하면 된다.

[코드 5-69] states.js 파일에 memos 데이터를 정의

```
// src/store/states.js
export default {
  memos: []
}
```

[코드 5-69]와 같이 정의한 후 다시 Vue Devtools를 확인해보면 [그림 5-32]와 같이 memos에 대한 상태가 생성된 것을 확인할 수 있다.

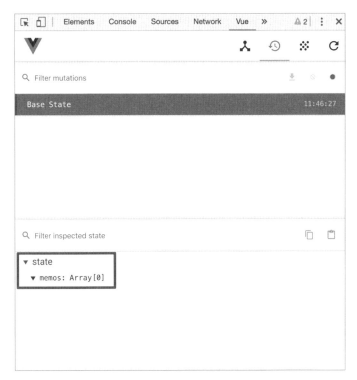

[그림 5-32] 스토어에 memos를 등록한 후의 Vue Devtools의 모습

데이터를 저장할 스토어가 생겼으니 API 호출을 통한 데이터의 결괏값을 스토어의 메모 상태 데이터에 저장하면 된다. 앞서 MemoApp 컴포넌트의 created 훅에서 실행되고 있는 API 호출과 동일한 코드를 actions.js에도 작성해준다. 이전에는 MemoApp 컴포넌트 내의 memos 상태를 API 응답에서 보내준 메모 데이터로 바로 사용하였으나, 액션을 사용할 때는 API 응답 내의 메모 데이터를 commit 메소드를 통해 변이시켜야 한다. 우리는 스토어의 상태를 직접 변경할 수 없다는 사실을 기억하자.

[코드 5-70] actions.js에 데이터롤 호출하는 함수를 작성

```
// src/store/actions.js
// 1. 사용하려는 axios 라이브러리를 가져온다.
import axios from 'axios';
```

```
// 2. 앞서 MemoApp 컴포넌트에서 사용하던 axios 인스턴스를 동일하게 가져온다.
const memoAPICore = axios.create({
  baseURL: 'http://localhost:8000/api/memos'
});

// 3. 사용할 함수를 'fetchMemos'라는 이름의 함수로 정의한다.
export function fetchMemos ([ commit ]) {
  // 4. MemoApp의 created 훅에서 실행되는 함수를 가져온다.
  memoAPICore.get('/')
    .then(res => {
      // 5. API 호출 결과의 데이터와 함께 FETCH_MEMOS라는 이름의 mutation의 커밋을
      한다.
      commit('FETCH_MEMOS', res.data);
    });
}

export default {
  fetchMemos
}
```

mutations.js 파일에 액션에서 커밋한 FETCH_MEMOS 타입과 일치하는 함수를 작성해줘야 한다.

[코드 5-71] FETCH_MEMOS 변이가 작성된 mutations.js

```
// src/store/mutations.js
// 1. 변이 이름을 상수로 선언한다.
const FETCH_MEMOS = 'FETCH_MEMOS';

export default {
  // 2. FETCH_MEMOS 변수를 변이 이름으로 가지는 변이 함수를 작성한다.
  [FETCH_MEMOS] (state, payload) {
    state.memos = payload;
  },
};
```

[코드 5-71]을 살펴보면 변이의 이름을 상수로 선언했다. 물론 상수로 선언하지 않고

사용해도 무방하지만, Flux 패턴에서 변이 이름을 상수로 사용하는 것은 일반적인 방법이므로 예제에서는 상수로 선언하도록 하자.

액션 내 fetchMemos 함수에서 호출한 commit 메소드의 첫 번째 인자로 넣은 값과 변이의 이름이 일치하는 것을 확인할 수 있다. 이러한 변이 이름 상수는 한 곳에서 통합적으로 관리하기 위해 별도의 파일을 만들어 관리하는 것이 좋다.

```
── store
    ├── actions.js
    ├── getters.js
    ├── index.js
    ├── mutations.js
    ├── mutations-types.js
    └── states.js
 ...
```

이렇게 mutations-types.js라는 하나의 파일에서 스토어 내의 변이 이름을 관리하면 스토어를 파악하기 위해 스토어 전체를 보지 않더라도 mutations-types.js 파일만 열어보면 대략적인 스토어의 역할을 파악하기가 쉬워진다. mutations-types 파일을 생성한 후, mutations 파일에 선언한 변이에 대한 타입을 옮기도록 하자.

[코드 5-72] mutations-types.js에 선언한 변이 이름 상수

```
// src/store/mutations-types.js
export const FETCH_MEMOS = 'FETCH_MEMOS';
```

mutations-types.js에 변이 타입을 옮겼다면 mutation.js과 action.js에서도 mutations-types.js에 선언된 해당 변이 타입을 이용하는 형태의 함수로 수정한다.

[코드 5-73] 액션 내에서 변이 이름 상수를 사용하는 모습

```
// src/store/actions.js
// 1. FETCH_MEMOS 상수를 가져온다.
```

```
import { FETCH_MEMOS } from './mutations-types';
// ...
export function fetchMemos ({ commit }) {
  memoAPICore.get('/')
    .then(res => {
      // 2. mutations-types에서 선언된 상수로 mutation의 유형을 변경한다.
      commit(FETCH_MEMOS, res.data);
    });
}
```

[코드 5-74] 변이 내에서 변이 이름 상수를 사용하는 모습

```
// src/store/mutations.js
// 1. 기존 선언된 상수를 삭제한 후, 해당 상수를 mutations-types에서 가져온다.
import { FETCH_MEMOS } from './mutations-types';

export default {
  [FETCH_MEMOS] (state, payload) {
    state.memos = payload;
  },
};
```

이제 작성한 스토어를 MemoApp 컴포넌트 내에서 호출해보도록 하자.

[코드 5-75] MemoApp 컴포넌트 내에서 스토어의 액션 호출

```
// src/components/MemoApp.vue
// ...
// 1. mapActions 헬퍼 함수를 가져온다.
import { mapActions } from 'vuex';

export default {
  name: 'MemoApp',
  created () {
    // 기존의 코드는 삭제한다.
    // memoAPICore.get('/')
    //     .then(res => {
    //         this.memos = res.data;
```

```
  //      });
  // 3. 주입된 actions의 함수를 호출한다.
  this.fetchMemos();
  // ...
},
// ...
methods: {
  // ...
  // 2. mapActions 헬퍼 함수에 사용할 actions 함수를 주입한다.
  ...mapActions([
    'fetchMemos'
  ])
},
}
```

[코드 5-75]와 같이 작성한 후 Vue Devtools를 확인해보면 [그림 5-33]과 같이 현재의 Vuex 상태에 API를 통해 받아온 메모 데이터가 저장된 것을 확인할 수 있다.

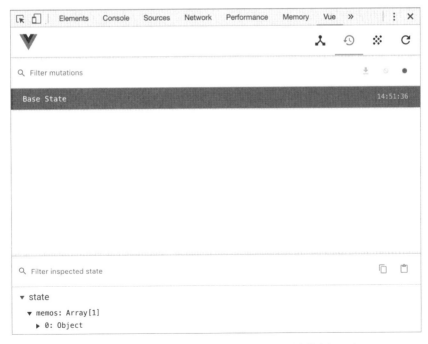

[그림 5-33] 스토어의 상태가 갱신된 모습을 Vue Devtool에서 확인하는 모습

Vuex에 메모 데이터가 저장된 것을 확인했다면 저장된 데이터를 mapState 헬퍼 함수를 이용하여 MemoApp 컴포넌트의 memos 데이터를 교체한다.

[코드 5-76] MemoApp 컴포넌트의 데이터 변경

```
// src/components/MemoApp.vue
// ...
// 1. mapState 헬퍼 함수를 추가한다.
import { mapActions, mapState } from 'vuex';
export default {
  name: 'MemoApp',
  // ...
  // 기존의 데이터는 삭제한다.
  // data () {
  //   return {
  //     memos: [],
  //   };
  // },
  computed: {
    ...mapState([
      'memos'
    ])
  },
  // ...
}
```

5.9.5.4 Vuex에 메모 데이터 추가하기

다음으로 메모 데이터를 추가해볼 것이다. API를 통해 받아온 메모 데이터를 스토어에 저장했던 것과 마찬가지로 기존의 코드를 그대로 활용하되, 현재 스토어에 저장된 메모 상태에 새로운 메모 데이터를 추가해야 한다. 먼저 변이와 변이 이름에 대한 상수를 각각 mutations.js와 mutations-types.js에 추가한다.

[코드 5-77] ADD_MEMO에 대한 변이 이름 선언

```
// src/store/mutations-types.js
// ...
export const ADD_MEMO = 'ADD_MEMO';
```

[코드 5-78] ADD_MEMO 변이 함수 선언

```
// src/store/mutations.js
import {
  FETCH_MEMOS,
  // 1. ADD_MEMO 상수를 가져온다.
  ADD_MEMO
} from './mutations-types';
export default {
  // ...
  [ADD_MEMO] (state, payload) {
    state.memos.push(payload);
  }
};
```

변이 이름과 변이 함수를 선언했다면 이제 MemoApp 컴포넌트의 addMemo 메소드를 삭제하고 actions.js에 다시 작성하여 액션으로 변경해준다.

[코드 5-79] actions.js의 addMemo 함수

```
// src/store/actions.js
import {
  FETCH_MEMOS,
  // 1. Mutation 유형에 대한 상수를 가져온다.
  ADD_MEMO,
} from './mutations-types';

// ...

// ... 2. 기존 MemoApp 메소드의 코드를 그대로 옮겨온다.
export function addMemo ({ commit }, payload) {
```

```
memoAPICore.post('/', payload)
  .then(res => {
    // 3. ADD_MEMO 변이를 호출하고 API를 통해 받아온 메모 데이터를 넘겨준다.
    commit(ADD_MEMO, res.data);
  });
}
export default {
  // ...
  addMemo
}
```

액션 함수까지 작성이 끝났다면 MemoApp 컴포넌트에서 다음의 함수를 mapActions
헬퍼 함수에 등록 후 사용할 수 있다.

[코드 5-80] MemoApp 컴포넌트에 addMemo 액션을 등록한 모습

```
// src/components/MemoApp.vue
export default {
  name: 'MemoApp',
  // ...
  methods: {
    // ...
    ...mapActions([
      'fetchMemos',
      'addMemo'
    ])
  },
  // ...
};
```

> **팁** 기존 컴포넌트에 있던 addMemo 메소드는 반드시 삭제해야 하나요?
>
> [코드 5-80]과 같이 mapActions 헬퍼 함수를 MemoApp 컴포넌트의 methods 제일
> 하단에 넣었다면 원래 MemoApp에 있던 addMemo 함수는 액션인 addMemo 함수에 오버라
> 이딩(Overriding)되어 실행되지 않을 것이다.

[코드 5-81] addMemo 함수의 오버라이딩 예제

```
export default {
  name: 'MemoApp',
  methods: {
    addMemo () {
      // mapActions 헬퍼 함수의 addMemo 함수로 오버라이딩(overriding) 되기 때
      문에 이 메소드는 실행되지 않는다.
    },
    ...mapActions([
      // ...
      'addMemo'
    ])
  },
  // ...
};
```

하지만 mapActions 헬퍼 함수를 기존 함수보다 상단에 추가했다면 반대로 액션 함수인 addMemo를 MemoApp의 메소드인 addMemo가 오버라이딩하게 되어 addMemo 메소드만 실행된다.

[코드 5-82] mapActions 헬퍼 함수의 addMemo 함수 오버라이딩 예제

```
export default {
  name: 'MemoApp',
  methods: {
    ...mapActions([
      // ...
      'addMemo'
    ]),
    addMemo () {
      // mapActions 헬퍼 함수의 addMemo 함수 대신 이 메소드만 실행된다.
    },
  },
  // ...
};
```

그러나 액션 함수와 컴포넌트 메소드의 이름이 addMemoAction, addMemoMethod와 같이 다를 경우에는 두 함수 모두 실행이 가능하다. 하지만 addMemo 메소드의 역할은 스토어의 액션 인 addMemo가 모두 맡고 있으며, 굳이 사용되지 않는 메소드를 남겨둘 필요는 없기에 혹시나 액션의 함수를 작성하면서 기존의 addMemo 함수를 제거하지 않았다면 제거해주도록 하자.

이제 애플리케이션 새로운 메모를 작성해본 후 Vue Devtools를 확인하면 스토어에서 어떠한 데이터가 변이되었는지 확인할 수 있다.

[그림 5-34] ADD_MEMO 변이의 실행을 Vue Devtools에서 확인한 모습

5.9.5.5 Vuex의 데이터 삭제 기능 구현하기

이전에 작성했던 변이들과 마찬가지로 스토어의 상태에 저장된 메모 데이터를 삭제 하는 변이의 이름 상수를 mutations-types.js에 선언한다.

[코드 5-83] DELETE_MEMO 변이의 이름을 mutations-types.js에 선언

```
// src/store/mutations-types.js
// ...
export const DELETE_MEMO = 'DELETE_MEMO';
```

변이 함수 또한 마찬가지로 기존 MemoApp 컴포넌트에 작성된 deleteMemo 함수 를 그대로 옮겨올 것이다. 다만 기존에는 this.memos로 메모 상태에 접근했지만 이

제 메모의 상태는 MemoApp 컴포넌트가 아닌 스토어의 상태로 관리하고 있으므로
this.memos로 작성했던 부분을 state.memos로 변경해주면 된다.

[코드 5-84] 작성된 DELETE_MEMO 변이

```javascript
// src/store/mutations.js
import {
  // ...
  DELETE_MEMO
} from './mutations-types';

export default {
  // ...
  [DELETE_MEMO] (state, id) {
    // this.memos를 state.memos로 변경해줘야 한다.
    const targetIndex = state.memos.findIndex(v => v.id === id);
    state.memos.splice(targetIndex, 1);
  }
};
```

변이의 작성이 끝났다면 이제 액션을 작성하도록 하자.

[코드 5-85] 작성된 deleteMemo 액션

```javascript
// src/store/actions.js
import {
  // ...
  DELETE_MEMO
} from "./mutations-types";

// ...
export function deleteMemo ({ commit }, id) {
  memoAPICore.delete(`/${id}`)
    .then(() => {
      commit(DELETE_MEMO, id);
    });
}
```

```
export default {
  // ...
  deleteMemo
}
```

deleteMemo 액션까지 작성되었다면 이제 컴포넌트 내에서 해당 함수를 mapActions 헬퍼 함수에 등록한 후 기존 컴포넌트 메소드인 deleteMemo 메소드는 삭제한다.

[코드 5-86] MemoApp 컴포넌트에 deleteMemo 액션을 등록한 모습

```
// src/components/MemoApp.vue
export default {
  name: 'MemoApp',
  // ...
  methods: {
    ...mapActions([
      // ...
      'deleteMemo'
    ])
  },
  // ...
};
```

이제 메모 애플리케이션에서 작성된 메모를 삭제해보면 [그림 5-35]와 같이 DELETE_MEMO 변이가 호출되는 모습을 Vue Devtools에서 확인해 볼 수 있다.

[그림 5-35] DELETE_MEMO 변이의 실행을 Vue Devtools에서 확인한 모습

5.9.5.6 Vuex의 데이터 수정 기능 구현하기

마지막으로 남은 기능은 메모 데이터를 수정하는 기능이다. 가장 먼저 변이의 타입을 mutations-types.js에 선언한다.

[코드 5-87] EDIT_MEMO 변이 이름을 mutations-types.js에 선언한 모습

```
// src/store/mutations-types.js
// ...
export const EDIT_MEMO = 'EDIT_MEMO';
```

삭제 기능을 작성할 때와 마찬가지로 메모의 내용을 갱신하는 변이 역시 저장된 메모 데이터 상태를 수정해야 한다. 그렇기 때문에 기존 MemoApp 컴포넌트의 update Memo 함수를 기반으로 작성하되, 컴포넌트 내의 메모 상태로 접근하는 부분을 스토어 내의 메모 상태로 접근하도록 변경해주어야 한다.

[코드 5-88] 작성된 EDIT_MEMO 변이

```
// src/store/mutations.js
import {
  // ...
  EDIT_MEMO
} from "./mutations-types";

export default {
  // ...
  [EDIT_MEMO] (state, payload) {
    const { id, content } = payload;
    // this.memos를 state.memos로 변경해줘야 한다.
    const targetIndex = state.memos.findIndex(v => v.id === id);
    const targetMemo = state.memos[targetIndex];
    state.memos.splice(targetIndex, 1, { ...targetMemo, content });
  }
};
```

EDIT_MEMO 변이 함수의 작성이 끝났다면 이제 액션을 작성하자.

[코드 5-89] 작성된 updateMemo 액션

```
// src/store/actions.js
import {
  //...
  EDIT_MEMO
} from "./mutations-types";

// ...

export function updateMemo ({ commit }, payload) {
  const { id, content } = payload;
  memoAPICore.put(`/${id}`, { content })
    .then(() => {
      commit(EDIT_MEMO, payload);
    });
}

export default {
  // ...
  updateMemo
}
```

작성된 updateMemo 액션 함수를 MemoApp 컴포넌트 내의 mapActions 헬퍼 함
수에 추가한 후, MemoApp 컴포넌트의 메소드인 updateMemo 메소드는 삭제한다.
그 후 메모 애플리케이션에서 메모를 수정해보면 다음의 그림과 같이 vue Devtools
를 통해 어떠한 메모에 데이터가 어떻게 변경되었는지 확인할 수 있다.

[코드 5-90] mapActions 헬퍼 함수를 통한 updateMemo 함수 추가

```
// src/components/MemoApp.vue
export default {
  name: 'MemoApp',
  // ...
```

256

```
methods: {
  // ...
  ...mapActions([
    // ...
    'updateMemo'
  ])
},
// ...
}
```

[그림 5-36] EDIT_MEMO 변이의 실행을 Vue Devtools에서 확인한 모습

5.9.5.7 문제 해결하기

앞서 "5.9.5.1 문제 도출하기"장에서 우리는 AppHeader 컴포넌트에 메모의 개수를 노출하기에는 애플리케이션에 구조적인 문제가 있다는 점을 발견했었다. 이제 애플리케이션의 모든 상태가 중앙 저장소인 스토어에서 관리됨에 따라 컴포넌트의 개수나 컴포넌트 트리의 깊이에 상관없이 각 컴포넌트들 간의 상태 공유가 원활해졌다. 이번에는 Vuex의 게터를 이용하여 AppHeader 컴포넌트에 메모 데이터의 개수를 노출해보도록 한다. 메모의 데이터 개수를 AppHeader 컴포넌트에 노출할 수 있는 방법은 2가지다.

첫 번째는 mapState 헬퍼 함수를 이용하여 직접 스토어의 상태를 가져온 후 노출해주는 방법이 있다.

[코드 5-91] AppHeader 컴포넌트에서 mapState를 사용한 모습

```
import { mapState } from "vuex";

export default {
  name: 'AppHeader',
  computed: {
    getMemoCount () {
      return this.memos.length;
    },
    ...mapState([
      'memos'
    ])
  }
};
```

하지만 이 방법은 다른 컴포넌트에서 메모의 개수에 대한 데이터를 재사용하는 상황
이 생기면 재사용해야 할 컴포넌트의 computed 속성을 사용하여 getMemoCount
게터를 매번 다시 작성해주어야 한다. 이러한 상황을 고려한다면 스토어의 게터로 선
언해두고 mapGetters 헬퍼 함수를 이용하여 사용하는 방식이 더 효율적일 수 있다.

[코드 5-92] getters.js에 getMemoCount 게터 함수 정의

```
// src/store/getters.js
export function getMemoCount (state) {
  return state.memos.length;
}

export default {
  getMemoCount
};
```

먼저 [코드 5-92]와 같이 게터 함수를 정의한다. 이러한 게터 함수를 사용할 컴포넌트
에서는 mapGetters 헬퍼 함수를 이용하여 사용할 수 있다. mapGetters 헬퍼 함수를
이용하여 게터 함수를 컴포넌트에 매핑한 후, AppHeader 컴포넌트의 마크업과 스타

일을 수정하고 getMemoCount 게터를 이용하여 메모의 개수를 노출해주도록 하자.

[코드 5-93] AppHeader 컴포넌트

```vue
<!-- src/components/AppHeader.vue -->
<template>
  <div class="app-header">
    <h1>메모 애플리케이션</h1>
    <p><strong>{{ getMemoCount }}</strong> 개</p>
  </div>
</template>
<script>
  // 1. mapGetters 헬퍼 함수를 추가한다.
  import { mapGetters } from 'vuex';
  export default {
    name: 'AppHeader',
    computed: {
      ...mapGetters([
        // 2. 사용할 게터 함수를 mapGetters 헬퍼 함수를 통해 컴포넌트에 매핑한다.
        'getMemoCount'
      ])
    }
  };
</script>
<style scoped>
  /* ... */
  .app-header p {
    float: right;
    padding-top: 6px;
    font-size: 18px;
    vertical-align: bottom;
  }
  .app-header p strong {
    color: #ff5a00;
  }
</style>
```

5.9.5.8 예측 가능한 애플리케이션 만들기

우리는 "3.3 마치며"장을 통해 애플리케이션의 데이터를 Vuex 안에서 관리하면 내세울 수 있는 장점 중 하나로 예측 가능성에 대해서 이야기를 했다. 이번 챕터에서는 Vuex 라이브러리의 장점을 살리기 위한 예측 가능한 애플리케이션을 만들고자 한다. 지금 우리의 애플리케이션을 살펴보았을 때, 어떠한 메모 데이터가 수정 중인지 확인할 수 있을까? 물론 컴포넌트 내의 데이터 역시 Vue Devtools를 통해 디버깅이 안 되는 것은 아니다.

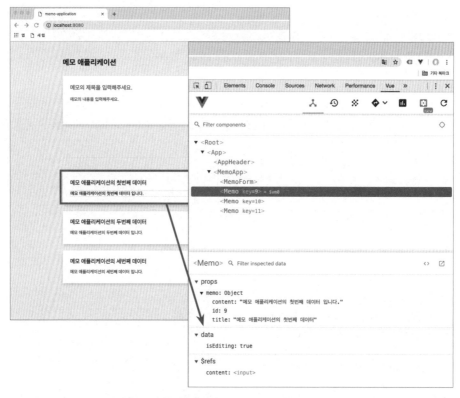

[그림 5-37] 현재 수정 중인 메모 데이터

하지만 메모 데이터가 점점 많아진다면 어떠한 데이터가 수정 중인지 바로 알아차리기 힘들 것이다. 메모 데이터의 양이 많아질수록 모든 컴포넌트의 데이터를 찾을 때

걸리는 시간은 기하급수적으로 늘어날 것이다. 이러한 요소는 우리가 애플리케이션을 제작하고 유지 운영함에서도 개발 퍼포먼스를 저해하는 요소가 된다. 이러한 단점을 개선해보자.

일단 제일 먼저 Vuex의 상태에 현재 수정 중인 ID에 대한 정보를 저장하기 위해 editingId 값을 추가한다.

[코드 5-94] 상태에 editingId 값 추가

```
// src/store/states.js
export default {
  memos: [],
  // 수정 중인 메모의 ID를 저장할 데이터를 추가한다.
  editingId: 0
}
```

그리고 ID 값에 수정 중인 메모의 ID 값을 설정하는 변이와 설정된 ID 값을 해제해주는 변이에 대한 타입과 변이 함수를 추가한다.

[코드 5-95] 변이의 타입 선언

```
// src/store/mutations-types.js
// ...

export const SET_EDITING_ID = 'SET_EDITING_ID';
export const RESET_EDITING_ID = 'RESET_EDITING_ID';
```

[코드 5-96] 변이 함수 선언

```
// src/store/mutations.js
import {
  // ...
  // 1. 각각의 변이의 타입을 추가한다.
  SET_EDITING_ID,
  RESET_EDITING_ID
```

```
} from './mutations-types';

export default {
  // ...
  // 2. 추가된 변이 타입에 대한 함수를 선언한다.
  [SET_EDITING_ID] (state, id) {
    state.editingId = id
  },
  [RESET_EDITING_ID] (state) {
    // 수정 중인 데이터가 없는 경우는 임의의 초기화값 0으로 설정한다.
    state.editingId = 0;
  }
};
```

변이 함수까지 작성이 완료되었다면 Memo 컴포넌트의 기능 일부분을 수정해야
한다. 기존에는 해당 메모가 수정 중인지 여부를 Memo 컴포넌트 내의 데이터를 통해
관리했다면, 앞으로는 개선될 코드에서는 [코드 5-94]에서 추가한 Vuex의 editingId
값을 통해 관리한다. 기존의 수정 중인 여부에 데이터를 삭제한 후, 부모 컴포넌트로
부터 props로 내려받은 데이터를 참조할 수 있도록 수정한다.

[코드 5-97] Memo 컴포넌트

```
// src/components/Memo.vue
export default {
  name: 'Memo',
  props: {
    // ...
    // 1. 부모 컴포넌트로부터 내려받은 editingId에 대한 props를 추가한다.
    editingId: {
      type: Number
    }
  },
  // 2. `수정 중인 여부`에 대한 데이터는 삭제한다.
  // data () {
  //   return {
  //     isEditing: false
  //   }
```

```
    // },
    // 3. 부모로부터 내려받은 props를 통해 현재의 메모가 수정 중인 여부를 computed를 통해
    계산한다.
    computed: {
      isEditing () {
        return this.memo.id === this.editingId;
      }
    },
    // ...
}
```

[코드 5-98] MemoApp 컴포넌트

```
<!-- src/components/MemoApp.vue -->
<template>
  <div class="memo-app">
    <!-- ... -->
    <ul class="memo-list">
      <memo v-for="memo in memos"
            :key="memo.id"
            :memo="memo"
            @deleteMemo="deleteMemo"
            @updateMemo="updateMemo"
            :editingId="editingId"/>
    </ul>
  </div>
</template>

<script>
  // ...

  export default {
    name: 'MemoApp',
    computed: {
      // 1. editingId 값을 mapState를 통해 컴포넌트에 매핑한다.
      ...mapState([
        'memos',
        'editingId'
      ])
```

```
    },
    // ...
  }
</script>
```

부모 컴포넌트인 MemoApp 컴포넌트는 Vuex의 상태에 저장되어 있는 editingId 값을 props를 통해 자식 컴포넌트인 Memo 컴포넌트로 전달해주고 있다. 그리고 Memo 컴포넌트에서 참조하고 있는 editingId 값에 대한 수정은 Memo 컴포넌트에서 focus나 blur 이벤트가 발생할 때 변경되어야 하므로 Memo 컴포넌트의 메소드를 수정하도록 하자.

[코드 5-99] Memo 컴포넌트의 Focus/Blur에 대한 이벤트 함수 수정

```
// src/components/Memo.vue
export default {
  name: 'Memo',
  // ...
  methods: {
    // ...
    handleDblClick () {
      // 컴포넌트 내의 isEditing 데이터를 수정하는 코드는 삭제한다.
      // this.isEditing = true;
      this.$emit('setEditingId', this.memo.id)
      this.$nextTick(() => {
        this.$refs.content.focus();
      });
    },
    // ...
    handleBlur () {
      // 컴포넌트 내의 isEditing 데이터를 수정하는 코드는 삭제한다.
      // this.isEditing = false;
      // 1. blur 이벤트가 발생될 때, ID값을 초기화시켜주는 부모의 이벤트 리스너를 실행한다.
      this.$emit('resetEditingId');
    },
    // ...
    updateMemo (e) {
      const id = this.memo.id;
```

```
        const content = e.target.value.trim();
        if (content.length <= 0) {
          return false;
        }
        this.$emit('updateMemo', { id, content });
        // 컴포넌트 내의 isEditing 데이터를 수정하는 코드는 삭제한다.
        // this.isEditing = false;
        // 수정완료 후, 인풋에서 포커스를 제거한다.
        this.$refs.content.blur();
      },
    }
}
```

[코드 5-100] MemoApp 컴포넌트의 이벤트 리스너 등록

```
<!-- src/components/MemoApp.vue -->
<template>
  <div class="memo-app">
    <!-- ... -->
    <ul class="memo-list">
      <!-- 2. 자식 컴포넌트인 메모 컴포넌트에 mapMutations 헬퍼 함수로 매핑된 각각의
      함수를 이벤트 리스너로 등록한다. -->
      <memo v-for="memo in memos"
            :key="memo.id"
            :memo="memo"
            @deleteMemo="deleteMemo"
            @updateMemo="updateMemo"
            :editingId="editingId"
            @setEditingId="SET_EDITING_ID"
            @resetEditingId="RESET_EDITING_ID"/>
    </ul>
  </div>
</template>

<script>
  // ...
  import { mapActions, mapState, mapMutations } from 'vuex';
  import { RESET_EDITING_ID, SET_EDITING_ID } from "../store/mutations-
  types";
```

```
export default {
  name: 'MemoApp',
  // ...
  methods: {
    // ...
    // 1. mapMutations 헬퍼 함수를 통해 수정 중인 ID값을 설정/해제하는 변이 함수를
    컴포넌트에 매핑한다.
    ...mapMutations([
      SET_EDITING_ID,
      RESET_EDITING_ID,
    ]),
    // ...
  },
  // ...
}
</script>
```

코드를 수정한 후 메모 애플리케이션에서 메모를 수정한 후, Vue Devtools를 살펴보면 각각의 변이들이 순차적으로 일어났음을 확인할 수 있다.

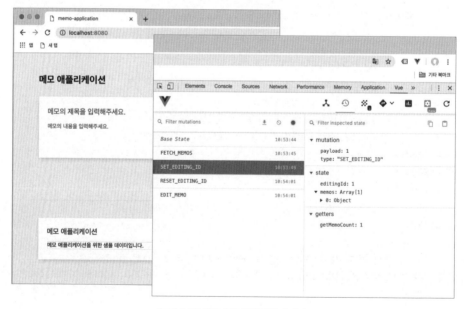

[그림 5-38] 현재 수정 중인 메모 데이터

또한 Vue Devtools에는 순차적으로 일어난 변이들에 대해 Time Travel을 제공하며, 이러한 기능을 통해 해당 변이가 일어날 때의 애플리케이션의 상태를 살펴볼 수 있다.

[그림 5-39] 현재 수정 중인 메모 데이터

이러한 애플리케이션의 상태에 따른 디버깅은 어느 시점에 어떠한 변이가 일어났을 때, 애플리케이션에 문제가 생겼는지 추적할 때 용이하게 사용할 수 있다.

CHAPTER

6

커뮤니티 애플리케이션 만들기

6.1 커뮤니티 애플리케이션 요구 사항 확인하기

6.2 프로젝트 세팅

6.3 커뮤니티 게시글 읽기

6.4 커뮤니티 게시물 데이터 스토어로 옮기기

6.5 커뮤니티 게시글 상세보기 페이지

6.6 회원가입 페이지 구현하기

6.7 로그인 페이지 구현하기

6.8 애플리케이션의 헤더 컴포넌트 작성하기

6.9 게시물 생성 페이지 작성하기

6.10 게시물 수정 페이지 작성하기

6.11 게시물 삭제 기능 작성하기

6.12 게시물에 대한 댓글 기능 추가하기

커뮤니티 애플리케이션 만들기

6.1 커뮤니티 애플리케이션 요구 사항 확인하기

커뮤니티 애플리케이션은 인증 기반으로 이뤄진 CRUD 애플리케이션으로서 타인의 게시물을 조회(Read)할 수 있으며, 자신의 게시물을 생성(Create), 수정(Update), 삭제(Delete)할 수 있다. 먼저 애플리케이션의 요구 사항을 확인해보자.

1. 인증되지 않은 사용자를 포함한 모든 사용자는 타인의 게시물과 댓글을 조회할 수 있다.
2. 인증된 사용자만 게시물이나 댓글을 작성할 수 있다.
3. 인증된 사용자는 자신이 작성한 게시물이나 댓글만 수정, 삭제할 수 있다.
4. 사용자는 다른 사용자의 게시물에 여러 개의 댓글을 남길 수 있다.

이 요구 사항이 의미하는 것이 무엇인지 다시 자세히 살펴보도록 하자.

6.1.1 인증되지 않은 사용자를 포함한 모든 사용자는 타인의 게시물과 댓글을 조회할 수 있다

애플리케이션 내에 접근하는 모든 사용자는 사용자 인증에 대한 절차 없이 모든 게시물과 댓글을 조회할 수 있다. 게시글에 대한 접근 권한은 인증 절차를 거치지 않기 때문이다. 다만 인증되지 않은 사용자가 조회 외의 다른 기능에 접근하려고 하면 정상적인 인증 절차를 거치라는 메시지 노출과 함께 로그인 페이지로 이동시켜 준다.

6.1.2 인증된 사용자만 게시물이나 댓글을 작성할 수 있다

인증된 사용자라고 함은 서버로부터 해당 리소스에 대하여 접근 권한에 해당하는 토큰을 발급받은 사용자를 의미한다. 게시물을 작성하고 싶은 사용자는 회원가입을 통해 자신의 정보를 서버를 통해 데이터베이스에 등록하고 등록한 이메일과 비밀번호를 사용하여 로그인을 진행한 후 토큰을 발급받아야 한다. 토큰을 발급받지 않고 게시물이나 댓글 등록을 요청한다면 서버는 인증이 필요함을 의미하는 '401' 상태를 응답으로 보내줄 것이다. 그러므로 사용자는 인증이 필요한 API를 사용하기 위해 HTTP 헤더의 Authorization 키에 발급받은 토큰을 첨부한 후 통신을 시도해야 한다.

6.1.3 사용자는 자신의 게시물이나 댓글만 수정, 삭제할 수 있다

만약 사용자가 자신의 게시물 이외에 권한이 없는 API에 접근하여 게시물을 수정 및 삭제하려고 한다면 서버에서는 권한 없는 요청을 의미하는 '403' 상태를 응답으로 보내줄 것이다. 물론 클라이언트에서 권한이 없는 요청에 대하여 API 서버에서 방어한다고 하더라도 클라이언트에서 일차적 방어를 통해 서버로의 불필요한 요청을 줄일 의무가 있다. 또한, 클라이언트에서 API 서버의 응답만 믿고 애플리케이션을 작성했다가 API 서버가 오작동하는 상황이 벌어진다면, 허가받지 않은 사용자가 다른 사용자의 게시물을 수정 및 삭제할 수 있는 경우가 생길 수도 있다. 그러므로 클라이언트에서도 이런 상황이 벌어지지 않도록 권한이 없는 사용자가 페이지의 접근하는 것을 방어해주어야 한다. Vue Router의 내비게이션 가드 내에서 게시물을 작성한 사용자와 현재 로그인되어 있는 사용자의 아이디를 비교하면 간단하게 방어할 수 있다.

6.1.4 사용자는 다른 사용자의 게시물에 댓글을 남길 수 있다

사용자는 다른 사용자의 게시물에 댓글을 남길 수 있다. 그렇기 때문에 우리는 게시물을 조회하는 페이지에서 댓글을 작성할 수 있는 컴포넌트를 작성해야 한다는 의미가된다. 또한, 댓글도 게시물과 마찬가지로 자신이 작성한 댓글만 수정 및 삭제가 가능하도록 방어해야 하므로 "6.1.3 사용자는 자신의 게시물이나 댓글만 수정, 삭제할 수있다"와 같이 댓글을 작성한 사용자의 아이디와 현재 로그인되어 있는 사용자의 아이디를 비교하는 방어 논리를 사용하면 된다.

6.2 프로젝트 세팅

6.2.1 프로젝트 생성

새로운 프로젝트를 시작하기에 앞서 메모 애플리케이션을 작성할 때와 마찬가지로 Vue CLI를 통해 프로젝트의 환경을 구축한다. 다만 메모 애플리케이션을 구축할 때와 다른 점은 메모 애플리케이션을 작성할 때는 Vue CLI의 옵션 중 webpack-simple 옵션을 선택했다면 이번 챕터에서 작성할 커뮤니티 프로젝트에서는 webpack-simple 옵션보다 더 다양한 기능을 제공하는 webpack 옵션을 선택한다는 것이다.

[코드 6-1] webpack 옵션을 통해 프로젝트 생성

```
$ vue init webpack board-example-frontend
```

Vue CLI의 webpack 옵션을 이용하여 프로젝트를 생성할 때 vue-router, eslint, 유닛 테스트 등의 옵션을 선택함에 따라 필요한 라이브러리를 쉽게 설치를 할 수 있다. 이번 장에서 진행하는 커뮤니티 애플리케이션 예제에서는 Vue Router만 선택하여 설치한다. [그림 6-1]을 참고하여 옵션을 선택하여 프로젝트 세팅을 진행하도록 하자.

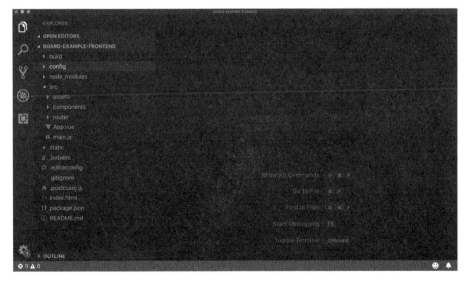

```
● ● ●              데스크탑 — npm < node /usr/local/bin/vue init webpack board-example-frontend — 80×36
Martinui-MacBook-Pro:Desktop martin$ vue init webpack board-example-frontend

   A newer version of vue-cli is available.

   latest:    2.9.6
   installed: 2.9.1

? Project name board-example-frontend
? Project description A Vue.js project
? Author martinyounghoonkim <hoons0131@gmail.com>
? Vue build standalone
? Install vue-router? Yes
? Use ESLint to lint your code? No
? Set up unit tests No
? Setup e2e tests with Nightwatch? No
? Should we run `npm install` for you after the project has been created? (recom
mended) npm

   vue-cli · Generated "board-example-frontend".


# Installing project dependencies ...
# =======================

npm WARN deprecated browserslist@2.11.3: Browserslist 2 could fail on reading Br
owserslist >3.0 config used in other tools.
((          )) .: fetchMetadata: sill mapToRegistry uri https://registry.n
```

[그림 6-1] webpack 옵션을 통해 프로젝트 생성

설치가 완료되면 해당 경로로 우리가 설정한 프로젝트의 이름인 board-example-frontend라는 이름으로 디렉터리가 생성되며 이 디렉터리 안에 프로젝트에 필요한 파일들이 생성된 것을 확인할 수 있다.

[그림 6-2] 생성된 프로젝트의 폴더 구성

이후 npm start 명령어를 통해 개발 서버를 실행시키면 된다.

6.2.2 커뮤니티 애플리케이션의 API 서버 확인 및 스타일 적용하기

이번 장에서 다루는 커뮤니티 애플리케이션은 Vue 프레임워크에 대해서 집중적으로 다룰 예정이므로 애플리케이션 내에서 작성될 스타일에 대해서는 따로 다루지 않는다. 대신 진행하는 예제에 대한 스타일은 API 서버를 통해 별도로 제공하므로 제공된 스타일을 적용하여 진행하도록 하자. 만약 적용을 원치 않는 경우 스타일을 적용하지 않고 각자의 입맛에 맞게 작성하더라도 예제를 진행하는 데는 문제가 되지 않는다. API 서버는 메모 애플리케이션과 동일한 API 서버를 사용하니, 만약 API 서버를 세팅하지 않았다면 "1.5 RESTful API 서버 세팅하기"장을 참고하여 서버를 세팅한 후 진행하도록 하자.

API 서버가 실행되고 있는 상태에서 "http://localhost:8000/assets/index.css"로 접속하면 미리 작성해둔 커뮤니티 애플리케이션의 스타일을 확인할 수 있다.

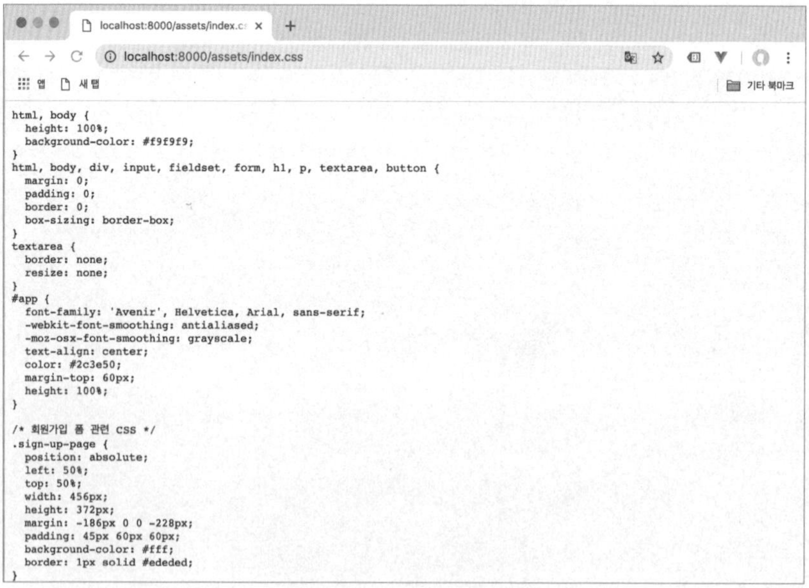

[그림 6-3] API 서버에 저장되어 있는 CSS 파일

이 CSS 파일을 우리 프로젝트에 적용하기 위해 애플리케이션의 루트 컴포넌트인 App.vue 파일의 스타일 영역에 import문을 사용해서 API 서버에 저장되어 있는 CSS 파일을 요청한다.

[코드 6-2] App.vue의 스타일 영역

```
<template>
  <div id="app">
    <!-- 이미지 태그는 제거한다. -->
    <!-- <img src="./assets/logo.png"> -->
    <router-view/>
  </div>
</template>

<script>
export default {
  name: 'App'
}
</script>

<style>
  /* 스타일을 적용해준다. */
  @import 'http://localhost:8000/assets/index.css';

  /* 기존 스타일은 제거하자. */
  /* #app {
    font-family: 'Avenir', Helvetica, Arial, sans-serif;
    -webkit-font-smoothing: antialiased;
    -moz-osx-font-smoothing: grayscale;
    text-align: center;
    color: #2c3e50;
    margin-top: 60px;
  } */
</style>
```

[코드 6-2]와 같이 App 컴포넌트의 스타일 영역에 서버에서 제공해주는 CSS 파일을 요청하도록 작성한 후 브라우저 내 개발자 콘솔의 네트워크 탭에서 확인해보면 서버

에 요청한 CSS 파일을 정상적으로 받아오는 것을 확인할 수 있다.

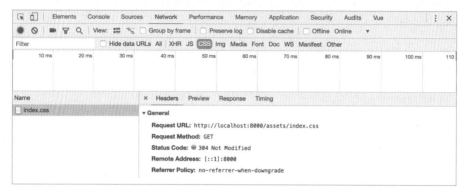

[그림 6-3] Chrome 브라우저의 Network 탭

6.3 커뮤니티 게시글 읽기 기능 구현하기

커뮤니티 애플리케이션의 메인 페이지가 될 게시글 리스트 페이지를 먼저 작성해보
도록 하자. 메인 페이지의 경우 커뮤니티 게시글을 확인할 수 있는 페이지로서 게시
글의 번호, 게시글의 제목, 게시글의 작성자, 게시글의 작성일을 확인할 수 있다. 먼저
처음 Vue CLI를 통해 환경을 구축하면 자동으로 생성되는 HelloWorld 컴포넌트와
라우터 안에서 해당 컴포넌트를 사용하는 부분을 삭제한다. 그 후 'router/index.js'
파일 내에 메인에 해당하는 라우터를 작성하도록 한다. 아직 작성된 컴포넌트가 없기
때문에 연결될 컴포넌트는 임의로 null 값을 부여한다.

[코드 6-3] Vue Router에 Root path를 등록한 화면

```
import Vue from 'vue'
import Router from 'vue-router'
// 1. 자동으로 생성된 HelloWorld 컴포넌트를 삭제한다.
// import HelloWorld from '@/components/HelloWorld'
```

```
Vue.use(Router)

export default new Router({
  // 2. 라우터가 히스토리 모드로 작동하도록 설정한다.
  mode: 'history',
  routes: [
    {
      path: '/',
      name: 'PostListPage',
      component: null
    },
    // 3. Vue CLI에서 자동으로 생성해놓은 예제 라우트를 삭제한다.
    // {
    //   path: '/',
    //   name: 'HelloWorld',
    //   component: HelloWorld
    // },
  ]
})
```

참고   Vue Router의 히스토리(history) 모드는 무엇인가요? Vue Router의 모드에 대한 자세한 설명은 "4.10 해시 모드와 히스토리 모드"장을 참고하도록 하자.

[코드 6-3]과 같이 작성한 후 localhost:8080으로 접속해보면 연결 컴포넌트를 null 값으로 대입했기 때문에 아무것도 그려지지 않은 빈 화면을 볼 수 있다. 이제 이 라우트와 연결될 컴포넌트를 작성해보자. 먼저, src 디렉터리에 pages 디렉터리를 생성하고 PostListPage.vue 파일을 생성한다.

```
├── src
│   └── pages
│       └── PostListPage.vue
```

파일이 생성되었다면 생성된 PostListPage 컴포넌트에 커뮤니티 데이터를 보여줄 UI 화면을 작성한다.

[코드 6-4] 작성된 PostListPage 컴포넌트

```html
<template>
  <div class="post-list-page">
    <h1>포스트 게시글</h1>
    <div>
      <table>
        <colgroup>
          <col style="width: 10%;"/>
          <col style="width: 60%"/>
          <col style="width: 10%"/>
          <col style="width: 20%"/>
        </colgroup>
        <thead>
          <tr>
            <th scope="col">번호</th>
            <th scope="col">제목</th>
            <th scope="col">작성자</th>
            <th scope="col">작성일</th>
          </tr>
        </thead>
        <tbody>
          <!-- 예제 게시물 내용을 작성해보자. -->
          <tr>
            <!-- 게시물 번호 -->
            <td scope="col">1</td>
            <!-- 게시물 제목과 댓글 수 -->
            <td scope="col">게시글의 제목이 노출됩니다.[2]</td>
            <!-- 게시물 작성자 -->
            <td scope="col">홍길동</td>
            <!-- 게시물 작성일 -->
            <td scope="col">2018-01-01 09:00</td>
          </tr>
        </tbody>
      </table>
```

```
      </div>
    </div>
</template>

<script>
export default {
  name: 'PostListPage',
}
</script>
```

작성된 컴포넌트를 해당하는 라우트에 연결한다.

[코드 6-5] 메인 페이지를 연결한 라우터

```
import Vue from 'vue'
import Router from 'vue-router'
// 1. PostListPage 컴포넌트를 추가한다.
import PostListPage from '@/pages/PostListPage'

Vue.use(Router)

export default new Router({
  routes: [
    {
      path: '/',
      name: 'PostListPage',
      // 2. PostListPage 컴포넌트를 라우트와 연결한다.
      component: PostListPage
    }
  ]
})
```

컴포넌트를 라우트와 연결한 후 localhost:8080으로 접속하면 컴포넌트가 해당 라우트에 정상적으로 등록된 것을 확인할 수 있다.

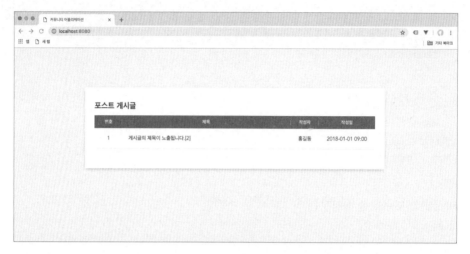

[그림 6-4] 메인 페이지 화면의 모습

화면이 정상적으로 렌더되었다면 API를 연동하기 전에 PostListPage 페이지 내 게시물 데이터를 노출해주는 부분을 별도의 컴포넌트로 분리하자. 즉, PostListPage는 껍데기 역할만 해줄 것이고 실질적인 페이지의 내용은 이제 작성할 분리된 컴포넌트에 작성될 것이다. components 디렉터리 안에 PostList.vue 파일을 생성한 후, PostListPage 컴포넌트의 커뮤니티 데이터를 노출해주는 테이블 부분을 해당 컴포넌트로 옮겨온다.

[코드 6-6] 테이블을 삭제한 PostListPage 컴포넌트의 모습

```
├── src
│   └── components
│       └── PostList.vue

<template>
  <div class="post-list-page">
    <h1>포스트 게시글</h1>
    <!-- 이 부분을 옮겨준다. -->
  </div>
</template>
```

[코드 6-7] 작성된 PostList 컴포넌트의 모습

```html
<template>
  <div>
    <table>
      <colgroup>
        <col style="width: 10%;"/>
        <col style="width: 60%"/>
        <col style="width: 10%"/>
        <col style="width: 20%"/>
      </colgroup>
      <thead>
        <tr>
          <th scope="col">번호</th>
          <th scope="col">제목</th>
          <th scope="col">작성자</th>
          <th scope="col">작성일</th>
        </tr>
      </thead>
      <tbody>
        <tr>
          <td scope="col">1</td>
          <td scope="col">게시글의 제목이 노출됩니다. [2]</td>
          <td scope="col">홍길동</td>
          <td scope="col">2018-01-01 09:00</td>
        </tr>
      </tbody>
    </table>
  </div>
</template>
<script>
export default {
  name: 'PostList'
}
</script>
```

[코드 6-7]과 같이 작성된 PostList 컴포넌트를 PostListPage 컴포넌트에 등록한 후 데이터를 노출해주는 테이블이 있던 자리에 PostList 컴포넌트를 삽입한다.

참고

왜 페이지 컴포넌트와 리스트 컴포넌트를 나눠서 작성하나요?

앞서 우리는 "2.2.2 Vue 컴포넌트의 설계의 일등공신, FIRST 원칙"장에서 컴포넌트 설계 원칙에 대해 언급을 할 때 단일 책임 원칙에서 작은 단위의 모듈을 만들어 조립하는 형태로 개발하게 되면 프로그램에 유연하게 대처할 수 있다는 사실에 관해서 공부했다. 관심사에 따라 작은 단위의 컴포넌트로 나누어서 설계하게 될 경우 컴포넌드의 재사용 측면에서도 큰 효과를 기져올 수 있다.

- 게시물 리스트 페이지: PostList + PostListPage
- 게시물 리스트 모달: PostList + Modal
- 다른 페이지에 게시물 리스트 조회 기능이 추가될 경우: PostList + ExamplePage

물론 현재 작성하고 있는 커뮤니티 애플리케이션과 같이 작은 규모의 애플리케이션에서는 작은 단위로 나누어진 컴포넌트를 재사용하는 경우가 없을 수 있지만, 규모가 큰 애플리케이션에서는 이렇게 캡슐화된 컴포넌트가 반드시 특정 페이지 안에서만 사용한다는 사실이 보장되지 않는다.

비즈니스의 변화에 따라 우리가 작성한 커뮤니티 애플리케이션의 게시판이 또 다른 페이지 혹은 레이어 팝업을 통해 제공되어야 할 때 어떤 하나의 커다란 컴포넌트는 특정 상황에 맞게 작성되는 경우가 많기 때문에 재사용하기가 쉽지 않다. 그러나 작은 단위의 캡슐화된 컴포넌트로 어떤 하나의 책임만 가지도록 작성했다면 상황에 맞게 유연하게 조립해서 사용할 수 있기 때문에 재사용성에 유용한 설계라는 것이다. 이러한 컴포넌트 혹은 애플리케이션의 구조 설계는 정답이 없기 때문에 전적으로 개발자의 몫이다. 여러분이 스스로 컴포넌트를 설계할 때 개발에 걸리는 시간, 컴포넌트의 재사용성, 유지보수의 용이성, 현재 속해있는 조직의 상황 등 여러 가지 측면을 고려하여 프로그래밍 전문가로서 좋은 설계를 가져가길 바란다.

[코드 6-8] PostListPage 컴포넌트

```
<template>
  <div class="post-list-page">
    <h1>포스트 게시글</h1>
    <!-- 3. 테이블이 있던 자리에 PostList 컴포넌트를 삽입한다. -->
    <post-list/>
  </div>
</template>
<script>
// 1. PostList 컴포넌트를 추가한다.
```

```
import PostList from '@/components/PostList'

export default {
  name: 'PostListPage',
  // 2. PostList 컴포넌트를 등록한다.
  components: { PostList }
}
</script>
```

[코드 6-8]과 같이 작성했다면 이제 게시물 리스트 API를 연동하기 위한 모든 준비가
끝났다. 통신을 위한 라이브러리 'Axios'를 설치하도록 하자.

```
$ npm install axios --save
```

API 서버로의 요청 함수를 작성하기 전에 먼저 src 디렉터리 내에 api라는 디렉터리
를 생성하고 내부에 index.js를 생성하자.

```
├── src
│   └── api
│       └── index.js
│
```

생성된 파일 안에서 Axios의 create 메소드를 사용하여 기본 옵션값을 가진 Axios 객
체를 생성해주도록 한다.

[코드 6-9] api/index.js의 모습

```
import axios from 'axios'

export default axios.create({
  baseURL: '//localhost:8000/api'
})
```

참고 **왜 이렇게 간단한 API 모듈을 일부러 따로 분리하는 건가요?**

index.js의 구조는 단순하다. Axios 라이브러리를 가져온 후 Axios의 인스턴스에 create 메소드를 이용하여 기본이 되는 값들을 설정한 후 다시 외부로 내보내는 모듈이다. 이러한 모듈을 별도로 분리한 이유는 코드의 재사용성 및 유지보수의 용이성 때문이다. 만약 클라이언트가 API 서버와 통신할 때마나 각각의 모듈 혹은 컴포넌트에서 Axios를 직접 불러와 사용한다면 기본적으로 다음과 같은 코드를 작성하게 된다.

[코드 6-10] axios 라이브러리를 직접적으로 사용한 경우

```
import axios from 'axios'

axios.get('//localhost:8000/api/endpoint')
```

만약 API를 100번 호출해야 한다면 어떻게 작성하게 될까?

[코드 6-11] 산재되어 있는 axios 라이브러리에 대한 코드

```
axios.get('//localhost:8000/api/endpoint1')
axios.get('//localhost:8000/api/endpoint2')
axios.get('//localhost:8000/api/endpoint3')
// ...
axios.get('//localhost:8000/api/endpoint100')
```

이런 경우 API 서버의 호스트인 'localhost:8000'이 'localhost:3000'으로 변경되거나 통신의 응답을 받은 후 에러가 났을 경우에 특정한 로그를 작성해야 하는 등 기존 로직을 수정해야 하는 상황이 발생하면 여러분은 API 호출 로직을 작성한 100군데를 전부 찾아 변경해줘야 한다. 혹은 무언가의 이슈로 라이브러리를 다른 라이브러리로 교체한다고 한다고 해도 마찬가지일 것이다.

이렇게 기존 코드를 변경해야 하는 상황은 비즈니스에서는 굉장히 빈번하게 발생하는 상황이다. 하지만 [코드 6-9]와 같이 애플리케이션 내에서 사용할 Axios 객체에 대해서 한 군데에서 관리하며 사용한다면 API 엔드 포인트의 호스트를 비즈니스 로직 내에서 작성할 필요가 없을 뿐 아니라 API 호출에 대한 공통 로직을 사용하는 모든 부분에서 작성해줄 필요가 없다.

[코드 6-12] 공통으로 관리되는 axios 객체

```
// src/api/index.js
```

```
import axios from 'axios';

const api = axios.create({
  baseURL: '//localhost:8000/api'
});

export default api;
```

[코드 6-13] 커스터마이징된 axios 객체를 호출하는 예시

```
import api from 'src/api';

api.get('/endpoint1')
api.get('/endpoint2')
api.get('/endpoint3')
// ...
api.get('/endpoint100')
```

마찬가지로 추후 어떤 요인으로 인해 API 서버의 호스트가 변경되거나 공통 설정이 변경되더라도 API를 호출하는 모든 코드를 수정하지 않고 우리가 만든 API 모듈의 옵션만 수정하면 되므로 코드 관리의 편리함 또한 가져갈 수 있다. 혹은 HTTP 통신에 대한 공통 로직을 산재하여 있는 코드에서 하나하나 작성하기보다는 한군데에서 관리할 수 있다는 장점 또한 가지고 있다. 예를 들어 HTTP 통신 자체에 대한 에러 트래킹 로직을 추가한다고 했을 경우, [코드 6-14]와 같이 공통 로직으로 관리할 수 있다.

[코드 6-14] HTTP 통신에 대한 에러 트래킹을 하는 경우

```
import axios from 'axios';

const api = axios.create({
  baseURL: '//localhost:8000/api'
});

api.interceptors.response.use(function (response) {
  return response;
```

```
  }, function (error) {
    // 에러 트래킹을 위한 함수 호출
    sendErrorReport(error);
    return Promise.reject(error);
  });

  export default api;
```

[코드 6-9]와 같이 작성되었다면 다시 PostListPage 컴포넌트로 돌아와 API 모듈을 사용해 커뮤니티 데이터를 받아오도록 하자.

[코드 6-15] PostListPage 컴포넌트의 API 연동

```
<template>
  <div class="post-list-page">
    <!-- ... -->
    <!-- 4. 자식 컴포넌트 props를 통해 posts 데이터를 내려준다. -->
    <post-list :posts="posts"/>
  </div>
</template>
<script>
import PostList from '@/components/PostList'
// 1. 커스텀마이징된 axios 객체를 추가한다.
import api from '@/api'

export default {
  // ...
  // 2. 컴포넌트 내의 데이터를 생성한다.
  data () {
    return {
      posts: []
    }
  },
  // 3. created 훅에서 API 호출을 한 후, 컴포넌트 내의 데이터에 해당 결괏값을 대입한다.
  created () {
    api.get('/posts')
```

```
      .then(res => {
        this.posts = res.data
      })
  },
}
</script>
```

[코드 6-15]와 같이 API 연동이 완료한 후 화면을 확인해보면 아무런 변화도 없는 것을 확인할 수 있다. PostList 컴포넌트에서 게시물의 데이터를 사용한 처리를 마저 해줘야 한다. PostList 컴포넌트로 돌아가 부모 컴포넌트 PostListPage 컴포넌트로부터 props 속성을 통해 내려받은 게시물 데이터를 DOM에 연동해준다.

[코드 6-16] 게시물 데이터가 연동된 PostList 컴포넌트

```
<template>
  <div>
    <table>
      <!-- ... -->
      <tbody>
        <tr v-for="post in posts" :key="post.id">
          <td scope="col">{{ post.id }}</td>
          <td scope="col">
            <!-- 제목을 클릭할 경우, 해당하는 게시물의 상세보기 페이지로 이동되어야 하나,
            지금은 현재 상세보기 페이지가 없기 때문에 임의로 PostListPage로 지정한다.
            -->
            <router-link :to="{ name: 'PostListPage' }">{{ post.title
            }}</router-link>
            [{{ post.comments.length }}]
          </td>
          <td scope="col">{{ post.user.name }}</td>
          <td scope="col">{{ post.createdAt }}</td>
        </tr>
      </tbody>
    </table>
  </div>
</template>
<script>
```

```
export default {
  name: 'PostList',
  props: {
    posts: {
      type: Array
    }
  }
}
</script>
```

[코드 6-16]까지 작성이 완료된 후 localhost:8080에 접속하면 API 서버에서 샘플로 내려주고 있는 데이터가 노출되는 것을 확인할 수 있다.

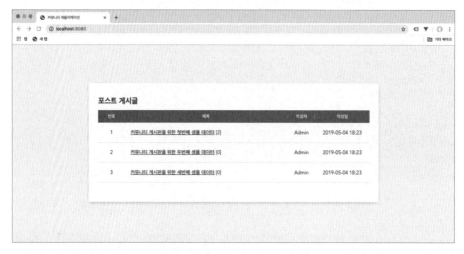

[그림 6-5] 완성된 PostListPage의 화면

6.4 커뮤니티 게시물 데이터 스토어로 옮기기

API 서버로부터 내려받은 게시물 데이터가 정상적으로 노출되는 것을 확인했다면 현재 작성된 데이터를 Vuex의 스토어에 옮겨보도록 하자. 먼저 Vuex를 설치한다.

[코드 6-17] Vuex 라이브러리 설치하는 명령어

```
$ npm install vuex --save
```

다음 Vuex를 위한 액션(actions), 변이(mutations), 변이 이름(mutations-types), 게터(getters), 상태(states)를 위한 파일들을 생성한다.

```
├── src
│   └── store
│       └── actions.js
│       └── getters.js
│       └── index.js
│       └── mutations-types.js
│       └── mutations.js
│       └── states.js
```

스토어를 위한 각각의 파일을 생성했다면 제일 먼저 스토어의 엔트리 파일이 되는 index.js 파일에 Vuex 스토어에 대한 각각의 옵션을 추가한다.

[코드 6-18] Vuex의 기본 설정

```
// src/store/index.js
import Vue from 'vue'
import Vuex from 'vuex'

import state from './states.js'
import getters from './getters.js'
import mutations from './mutations.js'
import actions from './actions.js'

Vue.use(Vuex)

export default new Vuex.Store({
  state,
  getters,
  mutations,
```

```
    actions
})
```

스토어에 필요한 파일을 모두 생성하고 기본적인 코드를 작성했다면, Vuex의 인스턴스를 애플리케이션의 Vue 인스턴스에 store 옵션을 통해 주입한다.

[코드 6-19] 스토어가 주입된 Vue 인스턴스의 모습

```
// src/main.js
// ...
import store from './store'

// ...

new Vue({
  // ...
  store,
  // ...
})
```

Vuex에 대한 기본적인 세팅이 완료되었다면 제일 먼저 상태를 선언할 states.js 파일에 게시물에 대한 상태를 추가한다. 게시물의 상태는 posts라는 키로 선언하자.

[코드 6-20] 스토어에 추가된 게시물 상태

```
// src/store/states.js
export default {
  posts: []
}
```

다음으로 우리가 추가한 스토어의 값을 변경할 수 있는 변이(Mutation)를 작성해야한다. 메모 애플리케이션을 작성할 때와 마찬가지로 mutations-types.js에 먼저 변이 이름을 상수로 선언하고 mutations.js에서 이 변이 이름을 불러와서 사용하도록 하겠다.

[코드 6-21] 변이 이름 상수

```
// src/store/mutations-types.js
export const FETCH_POST_LIST = 'FETCH_POST_LIST'
```

[코드 6-22] FETCH_POST_LIST 변이를 작성한 모습

```
// src/store/mutations.js
import { FETCH_POST_LIST } from './mutations-types'

export default {
  [FETCH_POST_LIST] (state, posts) {
    state.posts = posts
  }
}
```

다음으로 가장 중요한 액션에 대한 코드를 작성할 차례다. fetchPostList 액션 함수를 작성한 후, PostListPage 컴포넌트의 created 혹에서 작성했던 것과 마찬가지로 api 모듈을 사용하여 서버로부터 게시물을 받아올 요청을 생성하도록 함수를 작성한 후 응답으로 내려온 게시물 데이터를 FETCH_POST_LIST 변이의 실행과 함께 인자로 넘겨준다.

[코드 6-23] fetchPostList 액션을 작성한 모습

```
// src/store/actions.js
import api from '@/api'
import { FETCH_POST_LIST } from './mutations-types'

export default {
  fetchPostList ({ commit }) {
    return api.get('/posts')
      .then(res => {
        commit(FETCH_POST_LIST, res.data)
      })
  }
}
```

[코드 6-23]과 같이 작성했다면 액션의 fetchPostList 액션과 FETCH_POST_LIST 변이를 통해 스토어의 상태에 서버로부터 받아온 게시물 자원들을 저장하는 과정까지 끝났다. 다시 PostListPage 컴포넌트로 돌아와 컴포넌트 내에서 API를 호출하던 부분을 fetchPostList 액션으로 변경한다.

[코드 6-24] mapAction 헬퍼 함수를 사용하여 PostListPage 컴포넌트에 액션을 등록한 모습

```
// ...
// 사용하지 않는 코드는 삭제한다.
// import api from '@/api'
// 1. mapActions 헬퍼 함수를 추가한다.
import { mapActions } from 'vuex'

export default {
  // ...
  created () {
    // 3. 매핑된 함수를 실행한다.
    this.fetchPostList()
    // api.get('/posts')
    //     .then(res => {
    //       this.posts = res.data
    //     })
  },
  methods: {
    // 2. mapActions 헬퍼 함수를 컴포넌트에 fetchPostList 함수를 매핑한다.
    ...mapActions(['fetchPostList'])
  }
}
```

[코드 6-24]까지 작성을 완료한 후 localhost:8080에 접속해 Vue Devtools를 이용하여 확인하면 게시물 리스트 API를 호출한 후, FETCH_POST_LIST 변이를 통해 스토어의 상태에 받아온 게시물 데이터를 저장하는 것을 확인할 수 있다.

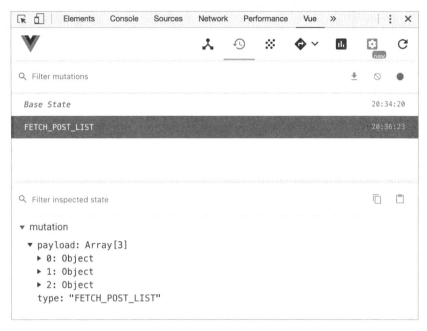

[그림 6-6] Vue Devtools를 통한 FETCH_POST_LIST 변이 디버깅

[그림 6-6]과 같이 데이터가 스토어의 상태에 저장되는 것을 확인했다면 PostListPage 컴포넌트의 data속성을 삭제한 후 mapState 헬퍼 함수를 사용해 스토어의 게시물 상태를 참조하도록 변경한다.

[코드 6-25] mapState 헬퍼 함수를 사용하여 PostListPage 컴포넌트와 스토어의 게시물 상태를 연동한 모습

```
// ...
// 1. mapState 헬퍼 함수를 추가한다.
import { mapState, mapActions } from 'vuex'

export default {
  // ...
  // data () {
  //   return {
  //     posts: []
  //   }
  // },
```

```
  computed: {
    // 2. mapState 헬퍼 함수를 이용하여 posts 상태를 컴포넌트에 매핑한다.
    ...mapState([ 'posts' ])
  },
  // ...
}
```

[코드 6-25]까지 작성한 후 localhost:8080에 접속하여 다시 확인해보면 스토어의 게
시물 데이터가 정상적으로 노출되는 것을 확인할 수 있다.

[그림 6-7] 정상적으로 뷰에 렌더되는 스토어의 게시물 상태들

6.5 커뮤니티 게시글 상세보기 페이지 구현하기

이번 장에서는 게시글에 대한 상세한 정보를 보여주는 상세 페이지를 만든 후, 앞 장에서 생성한 커뮤니티 리스트 페이지의 게시글과 해당 게시글에 대한 상세 페이지로 링크를 연결해줄 것이다. 먼저 pages 디렉터리 내에 PostViewPage.vue파일을 생성한 후 PostViewPage 컴포넌트를 작성한다.

```
├── src
│   └── pages
│       └── PostViewPage.vue
```

[코드 6-26] PostViewPage 컴포넌트

```
<template>
  <div class="post-view-page">
    <div class="post-view">
      <div>
        <h1>게시글의 제목이 노출된다.</h1>
        <span>게시판 번호 1</span>
        <strong>홍길동 . 2019-01-01 09:00</strong>
      </div>
      <p>해당 영역에는 게시글의 콘텐츠 내용이 노출된다.</p>
    </div>
    <router-link :to="{ name: 'PostListPage' }">목록</router-link>
  </div>
</template>

<script>
export default {
  name: 'PostViewPage'
}
</script>
```

작성한 PostViewPage 컴포넌트를 라우터에 연결해준다. 라우터 작성에 앞서 Post ListPage 컴포넌트의 path와는 다르게 path에 동적인 변수가 포함된다는 점에 유의해야 한다. 이에 대한 자세한 설명은 "4.4 동적 라우트 매칭"장을 참고하도록 하자.

[코드 6-27] 라우터에 등록된 PostViewPage 컴포넌트

```js
// src/router/index.js
// ...
import PostViewPage from '@/pages/PostViewPage'

// ...
export default new Router({
  mode: 'history',
  routes: [
    // ...
    {
      path: '/post/:postId',
      name: 'PostViewPage',
      component: PostViewPage
    }
  ]
})
```

PostViewPage 페이지에 대한 라우트가 작성되었다면 PostList 컴포넌트로 돌아가 해당 페이지로 이동할 수 있도록 링크를 수정한다. 앞서 우리는 상세보기 페이지가 없어 임의로 PostListPage의 이름을 가진 라우트를 부여했다. 임의로 부여한 라우트인 PostListPage를 PostViewPage 라우트로 변경하고, params 옵션에 해당하는 게시글의 고유한 번호를 postId 파라미터로 추가한다.

[코드 6-28] PostList 컴포넌트의 router-link 수정

```html
<template>
  <div>
    <table>
      <!-- ... -->
      <tbody>
        <tr v-for="post in posts" :key="post.id">
          <!-- ... -->
```

```
        <td scope="col">

            <!-- 라우터의 name 및 params 값을 수정한다. post.id 값의 타입이
            Number이기 때문에 String으로 변경한다. -->
            <router-link :to="{ name: 'PostViewPage', params: { postId:
            post.id.toString() } }">
                {{ post.title }}
            </router-link> [{{ post.comments.length }}]

        </td>
        <!-- ... -->
      </tr>
    </tbody>
  </table>
 </div>
</template>
```

PostList 컴포넌트 내 router-link 컴포넌트의 to 인자를 수정한 후 게시글 리스트 화
면에서 각 게시물의 제목을 클릭하면 해당 게시글의 고유한 번호를 가진 페이지로 이
동하는 것을 확인할 수 있다.

[그림 6-8] 게시물의 아이디를 가진 라우트로 변경된 모습

라우터의 파라미터로 넘겨받은 게시물 아이디는 이후 API 서버와의 통신 시 게시물을 구분하기 위해 필요한 인자값이기도 하다. API 서버와의 통신에 대한 코드를 작성하기에 앞서 스토어에 게시물 상세 보기 페이지를 위한 게시물 상태(State)를 선언한다. 그리고 이 상태를 업데이트하기 위한 변이와 변이의 이름 또한 선언한다.

[코드 6-29] 상세 보기에 해당하는 상태

```
// src/store/states.js
// 상세 보기 페이지를 위한 게시물 상태인 post를 추가한다.
export default {
  // ...
  post: null
}
```

[코드 6-30] FETCH_POST 변이 타입

```
// src/store/mutations-types.js
// ...
// FETCH_POST 변이 타입을 선언한다.
export const FETCH_POST = 'FETCH_POST'
```

[코드 6-31] FETCH_POST 변이 함수

```
// src/store/mutations.js
import {
  // ...
  // 1. mutations-types에 선언된 FETCH_POST을 추가한다.
  FETCH_POST
} from './mutations-types'
// ...

export default {
  // ...
  // 2. FETCH_POST 변이 타입에 해당하는 함수를 작성한다.
  [FETCH_POST] (state, post) {
    state.post = post
```

```
      }
}
```

다음으로 API 서버와의 통신을 통해 변이를 일으킬 액션을 작성한다. 액션의 함수를
작성할 때 유의할 점은 API 서버 요청 시 해당 게시물의 고유한 아이디인 postId 값을
사용하여 특정한 게시물에 대한 데이터를 요청해야 하므로 액션의 인자로 postId 값
을 넘겨받아야 한다는 것이다.

[코드 6-32] fetchPost 액션 함수

```
// src/store/actions.js
// ...
import {
  // ...
  // 1. mutations-types에 선언된 FETCH_POST 변이 타입을 추가한다.
  FETCH_POST
} from './mutations-types'

export default {
  // ...
  // 2. postId 인자를 받을 수 있는 fetchPost 함수를 작성한다.
  fetchPost ({ commit }, postId) {
    // 3. API 요청 시 인자로 받은 postId를 URI에 포함한다.
    return api.get(`/posts/${postId}`)
      .then(res => {
        // 4. 받아온 데이터와 함께 FETCH_POST 변이를 실행시킨다.
        commit(FETCH_POST, res.data)
      })
  }
}
```

[코드 6-32]까지 작성을 완료했다면 이제 mapActions 헬퍼 함수를 사용하여
fetchPost 액션을 PostViewPage 컴포넌트의 메소드에 매핑한다.

[코드 6-33] PostViewPage 컴포넌트

```
// src/pages/PostViewPage.vue
// 1. mapActions 헬퍼 함수를 추가한다.
import { mapActions } from 'vuex'

export default {
  // ...
  methods: {
    // 2. fetchPost 함수를 mapActions 헬퍼 함수를 컴포넌트 메소드에 매핑한다.
    ...mapActions([ 'fetchPost' ])
  }
}
```

앞서 fetchPost 함수를 작성할 때 우리는 postId를 받아 API를 호출하도록 작성했다. 액션 함수를 호출하는 곳은 PostViewPage 컴포넌트의 내부가 될 것이기 때문에 우리는 라우터의 파라미터로 할당되어 있는 postId 값을 PostViewPage 컴포넌트로 가져와야 한다. 라우트의 props 옵션을 true로 설정함으로써 컴포넌트의 props를 통해 라우트의 파라미터에 접근할 수 있다.

[코드 6-34] PostViewPage 라우트의 props 옵션을 true로 설정한 코드

```
// src/router/index.js
// ...

export default new Router({
  // ...
  routes: [
    {
      path: '/post/:postId',
      name: 'PostViewPage',
      component: PostViewPage,
      // props 옵션을 true로 설정한다.
      props: true
    },
  ]
})
```

[코드 6-34]와 같이 라우트의 props 옵션을 true로 설정하면 PostViewPage 컴포넌트의 props에 라우트 파라미터가 주입되기 때문에 컴포넌트 내에서 this.postId와 같은 문법으로 라우트 파라미터에 접근할 수 있다.

[코드 6-35] 라우트 파라미터인 postId 값을 사용해 액션을 호출하는 모습

```
// src/pages/PostViewPage.vue
export default {
  // ...
  // 1. PostViewPage 컴포넌트의 path에 정의한 동적 세그먼트 값 postId에 대한 props
  값을 설정한다.
  props: {
    postId: {
      type: String,
      required: true
    }
  },
  created () {
    // 2. fetchPost 액션 실행 시 props를 통해 내려받은 postId값의 인자와 함께 호출
    한다.
    this.fetchPost(`/${this.postId}`)
      .catch(err => {
        // 3. 에러 발생 시, 메시지를 노출 후 이전 페이지로 보내주는 방어코드를 추가한다.
        alert(err.response.data.msg)
        this.$router.back()
      })
  },
  // ...
}
```

PostViewPage 컴포넌트의 created 훅에서 액션 호출 함수를 작성한 후, "localhost:8080/post/1"에 접속하여 Vue Devtools를 확인해보면 API 호출 결과에 대한 데이터가 FETCH_POST 변이를 통해 스토어의 상태에 저장되는 것을 확인할 수 있다.

[그림 6-9] FETCH_POST 변이가 실행된 모습

반대로 "localhost:8080/post/invalid"와 같이 존재하지 않은 게시글의 유효하지 않은 데이터를 호출한 경우는 API 서버에서 내려주는 메시지를 노출해준 후 이전의 페이지로 보내준다. API를 통해 스토어에 저장된 게시물 데이터를 보여줄 PostView 컴포넌트를 components 디렉터리 안에 PostView.vue 파일을 생성한 후 작성하도록 하자.

```
├── src
│   └── components
│       └── PostView.vue
```

[코드 6-36] PostView 컴포넌트

```vue
<!-- src/components/PostView.vue -->
<template>
  <div class="post-view">
    <div>
      <h1>{{ post.title }}</h1>
      <span>게시물 번호 {{ post.id }}</span>
      <strong>{{ post.user.name }} . {{ post.createdAt }}</strong>
    </div>
    <p>{{ post.contents }}</p>
  </div>
</template>

<script>
export default {
  name: 'PostView',
  props: {
    post: {
      type: Object,
      required: true,
      validator (post) {
        // post props에 대한 벨리데이션을 추가한다.
        const isValidPostId = typeof post.id === 'number'
        const isValidTitle = !!post.title && post.title.length
        const isValidContents = post.contents && post.contents.length
        return isValidPostId && isValidTitle && isValidContents
      }
    }
  }
}
</script>
```

PostView 컴포넌트는 props를 통해 컴포넌트 외부로부터 게시물 데이터를 주입받고 그 데이터를 사용하여 뷰를 렌더하는 단순한 구조다.

[코드 6-37] PostViewPage 컴포넌트

```
<!-- src/pages/PostViewPage.vue -->
<template>
  <div class="post-view-page">
    <!-- <div class="post-view">
      <div>
        <h1>게시글의 제목이 노출된다.</h1>
        <span>게시판 번호 1</span>
        <strong>홍길동 . 2019-01-01 09:00</strong>
      </div>
      <p>해당 영역에는 게시글의 콘텐츠 내용이 노출된다.</p>
    </div> -->

    <!-- 3. 임시로 작성했던 엘리먼트를 삭제하고 PostView 컴포넌트를 추가한다. -->
    <post-view :post="post"/>
    <router-link :to="{ name: 'PostListPage' }">목록</router-link>
  </div>
</template>
<script>
// 1. mapState 헬퍼 함수와 PostView 컴포넌트를 추가한다.
import { mapState, mapActions } from 'vuex'
import PostView from '@/components/PostView'

export default {
  name: 'PostViewPage',
  components: { PostView },
```

```
  // ...
  computed: {
    // 2. mapState 헬퍼 함수를 통해 컴포넌트의 데이터에 post를 매핑한다.
    ...mapState([ 'post' ])
  },
  // ...
}
</script>
```

PostViewPage 컴포넌트에 PostView 컴포넌트를 주입한 후 localhost:8080/post/1
에 접속하여 확인해보면 브라우저 콘솔에 다음과 같은 에러 메시지들을 확인할 수
있다.

[코드 6-38] 콘솔에 나타난 에러 메시지들

```
> [Vue warn]: Invalid prop: type check failed for prop "post". Expected
Object, got Null
> [Vue warn]: Error in render: "TypeError: Cannot read property 'title'
of null"
> TypeError: Cannot read property 'title' of null
```

이 에러 제목들 밑에 있는 정보들은 이 에러가 어디서 발생했는지 알려주는 정보이므
로 따로 기재하지는 않았다. 에러 메시지의 앞쪽에 [Vue warn]로 표시된 것은 Vue
에서 알려주는 경고다. 즉, 현재 상황에서는 딱히 문제가 없어보일 수 없으나 추후 다
른 상황에서는 에러가 발생할 잠재위협을 가지고 있다는 것을 의미하기 때문에 개
발 중에 코드를 실행해봤을 때 문제가 없다고 해서 가벼이 넘어가면 안 된다. 그리고
TypeError는 말 그대로 에러이기 때문에 반드시 수정하고 넘어가야 한다. 그럼 [코드
6-38]의 에러 메시지들의 원인을 하나하나 알아보고 해결해보자.

6.5.1 에러에 대한 설명

6.5.1.1 Invalid prop 경고

먼저 가장 위쪽의 Invalid prop이라는 경고는 메시지 그대로 "post라는 props 속성의 값으로 Object 자료형을 가진 값이 할당되는 것을 기대했으나 null을 얻었다"라는 것이다. 이 경고는 우리가 required 옵션을 줬던 PostView 컴포넌트의 post props 속성으로 올바른 게시물 데이터가 아닌 null 값이 할당되었기 때문에 발생한 경고다.

[코드 6-39] PostView 컴포넌트의 post props속성

```
// src/components/PostView.vue
export default {
  name: 'PostView',
  props: {
    // post props 속성은 반드시 Object 자료형을 가진 변수만 받아들일 수 있다.
    post: {
      type: Object,
      required: true,
      validator (post) {
        // ...
      }
    }
  }
}
```

이 문제를 해결하려면 post props속성의 required 옵션을 false로 변경하거나 혹은 반드시 Object 자료형만 post props 속성에 들어올 수 있도록 보장해주면 된다. PostView 컴포넌트가 정상적으로 게시물 데이터를 표시해주기 위해서는 post 변수에 게시물 데이터가 반드시 담겨있어야 하므로 우리는 required 옵션을 변경하는 것이 아니라 반드시 post 변수에 게시물 데이터가 있다는 것을 보장해주는 방향으로 에러를 수정할 것이다.

6.5.1.2 Error in render

이 경고는 Vue가 컴포넌트를 렌더하는 중에 뭔가 에러가 발생했을 때 표시되는 경고다. 에러의 원인은 [Vue warn] 뒤쪽으로 표시되며 에러의 원인은 컴포넌트의 태그 쌍이 맞지 않거나 렌더 시 필요한 데이터가 존재하지 않거나 컴포넌트의 자바스크립트 부분에서 주입하지 않은 컴포넌트를 사용하는 등 다양하다. 이번 경고의 경우는 타입 에러이기 때문에 컴포넌트가 렌더될 당시 필요한 데이터의 자료형이 올바르지 않기 때문에 제대로 변수에 접근하지 못한 경우다.

6.5.1.3 TypeError: Cannot read property 'title' of null

TypeError: Cannot read property 'title' of null이라는 에러 메시지는 말 그대로 "null의 title이라는 속성을 읽어 들일 수 없습니다"라는 에러다. title 속성 자체가 null 값이라는 뜻이 아니다. 이 경우 우리는 컴포넌트에서 어떤 변수에 접근해서 title 속성을 사용하려고 했는지 살펴봐야 한다. PostView 컴포넌트의 경우 post 변수 내의 title 속성에 접근하고 있기 때문에 컴포넌트가 렌더될 당시 post 변수가 null 값이라는 것을 의미한다.

6.5.1.4 해결 방법

결국 개발자 도구의 콘솔에 표시된 3개의 에러의 원인은 모두 같다. 컴포넌트가 렌더될 당시 post 변수가 null 값이라는 것이 문제다. 우리는 컴포넌트가 post 변수에 접근하려고 할 때 이 변수가 null 값이 아니도록 조치해줘야 한다.

[코드 6-40] PostViewPage 컴포넌트에 주입된 PostView 컴포넌트에 v-if를 사용하여 렌더 조건을 만들어준 모습

```
<!-- src/pages/PostViewPage.vue -->
<template>
  <div class="post-view-page">
    <!-- ... -->
    <!-- 1. 게시물 데이터가 있는 경우에는 컴포넌트가 노출된다. -->
```

```
    <post-view v-if="post" :post="post"/>
    <!-- 2. 게시물 데이터가 없는 경우에는 '게시글 불러오는 중...' 문구가 노출된다. -->
    <p v-else>게시글 불러오는 중...</p>
    <!-- ... -->
  </div>
</template>
```

우리는 post 변수가 null이나 undefined와 같은 Falsy 값이 아닐 경우에만 PostView 컴포넌트가 렌더되도록 변경하는 것으로 이 문제를 해결할 수 있다. 자바스크립트의 Truthy, Falsy 값에 대한 내용은 "7.1 Truthy 값과 Falsy 값"장에 자세히 설명되어 있으니 참고하도록 하자.

post 변수에 담긴 게시물 데이터는 API 서버와 통신이 성공적으로 완료된 이후 변수에 담기는 비동기 처리방식 때문에 컴포넌트가 렌더될 때 반드시 이 값이 존재할 것이라고 보장할 수 없기 때문에 반드시 이런 예외처리를 해줘야 한다. 서버와의 통신이 성공적으로 완료되고 post 변수에 게시물 데이터가 담기게 되면 Vue가 감지해서 PostView 컴포넌트를 렌더할 것이다. 그로 인해 PostView 컴포넌트는 렌더될 때 항상 post 변수에 게시물 데이터가 제대로 담겨있는 상태를 보장받을 수 있게 된다.

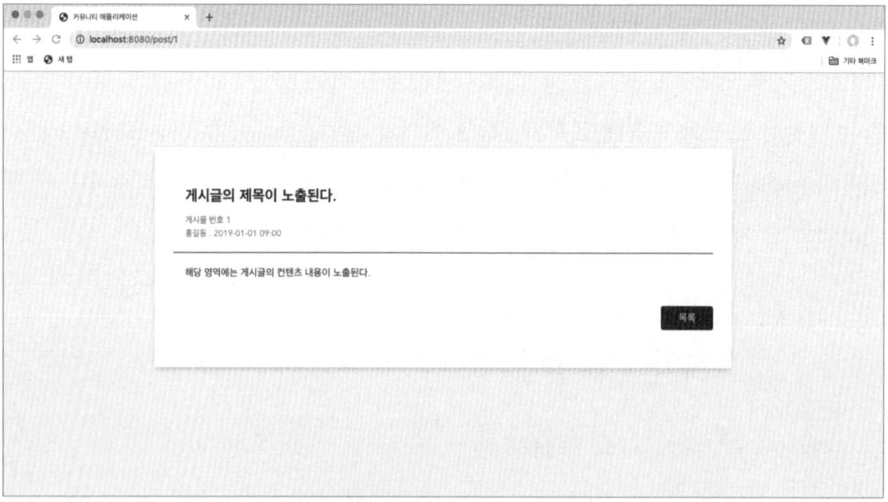

[그림 6-10] 에러 없이 노출되고 있는 PostView 컴포넌트

6.6 회원가입 페이지 구현하기

"6.3 커뮤니티 게시글 읽기 기능 구현하기"에서 우리는 인증되지 않은 사용자를 포함한 모든 사용자를 대상으로 게시물을 조회할 수 있는 기능을 작성했다. 하지만 이후부터 작성되는 기능의 경우 인증된 사용자를 대상으로 하는 기능이기 때문에 게시물과 관련된 다음 페이지를 작성하기 전 사용자가 자신의 정보를 서버에 등록할 수 있는 회원가입 페이지를 먼저 작성하려고 한다. 먼저, 회원가입 페이지가 될 Signup 컴포넌트를 작성해보자. src 디렉터리에 pages 디렉터리를 생성하고 Signup.vue 파일을 생성한다.

```
├── src
│   └── pages
│       └── Signup.vue
```

회원가입 페이지가 될 Signup.vue 파일을 생성했다면 이제 컴포넌트를 작성해보자.

[코드 6-41] 기본적인 형태를 갖춘 Signup 컴포넌트

```
<!-- src/pages/Signup.vue -->
<template>
<div class="sign-up-page">
    <h3>회원가입</h3>
  </div>
</template>

<script>
export default {
  name: 'Signup',
}
</script>
```

[코드 6-41]과 같이 작성했다면 router/index.js파일 내에서 "/signup" 라우트에 Signup 컴포넌트를 등록한다.

```
// src/router/index.js
// ....
// 1. Signup 컴포넌트를 추가한다.
import Signup from '@/pages/Signup'

Vue.use(Router)

export default new Router({
  routes: [
    // ...
    // 2. Signup 라우트를 등록한다.
    {
      path: '/signup',
      name: 'Signup',
      component: Signup
    }
  ]
})
```

컴포넌트를 라우터와 연결한 후 localhost:8080/signup으로 접속해보면 회원가입이라는 글자가 적힌 Signup 컴포넌트의 모습을 확인할 수 있다.

[그림 6-11] 연결된 Signup 컴포넌트 페이지

310

제목 하단으로는 사용자가 자신의 정보를 입력할 수 있는 회원가입 폼이 들어간다. component 디렉터리 안에 SignupForm 컴포넌트 파일을 생성하자.

```
├── src
│   └── components
│       └── SignupForm.vue
```

SignupForm 컴포넌트에는 사용자의 정보를 입력받을 인풋 엘리먼트들과 이와 연동될 모델들이 추가되어야 한다. 커뮤니티 애플리케이션의 회원가입 API에서 필요로 하는 사용자의 정보는 [표 6-1]과 같다.

[표 6-1] 회원가입 API의 필요 정보

속성 이름	자료형	설명
name	String	사용자의 이름
email	String	사용자의 이메일
password	String	사용자의 비밀번호

[표 6-1]을 살펴보면 우리가 사용자에게 입력받아야 할 정보는 이메일, 이름, 비밀번호다. 추가로 선언되어 할 데이터는 비밀번호 확인에 대한 데이터다. 다만 API에서 필요로 하는 데이터에 비밀번호 확인에 대한 데이터가 빠진 이유는 비밀번호 일치 여부에 대한 검증은 서버 쪽에서 이뤄지지 않기 때문이다. 그렇기 때문에 클라이언트 단에서 재입력된 비밀번호 검증 체크를 한 후, API 서버로 요청을 보내게 된다. 밸리데이션에 대한 내용은 뒤에서 다시 설명하겠다.

사용자의 이름, 이메일, 비밀번호, 비밀번호 재입력에 대한 인풋 엘리먼트와 사용자에게 입력받은 정보와 연동될 모델을 선언한 후 인풋 엘리먼트에 v-model 디렉티브를 사용하여 연결해준다. 그리고 정보 입력을 완료한 사용자가 클릭할 수 있는 회원가입 버튼도 함께 생성해준다.

```html
<!-- src/components/SignupForm.vue -->
<template>
  <form novalidate>
    <fieldset>
      <!-- 이름 입력 엘리먼트 -->
      <input type="text"
             v-model="name"
             placeholder="이름을 입력해주세요." />
      <!-- 이메일 입력 엘리먼트 -->
      <input type="email"
             v-model="email"
             placeholder="이메일을 입력해주세요." />
      <!-- 비밀번호 입력 엘리먼트 -->
      <input type="password"
             v-model="password"
             placeholder="비밀번호를 입력해주세요." />
      <!-- 비밀번호 확인 입력 엘리먼트 -->
      <input type="password"
             v-model="passwordConfirm"
             placeholder="비밀번호를 다시 한번 입력해주세요." />
      <!-- 회원가입 버튼 -->
      <button type="submit">회원가입</button>
    </fieldset>
  </form>
</template>
<script>
export default {
  name: 'SignupForm',
  data () {
    return {
      name: '',
      email: '',
      password: '',
      passwordConfirm: ''
    }
  }
}
</script>
```

form 엘리먼트에 추가한 novalidate 속성은 HTML5의 자체적인 유효성 검사를 하지 않도록 설정한 것이다. HTML5의 유효성 검사는 브라우저마다 동작이 통일되지 않기 때문에 우리는 직접 유효성 검사를 진행할 것이다. 이렇게 Signup 컴포넌트 내에 작성된 회원가입 폼 컴포넌트를 추가한 후, 브라우저에서 확인하면 간단한 회원가입 페이지의 UI를 확인할 수 있다.

[코드 6-44] Signup 컴포넌트에 추가된 SignupForm 컴포넌트

```
<!-- src/pages/Signup.vue -->
<template>
  <div class="sign-up-page">
    <h3>회원가입</h3>
    <!-- 3. 커스텀 엘리먼트를 이용하여 template 영역에 추가한다. -->
    <signup-form />
  </div>
</template>
<script>
// 1. SignupForm 컴포넌트를 Signup 컴포넌트에 추가한다.
import SignupForm from '@/components/SignupForm'
export default {
  name: 'Signup',
  // 2. 추가된 SignupForm 컴포넌트를 components에 등록한다.
  components: { SignupForm }
}
</script>
```

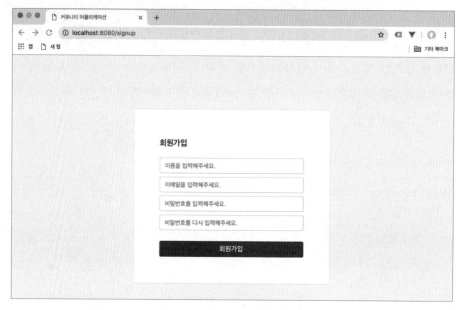

[그림 6-12] 완성된 회원가입 페이지의 UI

회원가입 폼에 대한 기본적인 UI를 완성했으니 이제 form 엘리먼트의 submit 이벤트가 호출되었을 때 실행할 함수를 작성할 차례다.

[코드 6-45] 폼의 회원가입 버튼을 클릭하면 호출될 submit 메소드를 작성한 모습

```
<!-- src/components/SignupForm.vue -->
<template>
  <form @submit.prevent="submit" novalidate>
    <!-- ... -->
  </form>
</template>
<script>
export default {
  name: 'SignupForm',
  // ...
  methods: {
    submit () {
      const { name, email, password, passwordConfirm } = this
      if (!name || !email || !password || !passwordConfirm) {
```

```
        alert('모든 항목을 입력해주세요.')
      }
      if (password !== passwordConfirm) {
        alert('비밀번호가 일치하지 않습니다.')
        return
      }
      this.$emit('submit', { name, email, password })
    }
  }
}
```

우리가 작성하는 애플리케이션에서의 밸리데이션은 API 호출 시 API 서버에서 한 번
더 데이터들에 대한 검증을 거친 후 데이터의 보정이 필요한 경우 에러 메시지를 결
괏값으로 내려주기 때문에 클라이언트에서는 최소한의 밸리데이션만 검증을 거친 후
요청을 날리도록 작성한다.

> **참고** **서버에서 검증하는 데이터를 왜 클라이언트에서 또 검증을 해야 하나요?**
>
> 일반적으로 클라이언트에서 데이터의 검증을 거친 후 API 서버로 요청을 보내더라도
> API 서버에서 한 번 더 검증을 한다. 그러나 클라이언트에서 유효성 검증을 마친다면 유효성 검증
> 에 대한 오류를 반환하는 서버로의 통신 왕복 비용을 줄여 서버의 부하를 줄일 수 있다. 그뿐만 아
> 니라 사용자가 어떤 액션을 한 후 서버에 요청을 보내고 응답을 기다리는 시간을 절약할 수 있기
> 때문에 보다 빠른 피드백을 받을 수 있어 좋은 사용자 경험을 선사할 수 있다.

[코드 6-45]와 같이 SignupForm 컴포넌트의 작성을 완료했다면 pages 디렉터리 안
의 Signup 컴포넌트에 SignupForm 컴포넌트를 추가한 후 SignupForm 컴포넌트의
submit 이벤트 리스너인 onSubmit 함수를 선언한다.

[코드 6-46] Signup 컴포넌트에 이벤트 리스너를 등록한 모습

```
<!-- src/pages/Signup.vue -->
<template>
  <div class="sign-up-page">
```

```
    <h1>회원가입</h1>
    <!-- 3. 등록된 컴포넌트를 사용한다. -->
    <signup-form @submit="onSubmit"/>
    <!-- 4. 로그인 페이지가 생성되지 않았기 때문에 임의로 Signup 컴포넌트를 부여한다.
    -->
    <p>이미 가입하셨나요? <router-link :to="{ name: 'Signup' }">로그인하러 가기
    </router-link></p>
  </div>
</template>
<script>
export default {
  name: 'Signup',
  // ...
  methods: {
    onSubmit (payload) {
      console.log(payload)
    }
  }
}
</script>
```

SignupForm 컴포넌트의 submit 이벤트가 발생하면 이벤트 핸들러로 등록된 Signup 컴포넌트의 onSubmit 메소드가 호출될 것 이다. 이제 우리는 onSubmit 메소드의 payload 인자를 통해 사용자가 입력한 데이터를 확인할 수 있다. 한번 직접 회원가입에 필요한 값을 입력해보고 브라우저 콘솔에 표시되는 정보가 이상 없는지 확인해보도록 하자. 데이터가 이상 없이 잘 넘어오고 있다면, API 서버로 회원가입 요청을 보낼 때 이 데이터를 사용할 준비가 된 것이다.

[코드 6-47] onSubmit 메소드 내부에 API 서버와 통신하는 코드를 작성한 모습

```
// src/pages/Signup.vue
// ...
import api from '@/api' // api 모듈을 추가한다.
export default {
  // ...
  methods: {
```

```
  onSubmit (payload) {
    const { email, password, name } = payload
    api.post('/auth/signup', { name, email, password })
      .then(res => {
        // 1. 회원가입이 성공했다면 사용자에게 회원가입이 성공했다는 메시지를 노출하고 메
        인화면으로 이동한다.
        alert('회원가입이 완료되었습니다.')
        this.$router.push('/')
      })
      .catch(err => {
        // 3. 회원가입이 실패했다면 서버로부터 전송받은 에러 메시지를 보여준다.
        alert(err.response.data.msg)
      })
  }
 }
}
```

모든 코드를 작성했다면 이제 localhost:8080/signup 페이지에 접속해서 회원가입을
진행해보고 테스트를 진행해보자. 정상적으로 서버에 사용자의 데이터가 저장되었다
면 "회원가입이 완료되었습니다"라는 메시지가 노출될 것이다.

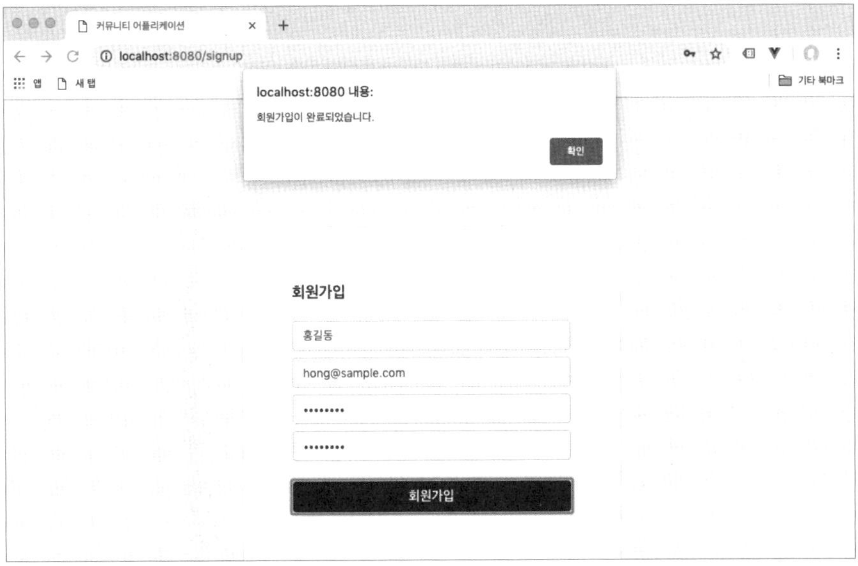

[그림 6-14] 회원가입이 성공적으로 완료되어 노출된 경고창

하지만 만약 이름, 이메일, 비밀번호 등 회원가입 시 필요한 데이터 중 글자 수 혹은
형식이 잘못된 경우에는 서버에서 밸리데이션 정책에 따라 데이터를 검사한 후 응답
으로 보내준 에러 문구가 노출되는 것을 확인할 수 있다.

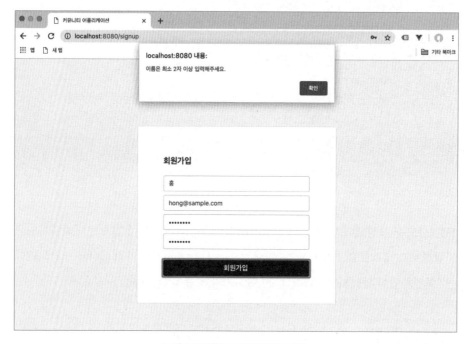

[그림 6-15] 잘못된 이름을 입력한 모습

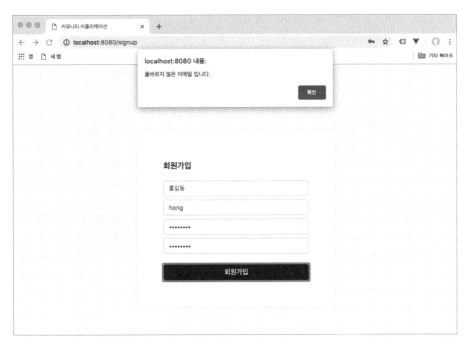

[그림 6-16] 잘못된 형식의 이메일 주소를 입력한 모습

6.7 로그인 페이지 구현하기

6.7.1 페이지 및 폼 컴포넌트 작성

다음으로 사용자가 등록한 정보를 이용하여 서버의 인증을 받을 수 있는 로그인 페이지를 작성하도록 하자. 로그인 페이지도 회원가입 페이지와 폼의 구성만 다를 뿐 전체적인 흐름은 동일하다. Signup 컴포넌트와 마찬가지로 pages 디렉터리 안에 로그인 페이지가 될 Signin 컴포넌트 파일을 위치시킬 것이다.

```
├── src
    └── pages
        └── Signin.vue
```

[코드 6-48] 기본적인 형태를 갖춘 로그인 페이지 컴포넌트

```html
<!-- src/pages/Signin.vue -->
<template>
<div class="sign-in-page">
  <h3>로그인</h3>
  <!-- 로그인 폼이 들어올 위치 -->
  <p>회원이 아니신가요? <router-link :to="{ name: 'Signup' }">회원가입하러 가기
  </router-link></p>
</div>
</template>

<script>
export default {
  name: 'Signin'
}
</script>
```

[코드 6-48]과 같이 Signin 컴포넌트를 작성했다면 이제 작성한 컴포넌트를 라우터에
등록해줄 차례다.

[코드 6-49] Signin 컴포넌트 라우터에 등록

```javascript
// src/router/index.js
// ....
// 1. Signin 컴포넌트를 추가한다.
import Signin from '@/pages/Signin'

Vue.use(Router)

export default new Router({
  routes: [
    // ...
    // 2. Signin 라우트를 등록한다.
    {
      path: '/signin',
      name: 'Signin',
      component: Signin
```

```
      }
    ]
})
```

[코드 6-49]와 같이 라우터에 로그인 페이지를 등록했다면 이제 폼의 역할을 해줄
SigninForm 컴포넌트를 생성 후 컴포넌트 내부 코드를 작성하도록 하자.

```
├── src
│   └── components
│       └── SigninForm.vue
│
```

[코드 6-50] 완성된 SigninForm 컴포넌트의 모습

```
<!-- src/components/SigninForm.vue -->
<template>
  <form @submit.prevent="submit">
    <fieldset>
      <input type="text"
             v-model="email"
             placeholder="이메일을 입력해주세요."/>
      <input type="password"
             v-model="password"
             placeholder="비밀번호를 입력해주세요."/>
      <button type="submit">로그인</button>
    </fieldset>
  </form>
</template>
<script>
export default {
  name: 'SigninForm',
  data () {
    return {
      email: '',
      password: ''
    }
  },
```

```
    methods: {
      submit () {
        const { email, password } = this
        this.$emit('submit', { email, password })
      }
    }
  ]
</script>
```

SigninForm 컴포넌트도 SignupForm 컴포넌트와 마찬가지로 사용자로부터 필요한 정보를 받은 후 사용자가 submit 타입 버튼을 클릭할 경우 $emit을 사용해 이벤트를 발생시켜 부모 컴포넌트로 데이터를 전달하는 방식으로 작동한다. 이제 다시 Signin 컴포넌트로 돌아와서 [코드 6-50]에서 작성했던 SigninForm 컴포넌트를 추가하고 SigninForm 컴포넌트에서 발생한 submit 이벤트의 콜백 메소드인 onSubmit 메소드도 함께 작성하자.

[코드 6-51] SigninForm 컴포넌트가 추가된 Signin 컴포넌트의 모습

```
<!-- src/pages/Signin.vue -->
<template>
<div class="sign-in-page">
  <h3>로그인</h3>
  <!-- 4. SigninForm 컴포넌트를 추가하고 submit 이벤트의 콜백 메소드를 등록한다. -->
  <signin-form @submit="onSubmit"/>
  <!-- ... -->
</div>
</template>

<script>
// 1. SigninForm 컴포넌트를 불러온다.
import SigninForm from '@/components/SigninForm'

export default {
  name: 'Signin',
  // 2. Signin 컴포넌트에 SigninForm 컴포넌트를 등록한다.
  components: {
```

```
    SigninForm
  },
  methods: {
    // 3. onSubmit 메소드를 작성한다.
    onSubmit (payload) {
      console.log(payload)
    },
  }
}
</script>
```

[코드 6-51]까지 작성을 완료한 후 localhost:8080/signin에 접속해보면 로그인 페이지의 모습을 확인해볼 수 있다.

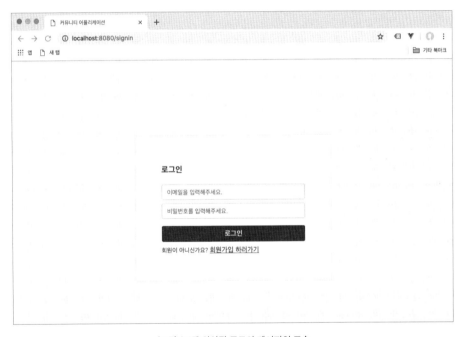

[그림 6-17] 완성된 로그인 페이지의 모습

다음으로 우리는 사용자가 로그인을 시도했을 때, 사용자가 입력한 데이터에 대한 검증을 위해 API 서버로 요청을 보내야 한다.

[코드 6-52] /auth/signin 엔드포인트로 사용자의 정보를 보내는 코드

```
// src/pages/Signin.vue
// ...
// 1. api 모듈을 추가한다.
import api from '@/api'

export default {
  // ...
  methods: {
    onSubmit (payload) {
      // /auth/signin 엔드포인트로 사용자가 입력한 email, password 값을 보낸다.
      const { email, password } = payload
      api.post('/auth/signin', { email, password })
        .then(res => {
          console.log(res.data)
        })
    }
  },
}
</script>
```

[코드 6-52]와 같이 사용자의 정보를 서버로의 요청 부분에 대한 작성을 완료한 후 Signup 컴포넌트로 돌아가 임시로 회원가입 페이지로 연결해뒀던 '로그인하러 가기' 링크를 로그인 페이지로 변경해주고, 회원가입 완료 후 메인 페이지로 이동하던 코드 또한 로그인 페이지로 이동할 수 있도록 수정해준다.

[코드 6-53] Signup 컴포넌트 수정

```
<!-- src/pages/Signup.vue -->
<template>
    <!--  ...  -->
    <!-- 로그인 페이지로 이동하는 링크를 수정한다. -->
    <p>이미 가입하셨나요? <router-link :to="{ name: 'Signin' }">로그인하러 가기
    </router-link></p>
  </div>
</template>
```

```
<script>
// ...
export default {
  // ...
  methods: {
    onSubmit (payload) {
      // ...
      api.post('/auth/signup', { name, email, password })
        .then(res => {
          alert('회원가입이 완료되었습니다.')
          // 회원가입 완료 문구 노출 후 로그인 페이지로 이동시킨다.
          this.$router.push({ name: 'Signin' })
        })
        // ...
    }
  },
  // ...
}
</script>
```

이제 localhost:8080/signup 페이지로 이동해 회원가입을 진행한 후 로그인 페이지에서 로그인을 시도해보자. HTTP 상태 코드가 200으로 내려왔다면 로그인이 정상적으로 처리된 것이다.

6.7.2 애플리케이션에서 사용자를 인증하는 방법

로그인을 시도했을 때 사용자가 서버에 등록되어 있는 인증된 사용자라면 API 서버는 응답으로 액세스토큰을 보내준다.

[코드 6-54] 서버에서 응답으로 내려준 액세스 토큰의 예시

```
{
  "accessToken": "eyJhbGciOI6IkpXVCJ9.eyJpZCII4MDIwMDwNjgwMH0.
  yOUl3jPRsjsGNlM"
}
```

여러분이 내려받은 토큰은 아마 이 토큰보다 훨씬 더 긴 길이를 가지고 있을 것이다. 이 액세스토큰은 JWT(JSON Web Tokens)라고 하는 인증 토큰의 한 종류다. JWT는 점(.)으로 구분된 3개의 필드를 가지고 있으며 각 필드는 다음과 같은 정보를 가진다.

eyJhbGciOI6IkpXVCJ9.eyJpZCII4MDIwMDwNjgwMH0.yOUl3jPRsjsGNIM

| 헤더 (Header) | 정보 (Payload) | 서명 (Signature) |

[그림 6-18] JWT 토큰의 구조

1. 헤더(Header): 토큰의 타입과 암호화 알고리즘의 종류
2. 정보(Payload): 토큰에 대한 정보. 토큰의 발급일, 토큰 발급자 등의 정보를 가지고 있다.
3. 서명(Signature): 서명은 토큰의 헤더와 정보를 합친 후 서버만 알고 있는 비밀키(Private Key)를 사용하여 암호화한 정보다. 서버는 토큰을 받으면 서명을 검토한 후 해당 토큰의 유효성을 검사한다.

JWT는 서버의 메모리나 데이터베이스에 토큰 정보를 직접 저장한 후 대조하는 과정 없이 토큰을 분석하기만 해도 유효성을 검사할 수 있기 때문에 최근에 주목받고 있는 토큰 타입이다. 하지만 반드시 JWT만 사용하는 것은 아니기 때문에 JWT처럼 점(.)을 사용한 필드로 나누어지지 않고 문자열로만 이루어진 토큰을 받을 수도 있다.

[코드 6-55] 문자열로만 이루어진 토큰

```
{
  "accessToken": "z9gnzg31hvj70mhvugdso2l7t1o95u5z"
}
```

> **참고** 프로젝트에 따라 JWT가 아닌 다른 토큰 타입도 활용될 수 있으므로 이런 경우 백엔드 개발자에게 토큰 타입이 무엇인지, 어떻게 인증하면 되는지 한번 물어보자. 클라이언트 개발자로서 인증 방법에 대한 가이드만 있어도 인증이 가능하여 개발하는 데 큰 문제는 없지만, 현재

개발 중인 제품 혹은 애플리케이션에서 관심을 가지고 토큰의 타입, 생성 과정, 인증 방법 정도는 숙지하고 있으면 경우에 따라 사용자 인증에 관한 버그를 찾아내는 데 도움이 되기도 한다.

JWT 토큰에 대한 자세한 내용은 JWT 공식 홈페이지(https://jwt.io/)에서 확인할 수 있다. 이러한 토큰을 사용하여 어떻게 인증된 API를 호출할 수 있을까?

웹 애플리케이션에서 API 서버와 통신할 때 보통 우리는 HTTP 프로토콜을 사용하게 된다. HTTP 메시지는 헤더(Header)와 본문(Body)영역으로 나누어져 있는데 헤더는 이 메시지의 대한 정보를 가지고 있고 본문은 우리가 POST나 PUT 메소드를 사용하여 서버로 데이터를 전송할 때 사용하는 영역이다.

[코드 6-56] 인증 정보가 담기지 않은 HTTP 헤더

```
GET https://localhost:8000/api/contents
Host: localhost
Accept: application/json, text/plan, */*
Accept-Language: en, ko; q=0.9, *; q=0.1
```

헤더는 여러 가지의 필드를 가지고 있는데 이 중에서 인증 정보를 담아야 하는 곳은 헤더의 Authorization 필드다.

[코드 6-57] Authorization 필드가 추가된 HTTP 헤더

```
GET https://localhost:8000/api/contents
Host: localhost
Accept: application/json, text/plan, */*
Accept-Language: en, ko; q=0.9, *; q=0.1
Authorization: Bearer eyJhbGciOI6IkpXVCJ9.eyJpZCII4MDIwMDwNjgwMH0.
yOUl3jPRsjsGNlM
```

클라이언트가 Authorization 필드에 Bearer(인증 방법) eyJhbGciOI6IkpXVCJ9. eyJpZCII4MDIwMDwNjgwMH0.yOUl3jPRsjsGNlM(토큰)과 같은 형식으로 값을

추가하면 서버에서 요청을 받았을 때 HTTP 헤더에 있는 Authorization 필드를 통해 토큰에 접근하여 토큰 내용을 읽을 수 있다.

 참고 제가 맡은 프로젝트에서는 HTTP 헤더에 토큰을 심지 않는데 어떻게 인증해야 하나요?

웹 애플리케이션에서 인증 방식은 크게 두 가지로 나눠질 수 있다. 이때 우리가 사용하는 것과 같이 토큰을 HTTP 헤더에 담아서 인증하는 방법은 '토큰 기반 인증'이라고 부르고, 다른 한 가지는 '세션 기반 인증'이라고 부른다. 세션 기반 인증은 클라이언트가 직접 HTTP 헤더에 토큰을 삽입해야 하는 토큰 기반 인증과는 다르게 인증 과정을 클라이언트에 맡기지 않고 전적으로 서버에서 진행 및 관리하는 인증 방법이다. 사용자가 서버로부터 인증을 받게 되면 서버는 고유한 ID를 생성해서 서버에 저장하고 이 ID를 클라이언트의 쿠키에 저장한다. 이후 클라이언트가 서버로 요청을 보내면 HTTP 헤더에 쿠키 정보가 함께 포함되어 전송되므로 서버는 이 클라이언트 쿠키 정보에 접근하여 쿠키에 저장된 세션 ID와 서버가 가지고 있는 세션 ID를 대조하여 일치 여부를 확인하는 방법으로 인증을 진행한다. 세션 기반 인증은 클라이언트에서 세션을 따로 관리하지는 않지만, 사용자가 쿠키를 삭제하면 세션도 함께 삭제되므로 인증이 무효화된다는 점 정도는 기억해두면 좋다.

6.7.3 애플리케이션에서 JWT 토큰 사용하기

이제 /auth/signin 엔드 포인트에서 응답으로 보내준 토큰을 어떻게 사용하는지 확인했다면 코드로 한번 풀어보자. Signin 컴포넌트의 onSubmit 메소드에서 로그인 API를 호출하므로 해당 메소드만 따로 떼어와서 살펴보도록 하겠다. 먼저 토큰이 정상적으로 노출되는지 console.log를 사용하여 한번 확인해보자.

[코드 6-58] Signin 컴포넌트의 onSubmit 메소드

```
// src/pages/Signin.vue
export default {
  name: 'Signin',
  // ...
```

```
    methods: {
      onSubmit (payload) {
        const {email, password} = payload
        api.post('/auth/signin', {email, password})
          .then(res => {
            console.log(res.data.accessToken)
          })
      }
    },
}
```

올바른 정보를 서버로 보냈을 때 브라우저 콘솔에 토큰의 내용이 제대로 노출되었다면 서버가 로그인을 제대로 처리한 후 토큰을 보내주는 것이 확인된 것이다. 이제 우리가 사용하는 HTTP 클라이언트 라이브러리인 Axios를 사용하여 HTTP 메시지의 헤더에 토큰을 등록해주어야 한다. 우리는 Axios를 한번 감싼 모듈인 @/api 모듈을 사용하고 있으므로 이 모듈을 불러와서 토큰 등록 과정을 진행해야 한다.

[코드 6-59] 개선된 Signin 컴포넌트의 onSubmit 메소드

```
// src/pages/Signin.vue
import api from `@/api`
export default {
  name: 'Signin',
  // ...
  methods: {
    onSubmit (payload) {
      const { email, password } = payload
      api.post('/auth/signin', { email, password })
        .then(res => {
          // 로그인에 성공하면 api 모듈의 HTTP 헤더에 토큰을 담는다.
          const { accessToken } = res.data
          api.defaults.headers.common.Authorization = `Bearer
          ${accessToken}`
          // 사용자에게 로그인이 성공됐음을 알려주고 메인 페이지로 이동한다.
          alert('로그인이 완료되었습니다.')
          this.$router.push({ name: 'PostListPage' })
```

```
    })
    .catch(err => {
        // 로그인에 실패할 경우 사용자에게 에러 원인을 알려준다.
        alert(err.response.data.msg)
    })
  }
},
}
```

여기서 api 변수에 담긴 것은 src/api/index.js 파일에서 axios.create 메소드로 생성
되고 추출된 Axios 객체라는 사실을 잊지 말자. Axios의 defaults 속성에는 Axios에
서 사용되는 옵션의 기본값들이 들어있다. 우리가 axios.create 메소드로 Axios 객
체를 생성할 때 사용한 옵션에서 baseURL 값을 정해주었기 때문에 이 값도 defaults
속성에 들어있을 것이다. Axios의 옵션 중에는 현재 HTTP 헤더의 값을 자바스크립
트 자료형 중 Object형으로 나타내는 headers라는 값이 존재하기 때문에 defaults.
headers로 현재 세팅된 HTTP 헤더에 접근할 수 있는 것이다. defaults.headers의
common 필드는 이 Axios 객체에서 어떤 메소드든지 상관없이 헤더에 이 값을 사용
한다는 것을 의미한다. 만약 defaults.headers.get으로 접근하여 값을 부여한다면 이
Axios 객체는 GET 메소드를 사용할 때만 그 헤더를 사용한다. 헤더 안의 여러 필드
중 우리는 Authorization 필드에 토큰값을 담아주는 것이 목적이므로 api.defaults.
headers.common.Authorization에 접근한 뒤 Bearer 토큰값과 같은 형식으로 값을
담아주면 이후 요청부터는 GET, POST 같은 메소드의 종류와 상관없이 모든 HTTP
헤더의 Authorization 필드에 토큰이 담겨서 보내진다.

6.7.4 로그인 로직을 스토어로 옮기기

현재 로그인 과정은 두 과정이 하나로 합쳐진 형태다. 첫 번째는 /auth/singin 엔드포
인트를 통해 API 서버와 통신하는 과정이고 두 번째는 API 서버로부터 받아온 토큰
을 api 모듈의 HTTP 헤더에 담는 과정이다. 이 과정이 무사히 끝나면 현재 애플리케

이션의 상태는 '인증된 상태'가 된다. 대부분의 애플리케이션에서는 인증된 상태와 인증되지 않은 상태를 구분해야 하는 경우가 많은데, 이때 이 구분 값을 컴포넌트마다 따로 가지고 있게 되면 전체 애플리케이션의 통일된 상태를 공유하기 어렵게 된다. 그래서 우리는 애플리케이션의 인증 상태에 대한 일관성을 위해 인증 상태를 애플리케이션의 중앙 집중 저장소인 스토어로 옮기는 작업을 하려 한다.

또한, 혹시 다른 컴포넌트에서도 로그인 기능을 사용하고 싶다고 하면 이 과정을 그 컴포넌트에서 다시 작성해야 하므로 Vuex의 액션과 변이를 사용하여 여러 컴포넌트가 공통으로 사용할 수 있게 작성하는 편이 코드의 재사용성을 높일 수 있다. 먼저, 스토어의 상태에 accessToken을 추가하자. 우리는 이 토큰의 유무로 현재 애플리케이션의 인증 상태를 구분할 것이다. states.js 파일을 수정하여 스토어의 초기 상태를 추가해주도록 하자.

> **팁** 토큰 방식의 인증을 사용하는 경우 보안상의 이유로 액세스 토큰(Access token)과 리프레쉬 토큰(Refresh token) 두 가지 종류의 토큰을 발급한다. 실제 자원에 접근하는 데 필요한 액세스 토큰의 경우 토큰의 유효 시간을 정해두고 유효시간이 지나면 해당 토큰으로 자원에 접근하지 못한다. 하지만 커뮤니티 애플리케이션의 API 서버는 실제 운영되는 서비스가 아닌 데모이기 때문에 액세스 토큰 자체에 대한 유효 시간을 정해두지 않았다.

[코드 6-60] 스토어의 상태에 추가된 accessToken

```
// src/store/states.js
export default {
  // ...
  accessToken: ''
}
```

다음으로 우리는 이 상태를 수정할 수 있는 변이를 작성해야 한다. 먼저 mutations-types.js에 변이 타입을 상수로 선언하고 mutations.js에서 이 변이 타입을 불러와서 사용하도록 하겠다.

[코드 6-61] 변이 타입 상수

```javascript
// src/store/mutations-types.js
// ...
export const SET_ACCESS_TOKEN = 'SET_ACCESS_TOKEN'
```

[코드 6-62] 변이 함수 작성

```javascript
// src/store/mutations.js
import {
  //...
  SET_ACCESS_TOKEN
  } from './mutations-types'

export default {
  // ...
  [SET_ACCESS_TOKEN] (state, accessToken) {
    console.log(accessToken)
  }
}
```

이 SET_ACCESS_TOKEN 변이는 토큰을 인자로 받아서 스토어의 상태를 업데이트
하고 api 모듈을 사용하여 HTTP 헤더에 토큰을 넣어주는 역할을 할 것이다. 이제
Signin 컴포넌트의 onSubmit 메소드의 역할 중 일부를 이 변이로 옮겨야 한다.

[코드 6-63] Signin 컴포넌트의 onSubmit 메소드

```javascript
// src/pages/Signin.vue
import api from `@/api`

// ...
onSubmit (payload) {
  const { email, password } = payload
  api.post('/auth/signin', { email, password })
    .then(res => {
      const { accessToken } = res.data
      // 1. 토큰을 HTTP 헤더에 심어주는 부분을 변이로 옮긴다.
```

332

```
    // api.defaults.headers.common.Authorization = `Bearer
    ${accessToken}`
    alert('로그인이 완료되었습니다.')
    this.$router.push({ name: 'PostListPage' })
  })
  .catch(err => {
    alert(err.response.data.msg)
  })
}
```

[코드 6-64] 수정된 SET_ACCESS_TOKEN 변이

```
// src/store/mutations.js
import {
  //...
  SET_ACCESS_TOKEN
} from './mutations-types'
import api from '@/api' // 1. api 모듈을 추가한다.

export default {
  // ...
  [SET_ACCESS_TOKEN] (state, accessToken) {
    // 스토어 상태의 토큰을 업데이트하고
    // api 모듈을 사용하여 HTTP 헤더에 토큰을 심어준다.
    if (accessToken) {
      state.accessToken = accessToken
      api.defaults.headers.common.Authorization = `Bearer
      ${accessToken}`
    }
  }
}
```

[코드 6-63]에서 왜 API를 호출하는 api.post 메소드 호출 단계부터 옮기지 않고 통신이 끝난 이후의 로직부터 옮겼는지에 대한 설명은 "3.3.3 변이(Mutation)"장에 자세히 설명되어 있으니 읽어보도록 하자. 변이까지 작성했다면 이제 서버와 통신하는 로직을 담을 액션을 선언할 차례다.

[코드 6-65] onSubmit 메소드에서 옮겨와서 작성한 signin 액션

```javascript
// src/store/actions.js
// ...
import {
  // ...
  SET_ACCESS_TOKEN
} from './mutations-types'

export default {
  // ...
  signin ({ commit }, payload) {
    // 1. Signin 컴포넌트의 onSubmit 메소드의 내용을 그대로 작성한다.
    const { email, password } = payload
    return api.post('/auth/signin', { email, password })
      .then(res => {
        const { accessToken } = res.data
        // 2. 요청이 성공적으로 종료되어 토큰을 받았다면 SET_ACCESS_TOKEN 변이를 커밋
        한다.
        commit(SET_ACCESS_TOKEN, accessToken)
      })
  }
}
```

[코드 6-66] Signin 컴포넌트의 onSubmit 메소드의 동작이 signin 액션으로 대체된 모습

```javascript
// src/pages/Signin.vue
// ...

// 1. 사용하지 않는 api 모듈을 삭제한다.
// import api from `@/api`

// 2. mapActions 헬퍼 함수를 불러온다.
import { mapActions } from 'vuex'

export default {
  // ...
  methods: {
    onSubmit (payload) {
```

```
      // 4. 기존 로직 삭제 후 액션으로 대체한다.
      this.signin(payload)
        .then(res => {
          alert('로그인이 완료되었습니다.')
          this.$router.push({ name: 'PostListPage' })
        })
        .catch(err => {
          alert(err.response.data.msg)
        })
    },
    // 3. signin 액션을 컴포넌트에 등록한다.
    ...mapActions([ 'signin' ])
  }
}
```

브라우저에서 로그인 기능을 테스트하여 정상적으로 동작하는 것을 확인한다.

6.7.5 저장된 토큰을 기반으로 현재 로그인된 사용자의 정보 가져오기

서버로부터의 인증 후, 토큰 정보를 Axios의 헤더와 스토어 안에 저장했다면, 저장된
토큰 정보를 이용하여 현재 로그인한 사용자의 정보를 가져와서 스토어 안에 저장해
보도록 하자. JWT의 경우 토큰 자체에 사용자의 정보가 담겨있을 수 있지만, 토큰에
담겨있는 정보는 토큰이 생성될 시점의 사용자 정보이기 때문에 현재 사용자의 정보
와 동일하다는 것을 보장하지 못한다.

또한, 토큰에 담겨있는 사용자의 정보가 현재 사용자의 정보와 동일한 정보라고 하더
라도 애플리케이션에서 원하는 정보는 토큰에 담겨있는 간략한 정보보다 더 자세한
정보이기 때문에 별도의 API 엔드포인트를 통해서 사용자의 정보를 서버로부터 받아
와야 한다. 그러기 위해서는 우리는 스토어에 새로운 액션과 변이를 추가해야 한다.
먼저 states.js에 현재 로그인한 사용자의 상태를 추가하고 mutations-types.js에 새
로운 변이 타입을 추가하자.

[코드 6-67] 로그인한 사용자의 정보

```js
// src/store/states.js
export default {
  // ...
  me: null // 현재 로그인한 사용자의 상태를 추가한다.
}
```

[코드 6-68] 변이 타입 선언

```js
// src/store/mutations-types.js
// ...
// 사용자 정보를 추가하는 변이 타입을 추가한다.
export const SET_MY_INFO = 'SET_MY_INFO'
```

변이 타입을 생성했다면 이제 mutations.js 파일을 열고 [코드 6-68]에서 정의한 변이
의 타입에 해당하는 변이를 추가하도록 하자.

[코드 6-69] 사용자 정보 변이 함수 선언

```js
// src/store/mutations.js
import {
  // ...
  SET_MY_INFO
} from './mutations-types'

export default {
  // ...
  [SET_MY_INFO] (state, me) {
    if (me) {
      state.me = me
    }
  }
}
```

이제 우리는 [코드 6-69]에서 추가된 변이들을 사용하여 사용자 정보를 스토어에 상태

에 반영할 수 있게 되었다. 하지만 사용자 정보는 '서버와의 비동기 통신'을 통해 받아오는 정보이기 때문에 변이에서는 이 작업을 수행하면 안 된다. 비동기에 대한 처리는 토큰을 저장할 때와 마찬가지로 액션에서 수행할 것이다. 우리는 토큰을 저장할 때 signin이라는 액션을 이미 생성했다. 사용자 정보를 받아오는 작업 또한 로그인이라는 과정이므로 기존에 있던 signin 액션에 사용자 정보를 받아오는 작업을 추가로 작성하겠다.

[코드 6-70] 개선된 signin 액션의 모습

```javascript
// src/store/actions.js
import api from '@/api'
// 1. SET_MY_INFO 변이 타입을 불러온다.
import {
  // ...
  SET_MY_INFO
} from './mutations-types'

export default {
  signin ({ commit }, payload) {
    const { email, password } = payload
    return api.post('/auth/signin', { email, password })
      .then(res => {
        const { accessToken } = res.data
        commit(SET_ACCESS_TOKEN, accessToken)

        // 2. 토큰을 스토어에 저장하면 api 모듈의 headers에 토큰이 저장되므로 바로 사
        용자 정보를 불러올 수 있다.
        return api.get('/users/me')
      }).then(res => {
        // 3. 사용자 정보 요청이 성공했다면 변이를 사용하여 스토어에 사용자 정보를 저장한다.
        commit(SET_MY_INFO, res.data)
      })
  }
}
```

이후 localhost:8080/signin에 접속해서 로그인을 수행해보면 기존에 보이던 SET_ACCESS_TOKEN 바로 아래에 SET_MY_INFO 변이 또한 같이 추적되고 있음을 확인할 수 있다.

Filter mutations
Base State 15:47:48
SET_ACCESS_TOKEN 15:47:48
SET_MY_INFO 15:47:48

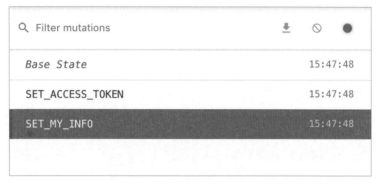

[그림 6-19] Vue Devtools에 추적된 SET_MY_INFO 변이

state
accessToken: "eyJhbGciOiJIUzI1NiIsInR5cCI6IkpXVCJ9.eyJpZCI6Miw
▼ me: Object
email: "martin@martin.com"
id: 2
isAdmin: false
name: "Martin"

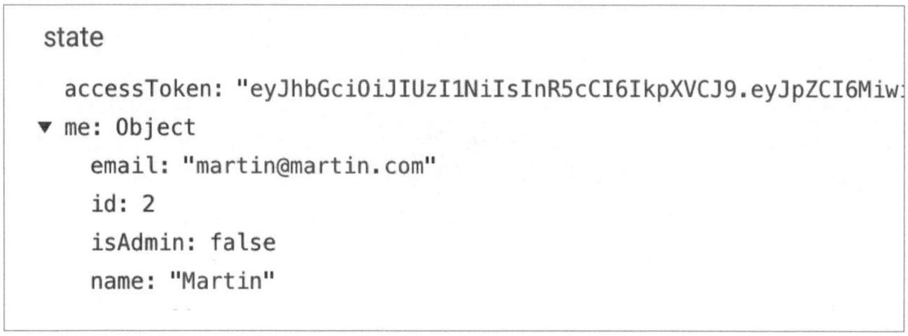

[그림 6-20] 로그인이 된 후 스토어의 상태

현재 로그인한 사용자의 정보까지 받아와서 스토어에 저장했다면 이제 진정한 의미의 로그인이 끝난 것이다. 하지만 한 가지 이상한 점이 있을 것이다. 웹 브라우저를 새로고침해보면 스토어의 상태가 다시 초기화됨에 따라 사용자의 로그인 상태가 해제되어 다시 처음부터 로그인을 진행해야 한다. 웹 브라우저를 종료하고 다시 키거나 새로고침하더라도 사용자의 로그인이 여러분이 설정한 시간 동안 유지되게 만들려면 어떻게 해야 할까? 우리는 웹 브라우저의 쿠키를 사용해서 이 문제를 해결할 수 있다.

먼저 자바스크립트에서 쿠키를 편하게 사용할 수 있게 만들어주는 라이브러리를 설치한다. 터미널로 이동해서 현재 경로가 여러분이 작업하고 있는 프로젝트의 루트 경로가 맞는지 확인한 후 npm을 사용하여 라이브러리를 설치한다.

[코드 6-71] js-cookie를 설치하는 npm 명령어

```
$ npm install js-cookie --save
```

설치가 완료되었다면 우리는 js-cookie를 사용하여 웹 브라우저의 쿠키를 자유자재로 편집할 수 있다. js-cookie의 간단한 사용법은 다음과 같다.

[코드 6-72] js-cookie 라이브러리의 기초적인 사용법

```
import Cookies from 'js-cookie'

// 쿠키를 저장한다.
Cookies.set('쿠키의 이름', '쿠키의 값')

// 7일 동안만 유지되는 쿠키를 저장한다.
Cookies.set('쿠키의 이름', '쿠키의 값', {
  expires: 7
})

// 특정 이름을 가진 쿠키를 가져온다. 해당 이름을 가진 쿠키가 없다면 undeinfed를 반환한다.
Cookies.get('쿠키의 이름')

// 현재 브라우저의 모든 쿠키를 가져온다.
Cookies.get();

// 특정 이름을 가진 쿠키를 삭제한다.
Cookies.remove('쿠키의 이름')
```

js-cookie 라이브러리의 사용법을 숙지했다면 이제 우리가 해야 할 일은 스토어에 토큰을 저장할 때 쿠키에도 같이 저장해주는 것이다. 이를 통해 웹 브라우저가 종료되어 스토어의 상태가 초기화되더라도 인증받은 토큰은 웹 브라우저의 쿠키에 남아있기

때문에 토큰을 다시 사용하는 것이 가능해지게 된다. 이제 mutations.js 파일을 열고 스토어에 토큰을 저장하는 변이인 SET_ACCESS_TOKEN 변이를 수정하도록 하자.

[코드 6-73] SET_ACCESS_TOKEN 변이 내에 토큰을 쿠키에 저장하는 로직을 작성한 모습

```javascript
// src/store/mutations.js
// ...
import Cookies from 'js-cookie' // 1. js-cookie 라이브러리를 불러온다.

export default {
  // ...
  [SET_ACCESS_TOKEN] (state, accessToken) {
    if (accessToken) {
      state.accessToken = accessToken
      api.defaults.headers.common.Authorization = `Bearer
      ${accessToken}`
      // 2. 쿠키에 토큰을 저장한다.
      Cookies.set('accessToken', accessToken)
    }
  },
  // ...
}
```

사용자가 로그인을 수행하고 스토어에 토큰을 저장할 때 쿠키에 함께 저장했다면 이제 앱이 실행되기 시작할 때 쿠키를 검사하여 저장된 유효한 토큰이 있다면 자동으로 로그인을 진행하는 로직을 작성해야 한다. 이로 인해 사용자는 쿠키에 토큰이 저장되어 있고, 이 토큰이 서버에서 유효하다고 판단되는 동안은 한 번만 토큰을 발급받아서 만료 기간까지 별도의 인증 과정 없이 계속 토큰을 사용할 수 있게 된다. 그러나 현재 스토어에 있는 signin 액션은 사용자의 정보를 이용하여 토큰을 발급받는 과정까지 통합되어 있으므로 우리는 이미 저장된 토큰을 사용하여 사용자의 정보를 받아오는 로직만 있는 별도의 액션을 작성해야 한다.

340

[코드 6-74] 토큰 정보를 이용하여 로그인 처리하는 액션 함수

```js
// src/store/actions.js
export default {
  // ...
  signinByToken ({ commit }, token) {
    // 1. 토큰을 스토어에 커밋한다.
    commit(SET_ACCESS_TOKEN, token)
    // 2. 사용자의 정보를 받아온 후 스토어에 커밋한다.
    return api.get('/users/me')
      .then(res => {
        commit(SET_MY_INFO, res.data)
      })
  }
}
```

쿠키에서 토큰을 검사하는 과정은 애플리케이션이 초기화될 때 수행해야 하므로 main.js 파일에 작성하도록 하겠다.

[코드 6-75] 쿠키에 저장된 토큰이 있다면 사용자의 정보를 받아오는 로직을 main.js에 작성한 모습

```js
// src/main.js
// ...
import Cookies from 'js-cookie'

// 쿠키에 저장된 토큰을 사용하여 인증
const savedToken = Cookies.get('accessToken')
if (savedToken) {
  store.dispatch('signinByToken', savedToken)
}

new Vue({
  // ...
})
```

이제 다시 로그인을 진행한 후에 웹 브라우저를 새로고침한 후 Vue Devtools를 사용하여 스토어를 확인해보면 사용자의 정보가 사라지지 않는 것을 확인할 수 있다.

6.8 애플리케이션의 헤더 컴포넌트 작성하기

6.8.1 헤더 컴포넌트 작성하기

우리는 지금까지 애플리케이션 내에서 회원가입과 로그인을 진행하고 로그인 상태를 유지하는 방법까지 알아보았다. 다음으로 사용자가 로그인 여부를 구분할 수 있도록 사용자의 정보를 노출해주는 헤더 컴포넌트를 작성해보자. 먼저, 헤더가 될 AppHeader 컴포넌트를 작성한다.

```
├── src
│   └── components
│       └── AppHeader.vue
```

[코드 6-76] 간단하게 완성된 AppHeader 컴포넌트의 모습

```html
<!-- src/components/AppHeader.vue -->
<template>
  <div class="app-header">
    <h1>Community</h1>
    <div>
      <router-link :to="{ name: 'Signin' }">로그인</router-link>
    </div>
  </div>
</template>

<script>
export default {
  name: 'AppHeader'
}
</script>
```

6.8.2 헤더 컴포넌트를 라우트에 등록하기

앞서 작성한 컴포넌트를 라우트에 등록해주면 우리는 원하는 페이지에서 AppHeader

컴포넌트를 확인할 수 있을 것이다. 먼저 메모 애플리케이션을 작성할 때 사용했던 방법을 다시 한번 살펴보자.

[코드 6-77] App 컴포넌트에 삽입된 AppHeader 컴포넌트

```
<template>
  <div id="app">
    <app-header />
    <router-view/>
  </div>
</template>

<script>
import AppHeader from '@/components/AppHeader'
export default {
  name: 'App',
  components: { AppHeader }
}
</script>
```

이렇게 루트 컴포넌트인 App 컴포넌트의 RouterView 컴포넌트 위쪽에 AppHeader 컴포넌트를 삽입하면 라우트가 변경됨에 따라 RouterView 컴포넌트의 내용은 변경되지만 상단의 AppHeader 컴포넌트는 RouterView 컴포넌트의 영역 밖에 있기 때문에 어떤 페이지로 이동하더라도 항상 고정되어 보인다. 하지만 이 방법의 단점은 어느 페이지든 무조건 AppHeader 컴포넌트가 노출된다는 것이다. 만약 현재 구조에서 페이지마다 다른 헤더 컴포넌트를 보여줘야 한다면 어떻게 해야 할까?

[코드 6-78] 비효율적인 방법의 헤더 교체 방법

```
<template>
  <div id="app">
    <!-- v-if를 사용하여 페이지마다 조건을 검사해야 한다. -->
    <app-header v-if="$route.path === '/'" />
    <signin-header v-else-if="$route.path === '/signin'" />

    <router-view/>
```

```
    </div>
  </template>

<script>
import AppHeader from '@/components/AppHeader'
import SigninHeader from '@/components/SigninHeader'

export default {
  name: 'App',
  components: { AppHeader, SigninHeader }
}
</script>
```

이 방법은 보기에 좋지도 않을뿐더러 헤더의 종류가 추가될수록 상단의 v-if 개수 또한 헤더의 개수에 맞춰서 늘어나게 될 것이다. 그리고 헤더 컴포넌트가 한 개당 한 페이지가 아니라 여러 페이지에 렌더되어야 할 경우에는 v-if 내의 조건식 또한 a || b || c || d...와 같은 방식으로 계속 늘어나게 될 것이다. 이런 방식은 좋은 설계가 아니다. 다행히도 Vue Router에서는 라우트마다 하나의 RouterView만 사용할 수 있는 것이 아니라 여러 개의 RouterView를 사용할 수 있도록 'Named Router View'라는 기능을 제공하고 있다.

[코드 6-79] Named Router View를 사용한 모습

```
<!-- src/App.vue -->
<template>
  <div id="app">
    <!-- header라는 이름을 부여받은 router-view 컴포넌트 -->
    <router-view name="header"/>
    <!-- 이름이 없는 router-view 컴포넌트는 자동으로 default라는 이름을 부여받는다.
    -->
    <router-view/>
  </div>
</template>

<script>
export default {
```

```
  name: 'App'
}
</script>
```

이렇게 이름을 부여한 RouterView 컴포넌트에는 VueRouter를 통해 라우트를 선언할 때 components 속성을 사용해서 원하는 컴포넌트를 렌더할 수 있다.

[코드 6-80] Named Router View를 사용하여 헤더를 적용한 모습

```
// src/router/index.js
// ...
// 1. AppHeader 컴포넌트를 추가한다.
import AppHeader from '@/components/AppHeader'
export default new Router({
  // ...
  routes: [
    // ...
    {
      path: '/post/:postId',
      name: 'PostViewPage',
      components: {
        header: AppHeader,
        default: PostViewPage,
      },
      props: {
        // props값 역시 대상 components의 이름으로 수정한다.
        default: true
      }
    },
    {
      path: '/signup',
      name: 'Signup',
      // components 속성을 사용하면 여러 개의 router-view에 컴포넌트를 렌더할 수 있다.
      components: {
        header: AppHeader,
        default: Signup
      }
    },
```

```
  {
    path: '/signin',
    name: 'Signin',
    // components 속성이 아니라 component를 사용하면 자동으로 이름이 없는 router-
    view에만 컴포넌트를 렌더한다.
    component: Signin
  }
 ]
})
```

이 방법을 사용하여 우리는 원하는 라우트에 원하는 컴포넌트, 즉 부품들을 편하게 조립할 수 있다.

Named Router View를 사용하여 router/index.js에 선언된 모든 라우트에 AppHeader 컴포넌트를 추가한다. 모든 라우터에 헤더를 추가한 후 localhost:8080/signin 페이지에 접속하면 AppHeader 컴포넌트가 렌더된 것을 확인할 수 있다. 마찬가지로 헤더를 삽입한 모든 페이지를 한 번씩 확인해보고 헤더가 제대로 렌더되고 있는지 확인해보자.

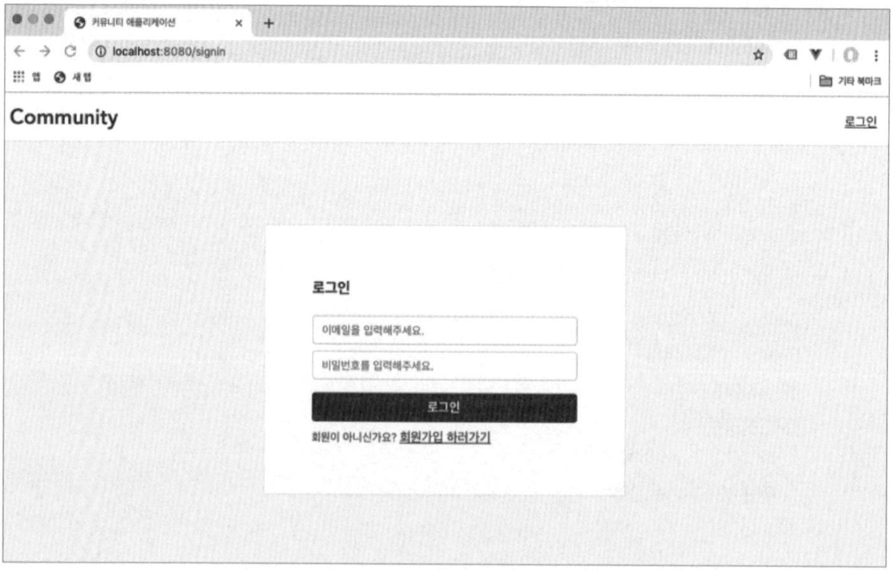

[그림 6-21] 로그인 페이지에 추가된 AppHeader 컴포넌트

6.8.3 헤더 컴포넌트 기능 추가하기

이제 컴포넌트를 눈으로 확인했으니 기능을 하나씩 추가해보도록 하겠다. 헤더 컴포넌트가 가질 기능은 다음 3가지다.

1. 사용자 로그아웃 기능
2. 사용자 이름을 보여주는 기능
3. 비로그인 상태일 때 로그인 페이지로 이동할 수 있는 링크

사용자는 자신의 이름을 확인함으로써 현재 로그인이 되어있는 상태라는 것을 인지할 수 있을 것이고, 이후 그 이름을 클릭하면 작은 로그아웃 버튼이 나오도록 컴포넌트의 기능을 확장할 것이다. 먼저 현재 로그인된 상태를 알 수 있도록 스토어에 간단한 게터를 하나 작성해보자. 현재 사용자가 로그인된 상태라는 것은 스토어에 토큰과 사용자 정보가 있다는 것을 통해 쉽게 알 수 있다. 이를 불리언(Boolean) 자료형으로 변경하여 반환해줄 게터를 하나 작성하도록 하자.

[코드 6-81] isAuthorized 게터

```
// src/store/getters.js
export default {
  isAuthorized (state) {
    return state.accessToken.length > 0 && !!state.me
  }
}
```

> **팁** 왜 state.me앞에 !(not 연산자)를 두 번 붙이는 건가요?
>
> [코드 6-81]에서 state.me의 앞 부분에 !(not 연산자)를 두 번 붙인 문법은 자바스크립트의 Truthy, Falsy 값을 이용한 검사 방법이다. 자바스크립트의 Truthy, Falsy 값에 대한 내용은 "7.1 Truthy 값과 Falsy 값"장에 자세히 설명되어 있으니 참고하도록 하자.

isAuthorized 게터는 스토어에 accessToken 의 값이 존재하며, me의 사용자의

데이터가 있으면 true를, 두 조건을 하나라도 충족하지 않으면 false를 리턴할 것이다. 이제 이 게터를 사용하여 본격적으로 AppHeader 컴포넌트의 기능을 만들어 보자. 먼저 Vuex 라이브러리에서 제공하는 mapGetters 헬퍼 함수를 이용하여 AppHeader 컴포넌트에 isAuthorized 게터를 등록하고 컴포넌트의 DOM이 로그인 한 상태와 히지 않은 상태에 따라 변경되도록 만들어보자.

[코드 6-82] 로그인 상태에 따라 변경되는 헤더의 상태

```html
<!-- src/components/AppHeader.vue -->
<template>
  <div class="app-header">
    <h1>Community</h1>
    <!-- 3. 로그인한 상태라면 사용자에게 인사말을 보여준다. -->
    <div v-if="isAuthorized">
      <strong>
        <button>사용자님 환영합니다.</button>
      </strong>
    </div>
    <!-- 4. 로그인하지 않은 상태라면 기존과 같이 로그인 버튼을 보여준다. -->
    <div v-else>
      <router-link :to="{ name: 'Signin' }">로그인</router-link>
    </div>
  </div>
</template>

<script>
// 1. mapGetters 헬퍼 함수를 추가한다.
import { mapGetters } from 'vuex'

export default {
  name: 'AppHeader',
  computed: {
    // 2. isAuthorized 게터를 등록한다.
    ...mapGetters([ 'isAuthorized' ])
  }
}
</script>
```

이제 사용자는 AppHeader의 문구를 읽고 현재 자신이 로그인 상태인지 아닌 상태인지를 구분할 수 있게 되었다. 이제 사용자가 확실히 본인 계정으로 로그인한 것을 알 수 있도록 "사용자님 환영합니다"라는 문구를 "홍길동님 환영합니다"와 같은 개인화된 문구로 변경하도록 하겠다.

사용자의 정보는 스토어의 me 상태로 관리되고 있으므로 mapState 헬퍼 함수를 통해 로그인한 사용자의 상태에 접근하도록 하자.

[코드 6-83] 사용자의 상태를 AppHeader 컴포넌트에 추가한 모습

```
<!-- src/components/AppHeader.vue -->
<template>
  <div class="app-header">
    <h1>Community</h1>
    <div v-if="isAuthorized">
      <strong>
        <!-- "사용자님"이라는 문구를 사용자의 이름으로 변경한다. -->
        <button>{{ me.name }}님 환영합니다.</button>
      </strong>
    </div>
    <div v-else>
      <router-link :to="{ name: 'Signin' }">로그인</router-link>
    </div>
  </div>
</template>

<script>
// 1. mapState 헬퍼 함수를 불러온다.
import { mapGettes, mapState } from 'vuex'

export default {
  name: 'AppHeader',
  comptued: {
    ...mapGetters([ 'isAuthorized' ]),
    // 2. 스토어의 me 상태를 추가한다.
    ...mapState([ 'me' ])
  }
```

```
}
</script>
```

[코드 6-83]까지 작성한 후 웹 브라우저에서 새로 고침을 해보면 "사용자님 환영합니다"라는 문구가 "홍길동님 환영합니다"와 같이 사용자의 이름을 사용한 문구로 변경된 것을 확인할 수 있다. 사용자는 이렇게 자신의 로그인 상태도 알 수 있음과 동시에 자신이 로그인한 계정이 자신의 계정이 맞는지도 인지할 수 있게 되었다. 이제 로그아웃을 할 수 있도록 기능을 추가해보자. 로그인한 상태에서 인사말을 클릭하면 작은 박스가 노출되면서 로그아웃 메뉴가 보이는 기능을 추가할 것이다.

[코드 6-84] 로그아웃 박스 토글 기능이 추가된 AppHeader 컴포넌트

```
<!-- src/components/AppHeader.vue -->
<template>
  <div class="app-header">
    <h1>Community</h1>
    <div v-if="isAuthorized">
      <strong>
        <button @click="toggle">{{ me.name }}님 환영합니다.
          <!-- isActive 값에 따라 변경되는 화살표 아이콘을 추가한다. -->
          <i v-if="!isActive" class="fas fa-sort-down"></i>
          <i v-else class="fas fa-sort-up"></i>
        </button>
      </strong>
      <!-- isActive가 true일 때만 보이는 박스 UI를 추가한다. -->
      <ul v-if="isActive">
        <li><button>로그아웃</button></li>
      </ul>
    </div>
    <!-- ... -->
  </div>
</template>

<script>
export default {
  // ...
```

```
    // 박스의 토글 상태를 추가한다
    data () {
      return {
        isActive: false
      }
    },
    // ..
    methods: {
      toggle () {
        // toggle 메소드가 호출되면 isActive의 값은 true라면 false로, false라면
        true로 반전된다.
        this.isActive = !this.isActive
      }
    }
  }
</script>
```

> **참고**　[코드 6-85]에서 사용된 fas fa-sort-down과 같은 클래스를 가진 아이콘은 폰트어썸
> (FontAwesom)이라는 아이콘 라이브러리를 사용한 것이다. 해당 라이브러리는 서버에
> 서 내려받은 CSS 안에 추가돼 있다.

다음으로 사용자가 로그아웃 버튼을 눌렀을 때 실제로 로그아웃이 될 수 있도록 기능을 구현해야 한다. "6.7 로그인 페이지 구현하기"장에서 로그인 기능을 진행할 때 작업했던 내용을 생각해보자. 그 과정들을 반대로 하면 된다.

[표 6-2] 로그인 과정과 로그아웃 과정의 차이

로그인	로그아웃
스토어에 토큰을 저장한다.	스토어에서 토큰을 제거한다.
쿠키에 토큰을 저장한다.	쿠키에서 토큰을 제거한다.
api 모듈의 headers 속성에 토큰을 저장한다.	api 모듈의 headers 속성의 토큰을 제거한다.

로그인 기능과 마찬가지로 로그아웃 기능도 액션과 변이를 통해 진행된다. 먼저 변이 타입을 선언하자.

[코드 6-85] 인증에 해당하는 데이터 제거 기능의 변이 타입들

```js
// src/store/mutations-types.js
// ...
// 제거(Destroy) 기능을 담당할 변이 타입을 작성한다.
export const DESTROY_ACCESS_TOKEN = 'DESTROY_ACCESS_TOKEN'
export const DESTROY_MY_INFO = 'DESTROY_MY_INFO'
```

[코드 6-86] accessToken값과 me 값을 제거하는 변이

```js
// src/store/mutations.js
import {
  // ...
  // 새로운 변이 타입을 추가한다.
  DESTROY_ACCESS_TOKEN,
  DESTROY_MY_INFO
} from './mutations-types'

export default {
  //...
  // 변이를 작성한다.
  [DESTROY_ACCESS_TOKEN] (state) {
    state.accessToken = ''
    delete api.defaults.headers.common.Authorization
    Cookies.remove('accessToken')
  },
  [DESTROY_MY_INFO] (state) {
    state.me = null
  }
}
```

작성한 변이를 보면 SET_ACCESS_TOKEN과 SET_MY_INFO와 정반대의 기능을 가지고 있는 것을 확인할 수 있다. 이제 이 변이들을 하나의 행동으로 묶어서 정의된

signout 액션을 작성하자.

[코드 6-87] DESTROY_ACCESS_TOKEN과 DESTROY_MY_INFO 변이가 하나의 행동으로 정의된 signout 액션

```
// src/store/actions.js
// ...
import {
  // ...
  // 새로운 변이 타입을 추가한다.
  DESTROY_ACCESS_TOKEN,
  DESTROY_MY_INFO
} from './mutations-types'

export default {
  // ...
  signout ({ commit }) {
    commit(DESTROY_MY_INFO)
    commit(DESTROY_ACCESS_TOKEN)
  }
}
```

[코드 6-87]까지 작성을 완료했다면 다시 AppHeader로 돌아와 signout 액션을 등록해주도록 하자. 단, signout 액션이 수행된 이후에 사용자를 다시 메인 페이지인 PostListPage로 이동시켜야 하므로 별도의 메소드인 onClickSignout 메소드를 선언하고 로그아웃 버튼의 클릭 이벤트 리스너로 사용할 것이다.

[코드 6-88] AppHeader 컴포넌트에 적용된 로그아웃 기능

```
<!-- src/components/AppHeader.vue -->
<template>
  <div class="app-header">
    <!-- ... -->
    <div v-if="isAuthorized">
      <!-- ... -->
      <ul v-if="isActive">
        <!-- 로그아웃 버튼의 클릭 이벤트 리스너로 onClickSignout 메소드를 할당한다.
        -->
```

```
      <li><button @click="onClickSignout">로그아웃</button></li>
    </ul>
  </div>
  <!-- ... -->
</div>
</template>

<script>
// 1. mapActions 헬퍼 함수를 불러온다.
import { mapState, mapGetters, mapActions } from 'vuex'

export default {
  name: 'AppHeader',
  // ...
  methods: {
    // ...
    // 3. onClickSignout 메소드를 선언한다.
    onClickSignout () {
      // signout 액션을 실행한다.
      this.signout()
      // signout 액션이 수행되고 나면 메인페이지인 PostListPage로 이동시킨다.
      this.$router.push({ name: 'PostListPage' })
    },
    // 2. mapActions 헬퍼 함수를 사용하여 signout 액션을 등록한다.
    ...mapActions([ 'signout' ])
  }
}
</script>
```

[코드 6-88]까지 작성을 완료한 뒤 localhost:8080/signin 페이지에 접속한 후 로그아 웃 버튼을 눌러보면 메인페이지로 이동하며 AppHeader 컴포넌트의 "사용자님 환영 합니다"라는 문구가 다시 '로그인'으로 변경되는 것을 확인할 수 있다.

6.9 게시물 생성 페이지 작성하기

6.9.1 게시물 생성 페이지 컴포넌트 작성하기

사용자 인증과 관련된 기능을 모두 작성했다면 이제 사용자가 로그인 후 게시물을 생성할 수 있도록 게시물 생성 페이지를 만들어볼 차례다. 게시물 생성에 필요한 정보는 다음과 같다.

[표 6-3] 게시물 생성에 필요한 정보들

키	자료형	최대 글자 수
title	String	255자
contents	String	500자

우리는 [표 6-3]의 정보를 JSON 형태로 만들어서 게시물 생성 엔드포인트인 /api/posts에 POST 메소드를 사용하여 전송하면 된다. 컴포넌트의 구조는 Signup, SignupForm과 같은 형태로 데이터를 정제한 후 submit 이벤트를 통해 외부로 노출해주는 폼 컴포넌트와 그 데이터를 받아서 서버로 보내는 로직을 가지고 있는 페이지 컴포넌트로 구성하겠다. 그럼 먼저 페이지 역할을 할 PostCreatePage 컴포넌트를 작성하도록 하자.

```
├── src
│   └── pages
│       └── PostCreatePage.vue
│
```

[코드 6-89] PostCreatePage 컴포넌트의 모습

```
<!-- src/pages/PostCreatePage.vue -->
<template>
  <div class="post-create-page">
    <h3>게시물 작성하기</h3>
```

```
    </div>
</template>

<script>
export default {
  name: 'PostCreatePage'
}
</script>
```

[코드 6-89]와 같이 PostCreatePage 컴포넌트를 작성했다면 이제 라우터에 게시물 생성 페이지를 등록하자.

[코드 6-90] 게시물 생성 페이지를 등록한 모습

```
// src/router/index.js
// ...
import PostCreatePage from '@/pages/PostCreatePage'

export default new Router({
  routes: [
    // ...
    {
      path: '/post/create',
      name: 'PostCreatePage',
      components: {
        header: AppHeader,
        default: PostCreatePage
      }
    }
  ]
})
```

[코드 6-90]까지 작성하고 localhost:8080/post/create에 접속해보면 게시물 생성 페이지가 아니라 게시물 상세보기 페이지로 이동하면서 "포스트가 존재하지 않습니다"라는 경고창이 노출된다. 그 이유는 바로 라우트의 선언 순서 때문이다. 여러분의 대부분은 이 책의 진행 순서에 따라 라우트를 선언했을 것이다.

[코드 6-91] 책의 진행 순서대로 선언된 라우터의 모습

```javascript
// src/router/index.js
export default new Router({
  routes: [
    {
      path: '/',
      name: 'PostListPage',
      // ...
    },
    {
      path: '/post/:postId',
      name: 'PostViewPage',
      // ...
    },
    {
      path: '/signup',
      name: 'Signup',
      // ...
    },
    {
      path: '/signin',
      name: 'Signin',
      // ...
    },
    {
      path: '/post/create',
      name: 'PostCreatePage',
      // ...
    }
  ]
})
```

Vue Router는 현재 URL이 어떤 라우트에 해당하는 라우트인지 위에서 아래 순서 대로 라우터를 읽어 들인다. 이때 우리가 게시물 생성 페이지라는 /post/create 라 우터는 PostViewPage의 라우터인 /post/:postId라는 규칙에도 해당된다. 즉, Vue Router는 /post/create 페이지를 postId가 create인 PostViewPage로 인식했다는

것이다. 당연히 게시물 아이디가 create인 게시물은 없기 때문에 서버에서는 404 상
태 코드를 응답으로 내려줬던 것이다. 이 문제를 해결하려면 라우터 순서를 바꿔주면
된다.

[코드 6-92] 순서가 변경된 라우터의 모습

```js
// src/router/index.js
// ...
export default new Router({
  routes: [
    {
      path: '/',
      name: 'PostListPage',
      // ...
    },
    // /post/create 라우트가 /post/:postId 위에 선언되도록 변경해준다.
    {
      path: '/post/create',
      name: 'PostCreatePage',
      // ...
    },
    {
      path: '/post/:postId',
      name: 'PostViewPage',
      // ...
    },
    {
      path: '/signup',
      name: 'Signup',
      // ...
    },
    {
      path: '/signin',
      name: 'Signin',
      // ...
    }
  ]
})
```

[코드 6-92]와 같은 순서로 라우트를 선언했다면 Vue Router는 해당 페이지가 /post/
create와 일치하는 URL을 가졌는지를 먼저 검사할 것이고, 만약 일치하지 않는다면
/post/:postId 라우트로 이동할 것이다. 라우트의 순서를 변경한 후 localhost:8080/
post/create에 접속하면 '게시물 작성하기'라는 제목이 적혀있는 게시물 생성 페이지
를 확인할 수 있다.

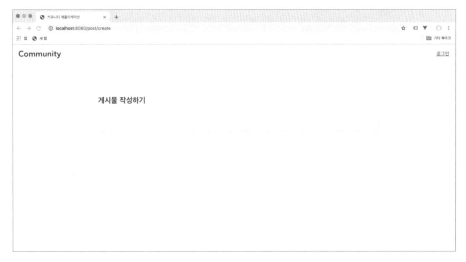

[그림 6-22] 작성된 게시물 생성 페이지의 모습

6.9.2 게시물 생성 폼 컴포넌트 작성하기

페이지 컴포넌트인 PostCreatePage 컴포넌트를 작성했다면 이제 사용자의 입력을
받는 역할을 맡을 폼 컴포넌트를 작성해야 한다. components 디렉터리 안에 Post
CreateForm.vue 파일을 생성한 후 PostCreateForm 컴포넌트를 작성하도록 하자.

```
├── src
│   └── components
│       └── PostCreateForm.vue
```

[코드 6-93] 완성된 PostCreateForm 컴포넌트

```
<!-- src/components/PostCreateForm.vue -->
<template>
  <form @submit.prevent="onSubmit">
    <fieldset>
      <label>제목</label>
      <input v-model="title"
             type="text"
             placeholder="게시물 제목을 입력해주세요." />
      <label>내용</label>
      <textarea v-model="contents"
                rows="5"
                placeholder="게시물 내용을 입력해주세요.">
      </textarea>
      <button type="submit">제출하기</button>
    </fieldset>
  </form>
</template>

<script>
export default {
  name: 'PostCreateForm',
  data () {
    return {
      title: '',
      contents: ''
    }
  },
  methods: {
    onSubmit () {
      const { title, contents } = this
      this.$emit('submit', { title, contents })
    }
  }
}
</script>
```

전체적인 구조는 SignupForm 컴포넌트와 SigninForm 컴포넌트의 모습과 유사하다. 단 PostCreateForm 컴포넌트에서는 사용자가 작성한 게시물의 내용을 입력받아야 하는데 이 데이터는 길이가 최대 500자나 되는 긴 문자열이기 때문에 input 요소가 아닌 textarea 요소를 사용하여 사용자가 입력한 데이터를 여러 줄로 확인할 수 있게 작성하였다. rows 속성이 5이기 때문에 사용자는 최대 5줄까지 게시물의 내용을 볼 수 있고 내용이 5줄을 넘기게 되면 textarea 요소 내부에 스크롤바가 생겨 내용을 스크롤로 확인할 수 있게 된다. 폼의 제출 이벤트가 발생하면 호출되는 onSubmit 메소드에서는 submit 이벤트를 발생시켜 PostCreateForm 컴포넌트 외부로 정제된 데이터가 노출되도록 작성되었다. 이제 [코드 6-93]에서 작성한 PostCreateForm 컴포넌트를 페이지 컴포넌트인 PostCreatePage 컴포넌트로 불러오도록 하자.

[코드 6-94] PostCreatePage 컴포넌트에 추가된 PostCreateForm 컴포넌트의 모습

```vue
<!-- src/pages/PostCreatePage.vue -->
<template>
  <div class="post-create-page">
    <h1>게시물 작성하기</h1>
    <!-- 4. PostCreateForm 컴포넌트를 뷰에 추가한다. -->
    <post-create-form @submit="onSubmit"/>
  </div>
</template>

<script>
// 1. PostCreateForm 컴포넌트를 불러온다.
import PostCreateForm from '@/components/PostCreateForm'

export default {
  name: 'PostCreatePage',
  // 2. PostCreatePage 컴포넌트에 PostCreateForm 컴포넌트를 등록한다.
  components: { PostCreateForm },
  methods: {
    // 3. PostCreateForm 컴포넌트의 submit 이벤트가 호출되면 실행될 메소드를 선언한다.
    onSubmit (payload) {
      console.log(payload)
    },
```

```
    }
}
</script>
```

[코드 6-94]까지 작성을 완료했다면 localhost:8080/post/create에 접속하여 PostCreateForm이 PostCreatePage에 올바르게 주입되었는지 확인해보자.

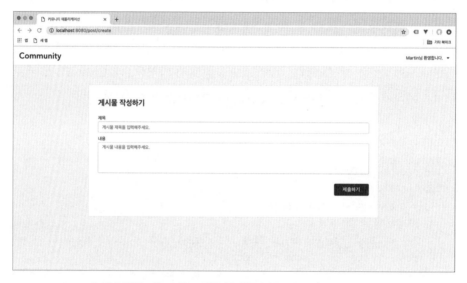

[그림 6-23] PostCreatePage 컴포넌트에 주입된 PostCreateForm 컴포넌트

6.9.3 게시물 생성 API 연동하기

지금까지 포스팅을 생성해주는 컴포넌트를 작성했다. 다음으로 데이터를 서버로 보내는 역할을 담당할 PostCreatePage 컴포넌트의 onSubmit 메소드를 작성하도록 하자.

[코드 6-95] PostCreatePage 컴포넌트의 onSubmit 메소드의 모습

```
// src/pages/PostCreatePage.vue
// ...
// 1. api 모듈을 추가한다.
```

```
import api from '@/api'

export default {
  name: 'PostCreatePage',
  components: { PostCreateForm },
  methods: {
    onSubmit (payload) {
      const { title, contents } = payload
      // 2. /api/posts 엔드포인트로 통신을 시작한다.
      api.post('/posts', { title, contents })
        .then(res => {
          alert('게시물이 성공적으로 작성되었습니다.')
          // 3. 게시물 작성이 성공했다면 내가 작성한 게시물 페이지로 이동한다.
          this.$router.push({
            name: 'PostViewPage',
            params: { postId: res.data.id.toString() }
          })
        })
        .catch(err => {
          // 4. 게시물 작성이 실패한 경우
          if (err.response.status === 401) {
            // 5. HTTP 상태코드가 401 UnAuthorized라면 사용자를 로그인 페이지로 이
            동시킨다.
            alert('로그인이 필요합니다.')
            this.$router.push({ name: 'Signin' })
          } else {
            // 6. 그 외의 경우 서버가 응답으로 보내준 에러 메시지를 사용자에게 노출시킨다.
            alert(err.response.data.msg)
          }
        })
    }
  }
}
```

[코드 6-95]까지 작성을 완료했다면 이제 다음 케이스들을 한번 테스트해 보고 기대되
는 결과가 제대로 실행되는지 확인해보자.

[표 6-4] 게시물 생성 기능의 테스트 시나리오

사용자의 행동	기대되는 결과
비로그인 상태에서 게시물 작성 시도	"로그인이 필요합니다." 노출 후 로그인 페이지로 이동
게시물 제목 없이 작성 시도	"게시물 제목을 입력해주세요." 메시지 노출
게시물 제목은 있고 게시물 내용이 없이 작성 시도	"게시물 내용을 입력해주세요." 메시지 노출
게시물 제목의 글자수가 255자를 넘겨서 작성 시도	"게시물의 제목은 최소 1자 이상 최대 255자 이하여야 합니다." 메시지 노출
게시물 내용의 글자수가 500자를 넘겨서 작성 시도	"게시물의 내용은 최소 1자 이상 최대 500자 이하여야 합니다." 메시지 노출
로그인 상태에서 게시물 제목이 255자 이하, 내용이 500자 이하인 상태에서 작성 시도	"게시물이 성공적으로 작성되었습니다." 메시지 노출 후 작성한 게시물 상세보기 페이지로 이동

[표 6-4]와 같이 사용자가 행동할 수 있는 여러 가지 경우의 수를 설명한 것을 '테스트 시나리오'라고 한다. 모든 기능의 첫 번째 테스트는 개발자가 개발 중간중간 수행하는 경우가 많기 때문에 개발자는 항상 자신의 개발한 제품이 어떤 방식으로 작동해야 하는지를 염두에 두고 개발을 진행해야 한다. 혹시 개발자가 이런 경우의 수를 놓치는 경우 버그로 이어질 수 있으니 기능을 개발하기 전에 이 제품이 어떤 방식으로 작동하는지 꼼꼼히 생각해보고 개발을 하는 중이나 개발을 마친 후에 한 번씩 테스트를 해보는 습관을 길러보자. 만약 직접 테스트를 하는 것이 번거롭다면 단위 테스트 자동화 프레임워크를 이용하여 단위 테스트를 할 수도 있다.

6.9.4 게시물 생성 페이지 내비게이션 가드 구현하기

게시물 생성 기능을 다 구현됐다면 로그인되어 있는 사용자만이 게시물 생성 페이지에 접근할 수 있도록 해야 한다. 물론 API 서버에서는 로그인되어 있지 않은 사용자가 게시물 생성을 시도한다면 401(UnAuthorized) 상태 코드를 응답으로 내려주며 방어하겠지만 클라이언트에서도 최소한의 방어를 해주어야 한다.

우리는 Vue Router의 내비게이션 가드 기능을 사용하여 이 기능을 구현할 것이다. Vue Router에서는 크게 '전역 가드'와 '컴포넌트 가드' 두 가지 형태의 내비게이션 가드를 지원해준다. 전역 가드는 애플리케이션의 라우트가 변경될 때마다 호출되는 말 그대로 애플리케이션 전역에서 통용되는 가드이며 컴포넌트 가드는 라우트에 해당 컴포넌트가 있을 경우 호출되는 가드다. 우리가 현재 구현하려는 "로그인한 사용자만 게시물을 생성할 수 있다"라는 기능은 애플리케이션 전역에 통용된다기보다 게시물 생성 페이지에만 들어맞는 개념이므로 우리는 컴포넌트 가드를 사용하여 해당 기능을 구현할 것이다. 이에 대한 자세한 내용은 "4.11 내비게이션 가드"장에서 설명하고 있으므로 확인하기 바란다. 우선 게시물 생성 라우트에 beforeEnter 내비게이션 가드를 추가하고 스토어의 isAuthorized 게터를 사용하여 로그인 여부를 검사하는 로직을 작성하자.

[코드 6-96] 로그인 여부를 확인하는 내비게이션 가드가 추가된 게시물 생성 페이지 라우트

```javascript
// src/router/index.js
// ...
// 스토어 모듈을 추가
import store from '@/store'

export default new Router({
  routes: [
    // ...
    {
      path: '/post/create',
      name: 'PostCreatePage',
      components: {
        header: AppHeader,
        default: PostEditPage
      },
      // beforeEnter 가드 훅을 추가한다.
      beforeEnter (to, from, next) {
        const { isAuthorized } = store.getters
        if (!isAuthorized) {
          alert('로그인이 필요합니다!')
```

```
        // 로그인이 되어있지 않다면 로그인 페이지로 이동시킨다.
        next({ name: 'Signin' })
      }
      next()
    }
  }
 ]
})
```

[코드 6-96]과 같이 내비게이션 가드를 작성한 후 비로그인 상태에서 localhost:8080/
post/create에 접속해보면 로그인을 요구하는 경고창이 노출되는 것을 확인할 수
있다.

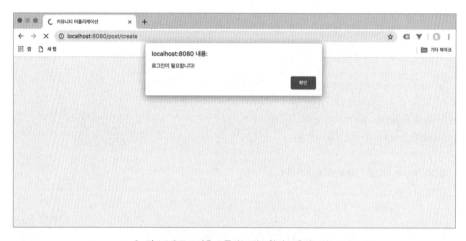

[그림 6-24] 로그인을 요구하는 경고창이 노출된 모습

하지만 반대로 로그인을 한 후 접속해도 동일한 문제가 발생하는 것을 확인할 수
있다. 왜 이러한 문제가 발생하는 것일까?

6.9.5 애플리케이션 초기화 시 발생하는 통신 동기화 버그 수정하기

이 버그가 왜 발생했는지를 파악하려면 우선 우리는 서버와 통신하는 로직 자체가

비동기식으로 작동한다는 것부터 알아야 한다. 동기식(synchronized)과 비동기식 (asynchronous)의 차이에 대한 자세한 내용은 이 책의 주제와는 다른 내용이므로 최대한 간단한 설명을 통해 넘어가도록 하겠다. 본래 자바스크립트는 코드 라인을 한 줄한 줄씩 읽어 들인 다음 실행시키는 인터프리터(interpreter) 방식으로 실행된다.

[코드 6-97] 동기식으로 작성된 코드

```
console.log(1)
console.log(2)
console.log(3)
```

[코드 6-97]의 결과로 콘솔에는 1, 2, 3이 순서대로 노출된다. 이렇게 앞의 작업이 먼저 수행되고 끝났음을 보장할 수 있는 로직을 동기식이라고 한다. 이때 위쪽 라인에 작성된 코드는 다음 코드의 실행을 막으므로(Blocking) console.log(2)는 반드시 console.log(1)보다 늦게 실행됨을 보장할 수 있는 것이다. 반면 비동기식으로 작성된 코드에서는 이런 점들을 반드시 보장할 수 없다. 비동기식 로직을 경험해볼 수 있는 가장 쉬운 방법은 바로 setTimeout 함수를 사용해보는 것이다.

[코드 6-98] 비동기식으로 작성된 코드

```
console.log(1)
setTimeout(() => {
  console.log(2)
}, 0)
console.log(3)
```

[코드 6-98]의 숫자는 어떤 순서로 노출될까? [코드 6-97]과는 다르게 [코드 6-98]의 숫자는 1, 3, 2의 순서로 노출된다. setTimeout 내부의 console.log(2)는 다음 라인에 있는 console.log(3)의 실행을 막지 않은 것(Non-Blocking)이다. 마찬가지로 console.log(3)가 실행되었다고 해서 반드시 console.log(2)도 실행되었다는 보장을 할 수 없다. 이런 방식을 비동기식이라고 한다. 우리가 main.js에서 작성한 애플리케

이선 초기화 코드 또한 비동기식으로 동작하고 있다.

[코드 6-99] signinByToken 액션

```javascript
// src/store/actions.js
// ...
export default {
  // ...
  signinByToken ({ commit }, token) {
    commit(SET_ACCESS_TOKEN, token)
    return api.get('/users/me')
      .then(res => {
        commit(SET_MY_INFO, res.data)
      });
  }
}
```

먼저 초기화 때 쿠키에서 가져온 토큰을 사용하여 사용자의 정보를 받아오는 signin ByToken 액션을 살펴보면 api 모듈의 get 메소드를 사용하여 서버와 통신하는 함수를 반환하고 있다. 이때 서버와 통신하는 과정에서 네트워크 환경, 서버의 처리 속도 여러 가지 외부 요인 변수로 인해 then 체이닝 메소드 내부의 commit(SET_MY_INFO, res.data)라는 코드가 정확히 언제 완료될지는 아무도 모른다. 그렇기 때문에 자바스크립트는 이 과정을 동기식이 아닌 비동기식으로 처리하게 된다. 이때 비동기식 로직이 완료되었다는 보장을 받기 위해 우리는 then이나 catch와 같은 체이닝 메소드(Chainning Method)를 사용한 것이다.

[코드 6-100] 애플리케이션 초기화 코드

```javascript
// src/main.js
// ...

const savedToken = Cookies.get('accessToken')
if (savedToken) {
  // 1. 이 액션은 비동기식으로 작동하고 있다.
  store.dispatch('signinByToken', savedToken)
```

```
}

// 2. Vue 인스턴스가 생성될 때 signinByToken 액션이 완료되었음을 보장하지 못한다.
new Vue({
  el: '#app',
  router,
  store,
  components: { App },
  template: '<App/>'
})
```

다시 [코드 6-100]의 애플리케이션 초기화 코드를 보면 어느 부분이 잘못되었는지 알
수 있다. 그래서 우리는 자바스크립트의 Promise 객체를 사용하여 서버와 통신하여
사용자 정보를 받아오는 signinByToken 액션이 완료된 후 Vue 인스턴스를 생성할
수 있도록 타이밍을 잡아주어야 한다. 이때 Promise의 resolve 메소드는 비동기식
로직의 성공을, reject 메소드는 실패를 의미한다.

[코드 6-101] 애플리케이션 초기화 시 비동기식 로직의 실행 순서를 잡아준 모습

```
// src/main.js
// ...
// 1. 기존의 코드는 삭제한다.
// const savedToken = Cookies.get('accessToken')
// if (savedToken) {
//   store.dispatch('signinByToken', savedToken)
// }
// 2. 비동기 처리를 위한 함수를 생성한다.
function init () {
  const savedToken = Cookies.get('accessToken')
  if (savedToken) {
    // 저장된 토큰이 존재한다면 signinByToken 액션을 반환한다.
    return store.dispatch('signinByToken', savedToken)
  } else {
    // 토큰이 존재하지 않는다면 바로 Promise를 성공시킨다.
    return Promise.resolve()
  }
}
```

```
}

init().then(res => {
  // init 함수의 then 체이닝 메소드 내부는 init 함수가 종료되었음을 보장받는다.
  new Vue({
    el: '#app',
    router,
    store,
    components: { App },
    template: '<App/>'
  })
})
```

[코드 6-101]을 보면 init 함수는 저장된 토큰이 있다면 signinByToken 액션이 종료된 후에 Promise.resolve를 반환하고 만약에 저장된 토큰이 없다면 바로 Promise.resolve를 반환할 것이다. 그렇기 때문에 init의 then 체이닝 메소드 내부의 로직이 실행되는 시점에는 반드시 init 함수 내부의 모든 코드의 실행이 끝났음을 보장받을 수 있게 된다. 초기화 코드를 [코드 6-101]과 같이 수정하고 다시 http://localhost:8080/post/create로 접속하면 포스트 생성 페이지에 정상적으로 진입되는 것을 확인할 수 있다.

6.9.6 게시물 리스트 페이지에 글쓰기 버튼 추가하기

이제 게시물 생성에 관련된 모든 기능을 구현했으니 게시물 리스트 페이지에서 게시물 생성 페이지로 넘어갈 수 있도록 링크를 연결해주도록 하자. PostListPage 컴포넌트에 router-link 컴포넌트를 사용하여 간단한 링크를 작성하도록 하자.

[코드 6-102] 게시물 리스트 페이지에 추가된 링크

```
<!-- src/pages/PostListPage.vue -->
<template>
  <div class="post-list-page">
```

```
    <h1>포스트 게시글</h1>
    <post-list :posts="posts"/>
    <!-- 글쓰기 버튼을 추가하고 게시물 생성 페이지로 링크를 이어준다. -->
    <router-link :to="{ name: 'PostCreatePage' }">글쓰기</router-link>
  </div>
</template>
```

[그림 6-25] 게시물 리스트 페이지 하단에 추가된 글쓰기 버튼의 모습

6.10 게시물 수정 페이지 작성하기

6.10.1 게시물 수정 페이지 컴포넌트 작성하기

게시물 생성 기능을 모두 작성했다면 이제 게시물을 수정할 수 있는 기능을 작성할 차
례다. 게시물 수정에 필요한 정보는 게시물을 생성할 때와 같다.

[표 6-5] 게시물 수정에 필요한 정보들

키	자료형	최대 글자 수
title	String	255자
contents	String	500자

다만 게시물을 수정할 때에는 어떤 게시물을 수정할 것인지에 대한 정보가 추가로 필요하다. 커뮤니티 애플리케이션의 서버는 RESTful API의 설계 방식을 따르므로 어떤 게시물을 수정할지는 api/posts/:postId와 같이 엔드포인트에 기재된 게시물 아이디에 따라 구분된다. 필요한 조건들을 알아봤으니 이제 게시물 수정 페이지 컴포넌트를 작성하도록 하자.

```
├── src
│   └── pages
│       └── PostEditPage.vue
```

[코드 6-103] PostEditPage 컴포넌트의 모습

```vue
<!-- src/pages/PostEditPage.vue -->
<template>
  <div class="post-edit-page">
    <h1>게시물 수정</h1>
  </div>
</template>

<script>
export default {
  name: 'PostEditPage',
  props: {
    // 라우터의 파라미터를 받아오기 위한 props를 선언해준다.
    postId: {
      type: String,
      required: true
    }
```

```
    }
  }
</script>
```

[코드 6-103]과 같이 PostEditPage 컴포넌트를 작성했다면 이제 라우터에 있는 Post ViewPage 라우트 하단에 게시물 수정 페이지 라우트를 등록하자.

[코드 6-104] 게시물 수정 페이지를 등록한 모습

```
// src/router/index.js
// ...
import PostEditPage from '@/pages/PostEditPage'

export default new Router({
  routes: [
    // ...
    {
      path: '/post/:postId/edit',
      name: 'PostEditPage',
      components: {
        header: AppHeader,
        default: PostEditPage
      },
      props: {
        default: true
      }
    }
  ]
})
```

게시물 뷰 페이지와 마찬가지로 게시물 수정 페이지는 특정한 어떤 게시물에 대한 수정 기능을 가져야 하므로 게시물을 구분하기 위한 postId 파라미터를 URL에 담아주었다. 이 인자는 라우터를 통해 컴포넌트의 props 속성으로 전달된다. 이제 게시물 수정 페이지를 라우터에 등록했으니 게시물 상세보기 페이지에 해당 게시물을 수정할 수 있도록 수정 버튼을 추가하도록 하자. 수정 버튼은 PostViewPage 컴포넌트에 추가할 것이다.

[코드 6-105] 게시물 상세보기 페이지에 추가된 게시물 수정 버튼

```html
<!-- src/pages/PostViewPage.vue -->
<template>
  <div class="post-view-page">
    <!-- ... -->
    <!-- 게시물 수정 페이지 링크를 게시물 상세보기 페이지에 추가한다. -->
    <router-link :to="{ name: 'PostEditPage', params: { postId } }">수정
    </router-link>
    <router-link :to="{ name: 'PostListPage' }">목록</router-link>
  </div>
</template>
```

[코드 6-105]까지 작성을 완료한 다음 localhost:8080/post/1/edit에 직접 접속하거나
localhost:8080/post/1 페이지에 접속하여 수정 버튼을 누르면 수정 페이지로 진입할
수 있다.

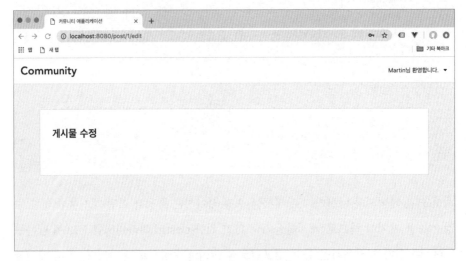

[그림 6-26] 게시판 수정 페이지

6.10.2 게시물 수정 페이지 내비게이션 가드 구현하기

이제 게시물의 데이터를 서버로부터 받아온 후 해당 게시물이 유효한 게시물인지, 현재 로그인한 사용자가 이 게시물을 수정할 수 있는 사용자인지에 대한 검사를 추가로 작성해야 한다. 수정 페이지는 게시물 뷰 페이지와 마찬가지로 현재 존재하는 게시물에 대한 수정만을 허용하므로 이 게시물이 실제로 존재하는지를 검사하면 된다. 만약 클라이언트가 존재하지 않는 게시물을 서버에게 요청했다면 서버는 404 상태 코드를 응답으로 보내줄 것이다. 그리고 현재까지는 1번 게시물을 수정할 수 있는 페이지에 누구나 접근할 수 있는 상태이기 때문에 게시물을 작성했던 사용자만 해당 게시물 수정페이지에 접근할 수 있도록 방어해주어야 한다.

이 기능을 구현하기 위해서 PostView 컴포넌트를 작성했을 때처럼 컴포넌트가 로딩된 후에 게시물 데이터를 서버로부터 받아오는 방식이 아니라 게시물 수정 페이지로 이동이 끝나기 전에 모든 검사를 진행할 수 있도록 "6.9.4 게시물 생성 페이지 내비게이션 가드 구현하기"장에서 사용했던 beforeEnter 내비게이션 가드를 사용하여 게시물의 작성자만 게시물 수정 페이지에 접근할 수 있도록 방어 로직을 작성할 것이다. 먼저 비로그인 사용자가 게시물 수정페이지에 접근하거나 유효하지 않은 게시물을 요청했을 때에 대한 방어 로직부터 작성하자.

[코드 6-106] 내비게이션 가드가 추가된 게시물 수정 라우트

```
// src/router/index.js
// ...

export default new Router({
  routes: [
    // ...
    {
      path: '/post/:postId/edit',
      name: 'PostEditPage',
      components: {
        header: AppHeader,
```

```
      default: PostEditPage
    },
    props: {
      default: true
    },
    // 1. beforeEnter 가드 훅을 추가한다.
    beforeEnter (to, from, next) {
      // 2. 게시물 생성 페이지와 마찬가지로 비로그인 사용자는 접근할 수 없다.
      const { isAuthorized } = store.getters
      if (!isAuthorized) {
        alert('로그인이 필요합니다!')
        next({ name: 'Signin' })
        return false;
      }
      // 3. 게시물 뷰 페이지에서 사용했던 fetchPost 액션을 재사용하자.
      store.dispatch('fetchPost', to.params.postId)
        .then(() => {
          // 4. 게시물 데이터 요청이 성공했다면 다음 라우트로 이동한다.
          next()
        })
        .catch(err => {
          // 5. 게시물 데이터 요청이 실패했다면 전 페이지로 돌아간다.
          alert(err.response.data.msg)
          next(from)
        })
    }
  }
]
})
```

[코드 6-106]을 작성하고 localhost:8080/post/300/edit과 같이 존재하지 않는 게시물의 수정 페이지로 접속하면 "포스트가 존재하지 않습니다"라는 경고 메시지와 함께 알럿창이 노출되고 다시 전 페이지로 돌아가는 것을 확인할 수 있다. 반대로 유효한 게시물의 수정 페이지로 접속하면 라우터의 beforeEnter 훅에서 해당 라우트의 postId 파라미터에 할당된 값을 사용하여 서버로부터 게시물 정보를 받아와 스토어에 저장할 것이므로 PostEditPage 컴포넌트에서는 스토어의 상태를 참조하여 게시

물 정보를 가져오기만 하면 된다.

[코드 6-106] mapState 헬퍼 함수를 사용하여 스토어에 저장된 게시물 정보를 가져오는 모습

```
// src/pages/PostEditPage.vue
import { mapState } from 'vuex'

export default {
  name: 'PostEditPage',
  props: {
    postId: {
      type: String,
      required: true
    }
  },
  // 라우터의 beforeEnter 훅에서 스토어에 저장했던 게시물 정보를 가져온다.
  computed: {
    ...mapState([ 'post' ])
  }
}
```

다음으로 "게시물 작성자만 게시물 수정 페이지에 접근할 수 있다"라는 시나리오를
만족시키는 기능을 작성해보자. 우리는 게시물 데이터와 현재 로그인한 사용자의 정
보만 있으면 이 기능을 구현할 수 있다.

[코드 6-107] 게시물 데이터의 구조 예시

```
{
  "createdAt": "2019-01-26 05:18",
  "updatedAt": "2019-01-26 05:18",
  "id": 1,
  "title": "게시물 1번의 제목입니다.",
  "contents": "게시물 1번의 내용입니다.",
  "user": {
    "id": 1,
    "email": "admin@candovue.com",
    "name": "Admin",
```

```
    "isAdmin": true
  },
  "comments":[ /*...*/ ]
}
```

[코드 6-107]에서 보다시피 게시물 데이터에는 작성자의 정보가 포함되어 있다. 우리는 현재 로그인한 사용자의 아이디와 게시물을 작성한 사용자의 아이디가 일치한다면 현재 로그인한 사용자가 이 게시물을 작성한 작성자라는 것을 알 수 있다. 그럼 [코드 6-106]에서 추가한 내비게이션 가드에 조건을 추가하도록 하자.

[코드 6-108] 허용된 사용자만 페이지에 접근할 수 있도록 작성된 내비게이션 가드

```js
// src/router/index.js
// ...
export default new Router({
  routes: [
    // ...
    {
      path: '/post/:postId/edit',
      name: 'PostEditPage',
      // ...
      beforeEnter (to, from, next) {
        const { isAuthorized } = store.getters
        if (!isAuthorized) {
          alert('로그인이 필요합니다!')
          next({ name: 'Signin' })
          return false
        }
        store.dispatch('fetchPost', to.params.postId)
          .then(res => {
            const post = store.state.post
            // 게시물 작성자의 아이디와 현재 로그인된 사용자의 아이디가 일치하는지 확인한다.
            const isAuthor = post.user.id === store.state.me.id
            if (isAuthor) {
              // 일치한다면 라우팅을 그대로 진행한다.
              next()
            } else {
```

```
        // 일치하지 않는다면 경고 문구를 노출시키고 이전 라우트로 이동시킨다.
        alert('게시물의 작성자만 게시물을 수정할 수 있습니다.')
        next(from)
      }
    }).catch(err => {
      alert(err.response.data.msg)
      next(from)
    })
  }
  }
 ]
})
```

내비게이션 가드를 위한 코드를 추가한 후, 예시로 만들어둔 1번 게시판에 해당하는 localhost:8080/post/1/edit 페이지에 접근을 시도해보면 "게시물의 작성자만 게시물을 수정할 수 있습니다"라는 경고창이 노출되는 것을 확인할 수 있다.

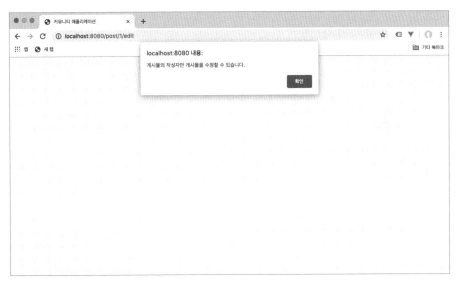

[그림 6-26] 허가받지 않은 사용자가 게시물 수정 페이지에 접근했을 때 노출되는 경고문구

반대로 해당 계정으로 작성한 게시글의 경우 게시물 수정 페이지로 접근할 수 있다.

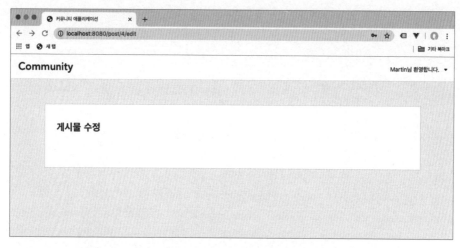

[그림 6-27] 허가받은 사용자가 게시물 수정 페이지로 접근했을 때 노출되는 화면

6.10.3 게시물 수정 폼 컴포넌트 작성하기

다음으로 게시물 수정 페이지에 삽입될 게시물 수정 폼 컴포넌트를 작성해보자. 게시물 수정 폼 컴포넌트는 게시물 생성 폼과 마찬가지로 사용자에게 2가지의 게시물 정보를 입력받는다.

[표 6-6] 게시물 수정에 필요한 정보들

키	자료형
title	String
contents	String

단, 게시물 생성 폼과 다른 점은 페이지 진입 시 기존 게시물에 대한 데이터를 가지고 있어야 한다는 것이다. 먼저 게시물 수정 폼을 작성할 파일을 생성하자. components 디렉터리 안에 PostEditForm.vue 파일을 생성한 후 PostEditForm 컴포넌트를 작성하도록 하자.

```
├── src
│   └── components
│       └── PostEditForm.vue
```

[코드 6-109] 작성된 PostEditForm 컴포넌트

```
<!-- src/components/PostEditForm.vue -->
<template>
  <form @submit.prevent="onSubmit">
    <fieldset>
      <label>게시물 번호</label>
      <input type="text"
             disabled />
      <label>게시물 생성일</label>
      <input type="text"
             disabled />
      <label>제목</label>
      <input v-model="title"
             type="text"
             placeholder="게시물 제목을 입력해주세요." />
      <label>내용</label>
      <textarea v-model="contents"
                rows="5"
                placeholder="게시물 내용을 입력해주세요.">
      </textarea>
      <button type="submit">수정하기</button>
      <router-link :to="{ name: 'PostViewPage', params: { postId: post.
      id } }">취소</router-link>
    </fieldset>
  </form>
</template>

<script>
export default {
  name: 'PostEditForm',
  data () {
    return {
      title: '',
      contents: ''
```

```
    }
  },
  methods: {
    onSubmit () {
      const { title, contents } = this
      this.$emit('submit', { title, contents })
    },
  }
}
</script>
```

PostEditForm 컴포넌트는 PostCreateForm 컴포넌트와 매우 비슷하게 작성되었다. 차이점은 현재 게시물의 번호, 즉 아이디를 보여주는 비활성 입력창과 게시물 생성일을 보여주는 비활성 입력창이 추가되었다는 것이다. PostEditForm은 PostCreate 폼과 다르게 특정한 게시물의 정보를 받은 후 수정하는 폼 컴포넌트이기 때문에 컴포넌트의 외부로부터 게시물의 정보를 직접 주입받아야 한다. PostView와 마찬가지로 컴포넌트의 props 속성을 사용하여 외부로부터 수정할 게시물의 정보를 받도록 하자.

[코드 6-110] props 속성을 통해 외부로부터 게시물 데이터를 주입받는 PostEditForm 컴포넌트

```
<!-- src/components/PostEditForm.vue -->
<template>
  <form @submit.prevent="onSubmit">
    <fieldset>
      <!-- 게시물 번호 비활성 입력창에 게시물 번호 데이터를 연동한다. -->
      <label>게시물 번호</label>
      <input :value="post.id"
             type="text"
             disabled />
      <!-- 게시물 생성일 비활성 입력창에 게시물 생성일 데이터를 연동한다. -->
      <label>게시물 생성일</label>
      <input :value="post.createdAt"
             type="text"
             disabled />
      <label>제목</label>
      <input v-model="title"
```

```
            type="text"
            placeholder="게시물 제목을 입력해주세요." />
      <label>내용</label>
      <textarea v-model="contents"
                rows="5"
                placeholder="게시물 내용을 입력해주세요.">
      </textarea>
      <button type="submit">수정하기</button>
      <router-link :to="{ name: 'PostViewPage', params: { postId: post.
      id } }">취소</router-link>
    </fieldset>
  </form>
</template>

<script>
export default {
  name: 'PostEditForm',
  // 1. props를 사용하여 컴포넌트 외부로부터 게시물 정보를 받도록 하자.
  props: {
    post: {
      type: Object,
      required: true,
      validator (post) {
        const isValidPostId = typeof post.id === 'number'
        const isValidTitle = !!post.title && post.title.length
        const isValidContents = post.contents && post.contents.length
        return isValidPostId && isValidTitle && isValidContents
      }
    }
  },
  data () {
    return {
      title: '',
      contents: ''
    }
  },
  // 2. props로 주입받은 데이터는 반응형 데이터로 사용할 수 없기 때문에 컴포넌트의 data
  속성에 다시 할당해준다.
  created () {
```

```
      this.title = this.post.title
      this.contents = this.post.contents
    },
    methods: {
      onSubmit () {
        const { title, contents } = this
        this.$emit('submit', { title, contents ])
      }
    },
  }
</script>
```

[코드 6-110]까지 작성을 완료했다면 이제 "6.10.1 게시물 수정 페이지 컴포넌트 작성하기"장에서 작성했던 PostEditPage 컴포넌트에 PostEditForm 컴포넌트를 삽입하도록 하자.

[코드 6-111] PostEditPage 컴포넌트에 삽입된 PostEditForm 컴포넌트

```
<!-- src/pages/PostEditPage.vue -->
<template>
  <div class="post-edit-page">
    <h3>게시물 수정</h3>
    <!-- 4. 게시물 데이터가 있는 경우에만 PostEditForm을 렌더한다. -->
    <post-edit-form v-if="post"
                    :post="post"
                    @submit="onSubmit" />
    <!-- 5. 게시물 데이터가 없는 경우에는 로딩 문구를 렌더한다. -->
    <p v-else>게시물 불러오는 중...</p>
  </div>
</template>

<script>
// ...
// 1. PostEditform 컴포넌트를 불러온다.
import PostEditForm from '@/components/PostEditForm'

export default {
```

```
    name: 'PostEditPage',
    // 2. PostEdit 컴포넌트를 PostEditPage 컴포넌트에 등록한다.
    components: { PostEditForm },
    // ...
    methods: {
      // 3. PostEditForm의 submit 이벤트 핸들러인 onSubmit 메소드를 선언한다.
      onSubmit (payload) {
        console.log(payload)
      },
    }
}
</script>
```

[코드 6-111]까지 작성한 후 게시물 수정 페이지에 다시 접속해보면 게시물 수정 폼에 게시물 정보가 기존의 데이터로 설정되어 있는 모습을 확인할 수 있다.

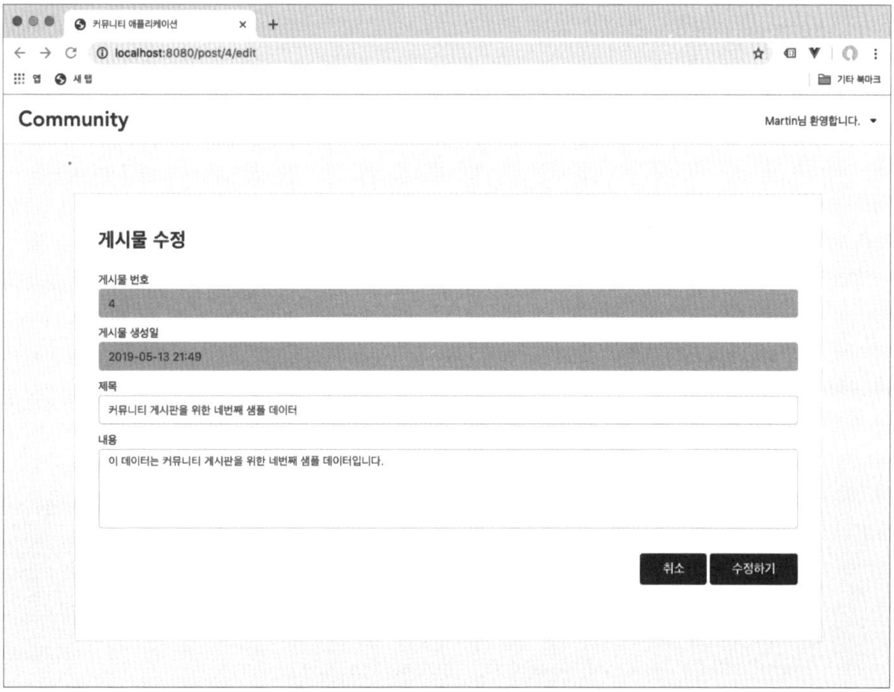

[그림 6-28] 완성된 PostEditForm의 모습

다음으로 '수정하기' 버튼을 눌렀을 때 실행될 PostEditPage의 onSubmit 메소드를 작성할 차례다. 게시물 생성과 마찬가지로 게시물의 title과 contents를 서버로 전송해야 하지만 이번에는 POST HTTP 메소드가 아닌 PUT HTTP 메소드를 사용할 것이다. "5.9.1.5 HTTP 메소드"장에서 설명했듯이 POST 메소드는 자원의 생성을, PUT 메소드는 자원의 수정을 의미하기 때문에 이 메소드의 구분은 매우 중요하다. 게시물 수정 API의 엔드포인트는 PUT /api/posts/:postId의 형태다.

[코드 6-112] 작성이 완료된 PageEditPage 컴포넌트의 onSubmit 메소드

```
// src/pages/PostEditPage.vue
// ...
// 1. api 모듈을 불러온다.
import api from '@/api'

export default {
  // ...
  methods: {
    onSubmit (payload) {
      const { title, contents } = payload
      // 2. PUT 메소드를 사용하여 서버로 게시물 데이터를 전송한다.
      api.put(`/posts/${this.postId}`, { title, contents })
        .then(res => {
          // 3. 게시물 수정이 성공했다면 사용자를 다시 게시물 페이지로 이동시켜준다.
          alert('게시물이 성공적으로 수정되었습니다.')
          this.$router.push({
            name: 'PostViewPage',
            params: { postId: res.data.id.toString() }
          })
        })
        .catch(err => {
          if (err.response.status === 401) {
            // 4. 비로그인 사용자가 게시물 수정을 시도했을 때는 로그인 페이지로 이동시킨다.
            alert('로그인이 필요합니다.')
            this.$router.push({ name: 'Signin' })
          } else if (err.response.status === 403) {
            // 5. 사용자가 이 게시물을 수정할 권한이 없다면 이전 페이지로 이동시킨다.
```

```
            alert(err.response.data.msg)
            this.$router.back()
        } else {
            // 6. 그 외의 경우 서버에서 보내준 에러 메시지를 노출시킨다.
            alert(err.response.data.msg)
        }
    })
    }
  }
}
```

팁 이미 라우터의 beforeEnter 내비게이션 가드에서 비로그인 사용자의 접근을 막았는데
왜 onSubmit 메소드에서 다시 예외처리를 하나요?

/post/:postId/edit 라우트에서는 우리가 onSubmit 메소드에서 예외처리한 "비로그인 사용자가
게시물 수정을 시도" 혹은 "권한이 없는 사용자가 남의 게시물 수정을 시도"와 같은 경우가 발생하
는 일은 드물다. 앞서 라우터의 beforeEnter 내비게이션 가드에 작성한 대로 이러한 경우에 해당
하는 사용자들은 게시물 수정 페이지에 접근할 수 없기 때문이다.

하지만 라우터에서 한 번 접근을 막았다고 해서 안심하기에는 이르다. PostEditPage 컴포넌트는
/post/:postId/edit에만 사용되는 컴포넌트가 아닐 수 있다는 점을 잊지 말아야 한다. 현재 작성하
고 있는 커뮤니티 애플리케이션에서는 게시물 수정 페이지의 라우트에서만 사용되었지만 비즈니
스 코드를 작성할 때는 비즈니스의 변경사항에 따라 PostEditPage 컴포넌트를 재사용하는 상황
이 올 수도 있다. 만약 onSubmit 메소드에 적절한 예외처리와 경고 메시지를 노출하지 않고 다른
페이지에서 PostEditPage 컴포넌트를 재사용했다면 사용자는 왜 에러가 났는지 제대로 이해하
기 힘든 상태에서 애플리케이션을 사용하게 될 수도 있다.

수정된 게시물 데이터를 서버에 제출하는 코드를 작성했다면 "6.9.3 게시물 생성
API 연동하기"장에서와 마찬가지로 테스트 시나리오를 만들고 테스트를 할 차례다.
"6.9.3 게시물 생성 API 연동하기"장에서는 필자가 테스트 시나리오를 제시했지만 이
번에는 여러분이 직접 테스트 시나리오를 작성하고 테스트를 진행해보자. 여러분이
작성한 코드를 잘 살펴보면서 놓친 경우의 수가 없는지 잘 파악해야 한다.

6.11 게시물 삭제 기능 작성하기

다음으로 구현할 기능은 게시글에 대한 삭제 기능이다. 게시글에 대한 삭제 역시 수정의 기능과 마찬가지로 사용자의 인증 확인 후 진행되어야 한다. 만약 개발을 진행하고 있는 애플리케이션에 로그인이 되어있는 상태라면 로그아웃을 해서, 사용자의 인증 및 권한 체크를 정상적으로 하는지 확인하도록 하자. 먼저 게시글의 상세보기 페이지의 하단 수정 버튼과 목록 버튼 사이에 삭제 버튼을 추가하고 삭제 기능을 담당할 onDelete 함수를 선언한다.

[코드 6-113] PostViewPage 컴포넌트

```vue
<!-- src/pages/PostViewPage.vue -->
<template>
  <div class="post-view-page">
    <!-- ... -->
    <router-link :to="{ name: 'PostEditPage', params: { postId } }">수정
    </router-link>
    <!-- 1. 삭제 버튼과 onDelete 함수를 클릭 이벤트 리스너에 추가한다. -->
    <button @click="onDelete">삭제</button>
    <router-link :to="{ name: 'PostListPage' }">목록</router-link>
  </div>
</template>
<script>
// ...
export default {
  // ...
  methods: {
    // 2. onDelete 함수를 선언한다.
    onDelete () {
      // 3. mapState 헬퍼 함수를 통해 매핑된 post의 id 값을 변수에 할당한다.
      const { id } = this.post
      console.log(id)
    },
    // ...
  },
  // ...
```

```
}
</script>
```

[코드 6-113]과 같이 작성한 후 삭제 버튼을 클릭하면 개발자 도구를 통해 클릭한 게시글의 번호를 알 수 있다.

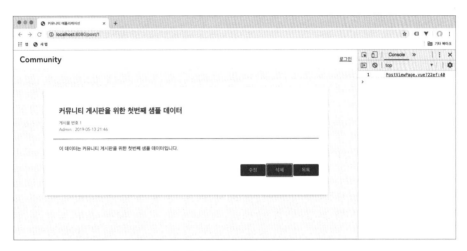

[그림 6-29] 삭제 버튼 기능 동작

이러한 게시글의 번호를 이용하여 DELETE HTTP 메소드를 호출한다.

[코드 6-114] PostViewPage 컴포넌트

```
// src/pages/PostViewPage.vue
// ...
// 1. API 인스턴스를 추가한다.
import api from '@/api'

export default {
  // ...
  methods: {
    onDelete () {
      const { id } = this.post
      // 2. 게시글의 ID 값과 함께 HTTP DELETE 메소드를 실행시킨다.
```

```
    api.delete(`/posts/${id}`)
      .then(res => {
        // 3. 게시글 삭제 성공 시, 성공에 대한 메시지를 노출한다.
        alert('게시물이 성공적으로 삭제되었습니다.')
        // 4. 더 이상 노출된 메시지가 없기 때문에 리스트 페이지로 이동시킨다.
        this.$router.push({ name: 'PostListPage' })
      })
    },
  // ...
  },
  // ...
}
```

[코드 6-114]를 작성한 후 삭제 버튼을 누르면 HTTP 상태 코드 401과 함께 삭제되지
않는 것을 확인할 수 있다.

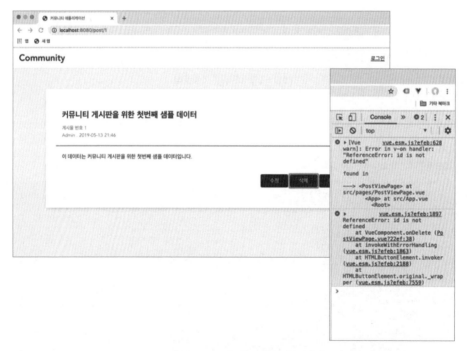

[그림 6-30] 삭제 버튼에 대한 에러

390

로그인되지 않은 상태에서 사용자가 삭제 버튼을 눌렀을 때 API 서버에서는 인증되지 않은 사용자에 대한 에러를 반환한다. 인증에 대한 에러를 대비하여 HTTP 상태 값을 참조해 방어코드를 추가한다.

[코드 6-115] 인증 에러에 대한 처리

```
// src/pages/PostViewPage.vue
// ...

export default {
  // ...
  methods: {
    onDelete () {
      const { id } = this.post
      api.delete(`/posts/${id}`)
        .then(res => {
          alert('게시물이 성공적으로 삭제되었습니다.')
          this.$router.push({ name: 'PostListPage' })
        })
        .catch(err => {
          if (err.response.status === 401) {
            // 1. HTTP 상태가 401인 경우 경고 메시지를 노출한다.
            alert('로그인이 필요합니다.')
            // 2. 메시지 노출 후 로그인 페이지로 보낸다.
            this.$router.push({ name: 'Signin' })
          }
        })
    },
    // ...
  },
  // ...
}
```

로그인한 후 다시 1번 게시글의 페이지로 돌아와 삭제를 시도하면 이번에는 HTTP 에러 코드 403과 함께 삭제되지 않는 것을 확인할 수 있다. 403의 경우 "5.9.1.6 HTTP 응답 코드"장에서 살펴봤듯 권한에 대한 제한으로서 삭제에 대한 권한이 없기 때문에

발생하는 에러다. 이러한 경우를 대비해서 API 서버의 에러 메시지를 노출해주도록
한다.

[코드 6-116] 권한 에러에 대한 처리

```
export default {
  // ...
  methods: {
    onDelete () {
      const { id } = this.post
      api.delete(`/posts/${id}`)
        .then(res => {
          alert('게시물이 성공적으로 삭제되었습니다.')
          this.$router.push({ name: 'PostListPage' })
        })
        .catch(err => {
          if (err.response.status === 401) {
            // ...
          } else {
            // HTTP 상태코드가 401이 아닌 경우 서버에서 내려준 메시지를 노출시켜준다.
            alert(err.response.data.msg)
          }
        })
    },
    // ...
  },
  // ...
}
```

권한에 대한 방어 코드를 추가한 후 삭제를 시도했을 때 API 서버에서 정의한 에러 메
시지가 노출되는 것을 확인할 수 있다.

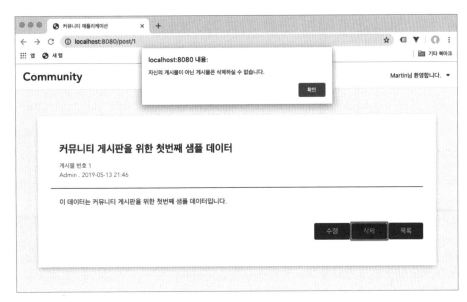

[그림 6-31] API 서버 에러 메시지 노출

로그인한 상태에서 게시물을 생성한 후 삭제하면 정상적으로 삭제되는 것을 확인할 수 있다.

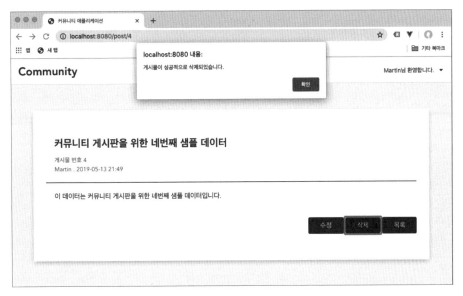

[그림 6-32] 게시글 삭제

6.12 게시물에 대한 댓글 기능 추가하기

6.12.1 댓글 노출 기능 추가하기

지금까지 우리는 인증과 권한에 따른 포스팅의 CRUD 기능을 추가했다. 이번 장에서 작성할 포스팅에 대한 댓글의 CRUD 기능 역시 인증 및 권한에 대한 체크 기능이 들어가지만 크게 걱정할 필요는 없다. 댓글의 기능은 포스팅의 상세보기 페이지에 추가될 예정이고, 이미 앞서 상세 보기 페이지의 진입에 대한 인증 확인에 대한 작업은 이미 끝났기 때문이다.

먼저 components 디렉터리 내에 CommentList.vue 파일을 생성하고 게시글의 상세 보기 페이지의 버튼 하단에 댓글들을 노출해줄 CommentList 컴포넌트를 작성하자.

```
├── src
│   └── components
│       └── CommentList.vue
```

[코드 6-117] 작성된 CommentList 컴포넌트

```
<!-- src/components/CommentList.vue -->
<template>
  <ul class="comments">
    <li>
      <div class="comment-item">
        <strong>홍길동</strong><span>2019-01-01 09:00:00</span>
        <p>댓글에 대한 테스트 컴포넌트입니다.</p>
      </div>
    </li>
  </ul>
</template>
<script>
export default {
  name: 'CommentList',
}
</script>
```

[코드 6-118] PostViewPage에 등록된 CommentList 컴포넌트

```
<!-- src/pages/PostViewPage.vue -->
<template>
  <div class="post-view-page">
    <!-- ... -->
    <router-link :to="{ name: 'PostListPage' }">목록</router-link>
    <!-- 3. 등록된 CommentList 컴포넌트를 사용한다. -->
    <comment-list/>
  </div>
</template>
<script>
// ...
// 1. [코드 6-117]에서 작성한 CommentList 컴포넌트를 추가한다.
import CommentList from '@/components/CommentList'

export default {
  // ...
  components: {
    // ...
    // 2. CommentList 컴포넌트를 등록한다.
    CommentList
  },
  // ...
}
</script>
```

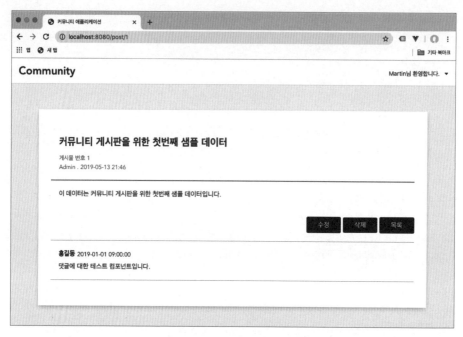

[그림 6-33] 댓글 컴포넌트가 등록된 화면

CommentList 컴포넌트가 정상적으로 등록된 것을 확인한 후, CommentList 컴포넌트에 comments 데이터를 Props를 통해 전달한다.

[코드 6-119] PostViewPage 컴포넌트

```
<!-- src/pages/PostViewPage.vue -->
<template>
  <div class="post-view-page">
    <!-- ... -->
    <comment-list v-if="post" :comments="post.comments"/>
  </div>
</template>
```

[코드 6-120] CommentList 컴포넌트

```
<!-- src/components/CommentList.vue -->
<template>
```

```
  <ul class="comments">
    <!-- 2. 등록된 comments props 데이터를 컴포넌트에 주입한다. -->
    <li v-for="comment in comments" :key="comment.id">
      <div class="comment-item">
        <strong>{{ comment.user.name }}</strong><span>{{ comment.
        createdAt }}</span>
        <p>{{ comment.contents }}</p>
      </div>
    </li>
    <!-- 3. 댓글이 없는 경우는 '입력된 댓글이 없습니다'라는 문구를 노출한다. -->
    <li v-if="comments.length <= 0">
      입력된 댓글이 없습니다.
    </li>
  </ul>
</template>
<script>
export default {
  name: 'CommentList',
  // 1. comments를 props로 등록한다.
  props: {
    comments: {
      type: Array,
      default () {
        return []
      }
    }
  }
}
</script>
```

컴포넌트에 데이터를 연동한 후 localhost:8080/post/1과 localhost:8080/post/3에
접속하여 확인해보면 댓글 데이터가 있는 경우와 없는 경우에 해당하는 화면이 각각
노출되는 것을 확인할 수 있다.

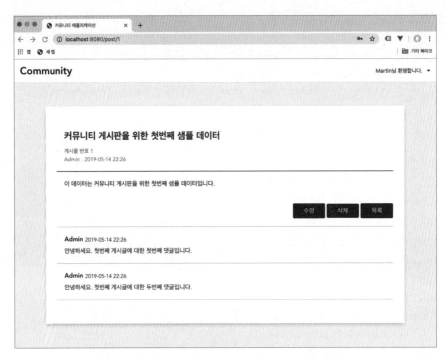

[그림 6-34] 포스트 게시글의 댓글 데이터가 있는 1번 게시물의 경우

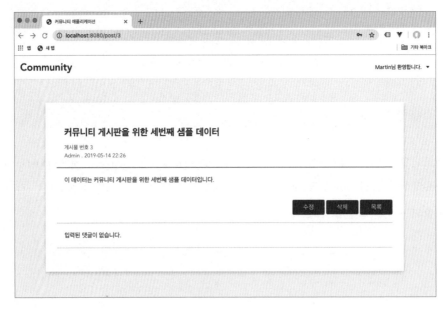

[그림 6-35] 포스트 게시글의 댓글 데이터가 없는 3번 게시물의 경우

다음으로 각각의 댓글을 표현할 CommentItem 컴포넌트를 작성할 차례다. components 디렉터리 내에 CommentItem.vue 파일을 생성하고 CommentItem 컴포넌트를 작성하자.

```
├── src
│   └── components
│       └── CommentItem.vue
```

[코드 6-121] 작성된 CommentItem의 모습

```
<!-- src/components/CommentItem.vue -->
<template>
  <div class="comment-item">
    <!-- 1. CommentList 컴포넌트에 있던 사용자 이름 부분을 그대로 가져오자. -->
    <strong>{{ comment.user.name }}</strong><span>{{ comment.createdAt
    }}</span>
    <p>{{ comment.contents }}</p>
    <!-- 2. 댓글을 수정 또는 삭제할 수 있는 버튼을 추가한다. -->
    <ul>
      <li><button type="button">수정</button></li>
      <li><button type="button">삭제</button></li>
    </ul>
  </div>
</template>

<script>
export default {
  name: 'CommentItem',
  // 3. 컴포넌트 외부로부터 props 속성을 통해 댓글 데이터를 주입받는다.
  props: {
    comment: {
      type: Object,
      required: true,
      validator (comment) {
        const isValidCommentId = typeof comment.id === 'number'
        const isValidContents = comment.contents && comment.contents.
        length
```

```
      const isValidUser = !!comment.user
      return isValidCommentId && isValidContents && isValidUser
    }
   }
  }
}
</script>
```

[코드 6-121]까지 작성을 완료했다면 이제 CommentList 컴포넌트에 HTML DOM으로 작성되어 있던 댓글 내용 부분을 CommentItem 컴포넌트로 교체하도록 한다.

[코드 6-122] CommentList 컴포넌트에 CommentItem 컴포넌트를 등록한 모습

```
<!-- src/components/CommentList.vue -->
<template>
  <ul>
    <li v-for="comment in comments" :key="comment.id">
      <!-- 3. HTML DOM을 삭제하고 CommentItem 컴포넌트로 대체한다. -->
      <comment-item :comment="comment" />
    </li>
    <li v-if="comments.length <= 0">
      입력된 댓글이 없습니다.
    </li>
  </ul>
</template>
<script>
// 1. CommentItem 컴포넌트를 불러온다.
import CommentItem from '@/components/CommentItem'

export default {
  name: 'CommentList',
  // 2. CommentItem 컴포넌트를 등록한다.
  components: { CommentItem },
  props: {
    comments: {
      type: Array,
      default () {
        return []
```

```
        }
      }
    }
  }
}
</script>
```

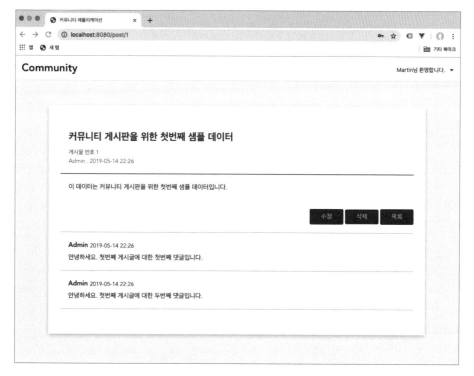

[그림 6-36] 정상적으로 노출되는 CommentItem 컴포넌트의 모습

CommentItem 컴포넌트의 기본적인 모양을 잡았다면 다음으로 댓글의 수정, 삭제 버튼의 노출 조건을 작성해야 한다. 댓글의 수정과 삭제는 댓글을 작성한 작성자만이 가능한 행동이므로 그 외의 사용자가 댓글을 봤을 때는 댓글의 수정, 삭제 버튼이 보이지 않도록 기능을 추가한다. 먼저 현재 로그인된 사용자와 이 댓글의 작성자를 비교하는 계산된 속성을 하나 작성하도록 하자.

```html
<!-- src/components/CommentItem.vue -->
<template>
  <div class="comment-item">
    <strong>{{ comment.user.name }}</strong><span>{{ comment.createdAt
    }}</span>
    <p>{{ comment.contents }}</p>
    <!-- 4. isMyComment 값이 참일 경우에만 댓글 수정, 삭제 버튼을 노출한다. -->
    <ul v-if="isMyComment">
      <li><button type="button">수정</button></li>
      <li><button type="button">삭제</button></li>
    </ul>
  </div>
</template>


<script>
// 1. mapState, mapGetters 헬퍼 함수를 불러온다.
import { mapState, mapGetters } from 'vuex'

export default {
  name: 'CommentItem',
  // ...
  computed: {
    // 2. 현재 로그인한 사용자의 정보를 스토어의 상태를 참조하여 가져온다.
    ...mapState([ 'me' ]),
    // 3. 현재 로그인 여부를 알 수 있는 isAuthorized 게터를 가져온다.
    ...mapGetters([ 'isAuthorized' ]),
    // 4. 댓글을 작성한 사용자의 아이디와 현재 로그인한 사용자의 아이디를 비교한다.
    isMyComment () {
      return this.isAuthorized && this.comment.user.id === this.me.id
    },
  }
}
</script>
```

이후 브라우저에서 확인하면 조건에 따라 각 버튼들이 렌더링 되는 것을 확인할 수 있다.

6.12.2 댓글 생성 기능 추가하기

댓글 노출 기능을 추가할 때는 API 서버에 저장되어 있던 임시 댓글 데이터를 이용하여 컴포넌트에 연동해주었다. 이번에는 직접 댓글을 입력하고 입력된 데이터를 컴포넌트에 연동해주는 작업을 해보자. 댓글을 작성할 수 있는 폼 컴포넌트 CommentForm를 작성한 후 PostViewPage 컴포넌트에 연결한다.

```
├── src
│   └── components
│       └── CommentForm.vue
```

[코드 6-124] CommentForm 컴포넌트

```
<!-- src/components/CommentForm.vue -->
<template>
  <div class="comment-form">
    <textarea v-model="comment"
              rows="5"
              placeholder="댓글을 입력해주세요."/>
    <button type="button" @click="onSubmit">등록</button>
  </div>
</template>
<script>
export default {
  name: 'CommentForm',
  data () {
    return {
      comment: ''
    }
  },
  methods: {
    // 1. '생성' 버튼 클릭 시 실행될 함수를 작성한다.
    onSubmit () {
      // 2. 입력된 데이터를 submit 함수를 호출하며 함께 인자로 넘겨준다.
      const { comment } = this
      this.$emit('submit', comment)
      // 3. 작성이 완료된 후, 입력된 데이터를 초기화해준다.
```

```
      this.comment = ''
    }
  }
}
</script>
```

[코드 6-125] PostViewPage 컴포넌트

```
<!-- src/pages/PostViewPage.vue -->
<template>
  <div class="post-view-page">
    <!-- ... -->
    <comment-list v-if="post" :comments="post.comments"/>
    <!-- 3. 등록된 컴포넌트와 submit의 이벤트 리스너를 Template 영역에 추가한다. -->
    <comment-form @submit="onCommentSubmit"/>
  </div>
</template>
<script>
// ...
// 1. 작성된 CommentForm 컴포넌트를 추가한다.
import CommentForm from '@/components/CommentForm'

export default {
  // ...
  components: {
    // ...
    // 2. 추가한 CommentForm 컴포넌트를 등록한다.
    CommentForm,
  },
  // ...
  methods: {
    onCommentSubmit (comment) {
      // 4. 자식 컴포넌트의 submit 이벤트 핸들러로 등록시켜줄 onCommentSubmit 함수
      를 추가한다.
    },
    // ...
  }
}
</script>
```

컴포넌트를 template 영역에 추가한 후, 브라우저에서 확인하면 댓글 리스트 하단에 댓글을 입력할 수 있는 컴포넌트가 생성된 것을 확인할 수 있다.

[그림 6-37] 생성된 CommentForm 컴포넌트

"6.12.1 댓글 노출 기능 추가하기"장에서 작성한 CommentList 컴포넌트에서 노출되고 있는 데이터는 Vuex의 상태(State)를 참조하고 있기 때문에 CommentForm 컴포넌트 역시 API 통신을 통해 댓글 데이터를 생성한 후 Vuex 상태의 데이터를 갱신시켜줘야 한다. CommentForm 컴포넌트를 통해 댓글 생성 이벤트가 발생하면 PostViewPage 컴포넌트를 통해 사용자의 인증 여부를 체크한 후, 인증된 사용자면 액션(Action)을 통해 API를 호출한다. 호출한 후 API의 결괏값을 받아 변이(Mutation)를 통해 상태를 갱신한다. 반대로 인증되지 않은 사용자의 경우 경고 메시지를 노출시켜준 후, 로그인 화면으로 이동시켜준다.

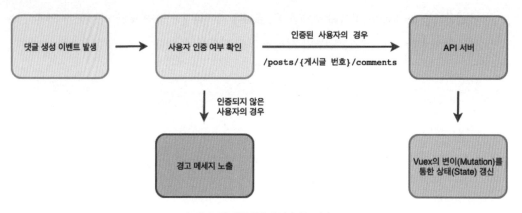

[그림 6-38] 댓글 생성이 일어나는 과정

댓글을 생성하기 위한 Vuex Store의 액션, 변이, 변이의 타입을 추가한다.

[코드 6-126] 변이의 타입

```
// src/store/mutations-types.js
// ...
export const UPDATE_COMMENT = 'UPDATE_COMMENT'
```

[코드 6-127] 변이 함수 선언

```
// src/store/mutations.js
import {
  // ...
  UPDATE_COMMENT
} from './mutations-types'

export default {
  // ...
  [UPDATE_COMMENT] (state, payload) {
    state.post.comments.push(payload)
  }
}
```

```
// src/store/actions.js
import {
  // ...
  UPDATE_COMMENT
} from './mutations-types'

export default {
  // ...
  createComment ({ commit, state }, comment) {
    // 현재의 포스팅의 ID를 상태에 접근해서 가져온다.
    const postId = state.post.id
    return api.post(`/posts/${postId}/comments`, { contents: comment })
      .then(res => {
        commit(UPDATE_COMMENT, res.data)
      })
  }
}
```

액션에 대한 코드까지 작성이 완료되었다면 PostViewPage 컴포넌트에 작성된 onCommentSubmit 함수에 해당 액션을 실행시켜주는 코드를 작성한다. 앞서 설명했듯 액션 함수를 호출하기 전에 사용자 인증 여부 검증 단계를 거쳐야 한다.

[코드 6-129] PostViewPage 컴포넌트

```
// src/pages/PostViewPage.vue
// ...
// 1. mapGetters 헬퍼 함수를 추가한다.
import { mapGetters, mapState, mapActions } from 'vuex'

export default {
  // ...
  computed: {
    // 1. mapGetters 헬퍼 함수를 통해 isAuthorized 게터(Getter) 함수를 컴포넌트에
    매핑한다.
    ...mapGetters([
      'isAuthorized'
```

```
        ]),
        // ...
    },
    // ...
    methods: {
        // ...
        onCommentSubmit (comment) {
            if (!this.isAuthorized) {
                // 인증되지 않은 사용자의 경우 경고 메시지 노출 후, 로그인 페이지로 이동시켜준다.
                alert('로그인이 필요합니다!')
                this.$router.push({ name: 'Signin' })
            } else {
                // 인증된 사용자의 경우 액션을 통해 API 서버를 호출한다.
                this.createComment(comment)
                    .then(() => {
                        alert('댓글이 성공적으로 작성되었습니다.')
                    })
                    .catch(err => {
                        alert(err.response.data.msg)
                    })
            }
        },
        // ...
        // 2. createComment 액션 함수를 mapActions 헬퍼 함수를 통해 컴포넌트에 매핑한다.
        ...mapActions([
            // ...
            'createComment'
        ])
    },
    // ...
}
```

모든 기능 작성을 완료하면 사용자의 인증에 따라 다른 결과가 노출되는 것을 확인할 수 있다.

[그림 6-39] 인증되지 않은 사용자가 댓글 입력을 시도했을 경우

[그림 6-40] 인증된 사용자가 댓글 입력을 시도했을 경우

6.12.3 댓글 수정 기능 추가하기

다음으로 이번 장에서는 댓글을 수정할 수 있는 기능을 추가해보고자 한다. 우리는 앞 장에서 이미 CommentItem 컴포넌트에 댓글 수정 버튼을 만들어놨기 때문에 이번 장에서는 댓글 수정에 대한 기능만 작성하면 된다. CommentItem.vue 파일을 열고 댓글을 수정할 수 있는 기능을 작성해보도록 하자. 먼저 CommentItem 컴포넌트가 현재 수정 모드인지 읽기 모드인지를 구분할 수 있는 불리언(Boolean) 타입의 변수와 그 변수를 토글(Toggle)할 수 있도록 메소드를 선언해주자.

[코드 6-130] CommentItem 컴포넌트에 수정 모드와 읽기 모드를 구분할 수 있도록 변수와 메소드를 추가한 모습

```
// src/components/CommentItem.vue
// ...
export default {
  name: 'CommentItem',
  // ...
  data () {
    return {
      // 1. 수정 모드와 읽기 모드를 구분할 수 있도록 isEditing 변수를 추가한다.
      isEditing: false,
      // 2. 댓글 수정 폼과 연동될 반응형 문자열 변수를 선언한다.
      editMessage: ''
    }
  },
  // ...
  methods: {
    // 3. toggleEditMode 메소드가 실행될 때마다 isEditing 변수가 반전된다.
    toggleEditMode () {
      this.isEditing = !this.isEditing
      // 4. 수정 모드로 변할 때마다 댓글의 내용을 수정할 메시지에 바인딩해준다.
      if (this.isEditing) {
        this.editMessage = this.comment.contents
      }
    }
  }
}
```

사용자가 수정 모드에 진입했을 때 현재 댓글의 내용과 다른 내용을 보게 되면 혼란스러울 수 있기 때문에 수정 모드에 진입했을 때 늘 댓글 내용과 같은 내용을 볼 수 있도록 [코드 6-130]의 toggleEditMode 메소드에서 수정 모드로 변할 때마다 editMessage 모델에 현재 댓글 내용을 바인딩한다. isEditing 변수와 toggleEditMode 메소드를 작성했다면 이제 수정 버튼의 클릭 이벤트 리스너로 선언한 메소드를 연결해줄 차례다.

[코드 6-131] CommentItem 컴포넌트의 수정 버튼에 toggleEditMode 메소드를 연결한 모습

```
<!-- src/components/CommentItem.vue -->
<template>
  <div class="comment-item">
    <!-- ... -->
    <ul v-if="isMyComment">
      <!-- 수정 버튼의 클릭 이벤트 리스너로 toggleEditMode 메소드를 연결한다. -->
      <li><button type="button" @click="toggleEditMode">수정</button></li>
      <li><button type="button">삭제</button></li>
    </ul>
  </div>
</template>
```

[코드 6-131]까지 작성을 완료했다면 이제 isEditing 변수의 상태에 맞게 댓글을 수정할 수 있는 폼이 노출되거나 숨겨져야 한다. textarea 태그를 사용하여 댓글을 수정할 수 있는 폼을 간단하게 작성하자.

[코드 6-132] 댓글 수정 폼이 추가된 CommentItem 컴포넌트의 모습

```
<!-- src/components/CommentItem.vue -->
<template>
  <div class="comment-item">
    <strong>{{ comment.user.name }}</strong><span>{{ comment.createdAt }}</span>
    <!-- 1. 댓글을 수정할 수 있는 textarea 태그와 수정 완료 버튼을 작성한다. -->
    <div v-if="isEditing">
      <textarea v-model="editMessage" rows="3"></textarea>
```

```
    <button>수정완료</button>
  </div>
  <!-- 2. 댓글의 내용을 노출하던 DOM은 isEditing 값이 거짓일 경우에만 노출한다. -->
  <p v-else>{{ comment.contents }}</p>
  <!-- ... -->
  </div>
</template>
```

코드를 작성한 후 localhost:8080/post/3으로 접속하여 댓글을 남긴 후 생성된 댓글의 수정 버튼을 클릭해보면 수정 모드로 변하며 댓글 수정 폼이 노출되는 모습을 확인할 수 있다. 이때 다시 수정 버튼을 누르면 읽기 모드로 전환되는 모습을 확인할 수 있다.

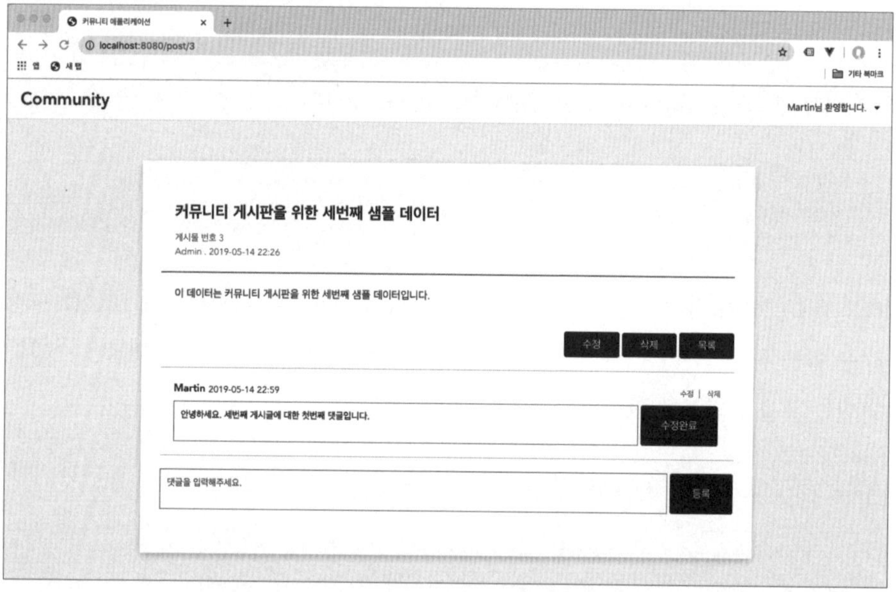

[그림 6-41] 수정 모드로 변경된 CommentItem 컴포넌트

CommentItem 컴포넌트가 수정 모드일 때 다시 수정 버튼을 클릭하면 읽기 모드로 전환되는 것은 사용자에게 혼란을 줄 수 있기 때문에 CommentItem 컴포넌트가 수정 모드일 때는 '수정'이라고 적혀있는 버튼을 '수정 취소'로 변경해주려고 한다. Vue

의 계산된 속성을 사용하면 간단하게 작성할 수 있다.

[코드 6-133] 계산된 속성을 사용하여 수정 버튼의 문자열을 조건부 노출하는 모습

```
<!-- src/components/CommentItem.vue -->
<template>
  <div class="comment-item">
    <!-- ... -->
    <ul v-if="isMyComment">
      <!-- 2. 선언한 editButtonText를 수정 버튼에 할당해준다. -->
      <li><button type="button" @click="toggleEditMode">{{
      editButtonText }}</button></li>
      <li><button type="button">삭제</button></li>
    </ul>
  </div>
</template>

<script>
// ...

export default {
  name: 'CommentItem',
  // ...
  computed: {
    // ...
    // 1. 계산된 속성을 사용하여 isEditing 값이 참일 경우 "수정 취소"를, 거짓일 경우 "
    수정"을 반환하도록 작성한다.
    editButtonText () {
      return this.isEditing ? '수정 취소' : '수정'
    }
  }
}
</script>
```

[코드 6-133]까지 작성했다면 이제 수정 완료 버튼을 눌렀을 때 댓글이 수정되도
록 API를 연동해보자. 먼저 수정 완료 버튼을 눌렀을 때 실행될 onEdit 메소드를
CommentItem 컴포넌트에 선언한다. 단, 수정된 댓글 내용이 유효할 경우에만 컴포

넌트 외부로 데이터를 노출해줄 예정이므로 수정된 댓글의 유효성을 나타낼 계산된 속성을 추가로 선언할 것이다. 댓글은 최소 1자 이상 255자 이하로 작성되어야 하므로 이 조건을 검증하는 계산된 속성을 선언한다.

[코드 6-134] CommentItem 컴포넌트에 선언된 onEdit 메소드의 모습

```
<!-- src/components/CommentItem.vue -->
<template>
  <div class="comment-item">
    <strong>{{ comment.user.name }}</strong><span>{{ comment.createdAt
    }}</span>
    <div v-if="isEditing">
      <textarea v-model="editMessage" rows="3"></textarea>
      <!-- 3. 작성한 onEdit 함수를 버튼의 클릭 이벤트에 추가한다. -->
      <button @click="onEdit">수정완료</button>
    </div>
    <p v-else>{{ comment.contents }}</p>
    <ul v-if="isMyComment">
      <li><button type="button" @click="toggleEditMode">{{
      editButtonText }}</button></li>
      <li><button type="button">삭제</button></li>
    </ul>
  </div>
</template>
<script>
// ...

export default {
  name: 'CommentItem',
  // ...
  computed: {
    // ...
    isValidComment () {
      // 1. 수정된 댓글이 1자 이상 255자 이하면 참을 반환하고 아니면 거짓을 반환한다.
      return this.editMessage.length > 0 && this.editMessage.length <
      256
    },
  },
```

414

```
  methods: {
    // ...
    onEdit () {
      // 2. 댓글이 유효성 검증을 통과한 상태라면 edit 이벤트를 실행하고 아니라면 경고창을
      노출한다.
      if (this.isValidComment) {
        this.isEditing = false
        const { id } = this.comment
        this.$emit('edit', { id, comment: this.editMessage })
      } else {
        alert('댓글은 1자 이상 255자 이하여야 합니다.')
      }
    }
  }
}
</script>
```

onEdit 메소드는 수정을 시도하려고 하는 댓글의 아이디와 수정된 댓글 내용을
edit 이벤트 리스터의 인자로 호출한다. 이제 CommentList 컴포넌트에 삽입된
CommentItem 컴포넌트의 edit 이벤트 핸들러로 호출될 메소드를 작성해주자.

[코드 6-135] CommentList에 선언된 onEdit 메소드

```
<!-- src/components/CommentList.vue -->
<template>
  <ul class="comments">
    <li v-for="comment in comments" :key="comment.id">
      <!-- CommentItem 컴포넌트의 edit 이벤트 핸들러로 onEdit 메소드를 등록한다.
      -->
      <comment-item :comment="comment" @edit="onEdit" />
    </li>
    <li v-if="comments.length <= 0">
      입력된 댓글이 없습니다.
    </li>
  </ul>
</template>
<script>
```

```
// ...

export default {
  nane: 'CommentList',
  // ...
  methods: {
    onEdit ({ id, comment }) {
      console.log(id, comment);
    }
  }
}
</script>
```

우리가 현재 조작하려고 하는 댓글의 상태는 스토어에 저장되어 있다. 그러므로 이 댓글 상태를 수정하기 위해서는 스토어의 액션과 변이를 사용해야 한다. mutations-types.js에 변이 이름 상수를 선언한 후 변이 이름 상수를 사용하여 변이 함수를 선언하자.

[코드 6-136] 변이 타입

```
// src/store/mutations-types.js
// ...
export const EDIT_COMMENT = 'EDIT_COMMENT'
```

[코드 6-137] 변이 함수 선언

```
// src/store/mutations.js
import {
  // ...
  EDIT_COMMENT
} from './mutations-types'
// ...

export default {
  // ...
  [EDIT_COMMENT] (state, payload) {
```

```
    const { id: commentId, contents, updatedAt } = payload
    // Array 자료형의 find 메소드를 사용하여 주입받은 아이디와 같은 아이디를 가진 댓글 객
    체를 찾는다.
    const targetComment = state.post.comments.find(comment => comment.
    id === commentId)
    targetComment.contents = contents
    targetComment.updatedAt = updatedAt
  }
}
```

변이 함수까지 작성했다면 우리는 EDIT_COMMENT 변이를 사용하여 스토어의 댓
글 상태를 갱신할 수 있게 되었다. 그러나 스토어의 댓글 상태만 갱신한다고 해서
서버에 저장된 댓글 상태까지 갱신되는 것이 아니기 때문에 액션을 사용하여 API
를 통한 댓글 갱신 요청을 작성하도록 한다. 댓글 수정 API의 엔드포인트는 /posts
/${postId}/comments/${commentId}로 필요한 데이터는 게시물 아이디와 댓글 아
이디, 그리고 수정된 댓글의 내용이다.

[코드 6-138] actions에 작성된 editComment 액션

```
// src/store/actions.js
// ...
import {
  // ...
  EDIT_COMMENT
} from './mutations-types'

export default {
  editComment ({ commit, state }, { commentId, comment }) {
    const postId = state.post.id
    return api.put(`/posts/${postId}/comments/${commentId}`, {
    contents: comment })
      .then(res => {
        commit(EDIT_COMMENT, res.data)
      })
  }
}
```

액션 함수까지 작성을 완료했다면 이제 선언한 액션을 CommentList 컴포넌트의 onEdit 메소드 내에서 사용할 차례다.

[코드 6-139] CommentList의 onEdit 메소드의 모습

```
// src/components/CommentList.vue
// ...
// 1. mapActions 헬퍼 함수를 불러온다.
import { mapActions } from 'vuex'

export default {
  name: 'CommentList',
  // ...
  methods: {
    onEdit () {
      // 3. editComment 액션을 사용하여 API 서버에 댓글 수정 요청을 보낸다.
      this.editComment({ commentId: id, comment })
        .then(res => {
          alert('댓글이 수정되었습니다.')
        })
        .catch(err => {
          if (err.response.status === 401) {
            alert('로그인이 필요합니다.')
            this.$router.push({ name: 'Signin' })
          } else {
            alert(err.response.data.msg)
          }
        })
    },
    // 2. editComment 액션을 CommentList 컴포넌트에 등록한다.
    ...mapActions([ 'editComment' ]),
  }
}
```

CommentList 컴포넌트의 onEdit 함수 작성을 완료한 후 자신의 계정으로 작성한 댓글을 수정해보도록 하자. 게시물 기능을 만들 때와 마찬가지로 테스트 시나리오를 작성하고 지금까지 개발한 기능이 빠짐없이 작동하는지 점검해보도록 한다.

6.12.4 댓글 삭제 기능 추가하기

이번 장에서는 댓글에 대한 삭제 기능을 작성해보자. CommentItem 컴포넌트에 onDelete 함수를 생성한 후 삭제 버튼의 클릭 이벤트에 등록한다.

[코드 6-140] CommentItem 컴포넌트의 삭제 기능 추가

```
<!-- src/components/CommentItem.vue -->
<template>
  <div class="comment-item">
    <!-- ... -->
    <ul v-if="isMyComment">
      <!-- 2. onDelete 함수를 클릭 이벤트에 등록한다. -->
      <li><button type="button" @click="onDelete">삭제</button></li>
    </ul>
  </div>
</template>
<script>
export default {
  // ...
  methods: {
    // ...
    // 1. onDelete 함수를 생성한다.
    onDelete () {
      const { id } = this.comment
      // 삭제 버튼 클릭 시, comment의 id 값을 넘긴다.
      this.$emit('delete', id)
    },
  }
}
</script>
```

CommentItem 컴포넌트에서 삭제 버튼을 누르면, 부모 컴포넌트의 delete 이벤트 핸들러를 해당하는 메모의 ID 값을 인자로 하여 호출하게 된다. 그럼 부모인 CommentList 컴포넌트에서는 받은 ID 값과 함께 API를 호출하게 된다. 먼저 스토어에 댓글 삭제를 위한 변이의 타입, 변이 그리고 액션에 대해 각각 정의한다.

```
// src/store/mutations-types.js
// ...
export const DELETE_COMMENT = 'DELETE_COMMENT'
```

[코드 6-142] 변이 함수 선언

```
// src/store/mutations.js
import {
  // ...
  // 1. 삭제 변이 타입을 추가한다.
  DELETE_COMMENT
} from './mutations-types'

export default {
  // ...
  // 2. 삭제 변이를 작성한다.
  [DELETE_COMMENT] (state, commentId) {
    const targetIndex = state.post.comments.findIndex(comment =>
    comment.id === commentId)
    state.post.comments.splice(targetIndex, 1)
  }
}
```

[코드 6-143] 삭제 액션 선언

```
// src/store/actions.js
import {
  // ...
  // 1. 삭제 변이 타입을 추가한다.
  DELETE_COMMENT
} from './mutations-types'

export default {
  // ...
  // 2. 삭제 액션을 작성한다.
  deleteComment ({ commit, state }, commentId) {
```

```
    const postId = state.post.id
    return api.delete(`/posts/${postId}/comments/${commentId}`)
      .then(res => {
        commit(DELETE_COMMENT, commentId)
      })
  }
}
```

삭제에 해당하는 스토어의 로직을 작성한 후, CommentList 컴포넌트에 mapActions 헬퍼 함수를 이용하여 deleteComment 액션 함수를 매핑한다.

[코드 6-144] CommentList 컴포넌트의 삭제 기능

```
<!-- src/components/CommentList.vue -->
<template>
  <ul class="comments">
    <li v-for="comment in comments" :key="comment.id">
      <!-- 2. onDelete -->
      <comment-item :comment="comment" @delete="onDelete" @
      edit="onEdit" />
    </li>
    <!-- ... -->
  </ul>
</template>
<script>
export default {
  // ...
  methods: {
    // ...
    onDelete (commentId) {
      this.deleteComment(commentId)
        .then(res => {
          // 삭제 성공 시, 성공에 해당하는 메시지를 노출한다.
          alert('댓글이 삭제되었습니다.')
        })
        .catch(err => {
          // 삭제 실패 시, 상황에 따라 각각 처리한다.
          if (err.response.status === 401) {
```

```
            alert('로그인이 필요합니다.')
            this.$router.push({ name: 'Signin' })
          } else {
            alert(err.response.data.msg)
          }
        })
    },
    ...mapActions([
      // ...
      // 1. mapActions 헬퍼 함수를 이용하여 deleteComment 액션 함수를 컴포넌트에
      매핑한다.
      'deleteComment'
    ])
  }
}
</script>
```

코드를 작성한 후, 브라우저에서 정상적으로 동작하는지 기능을 테스트해보자.

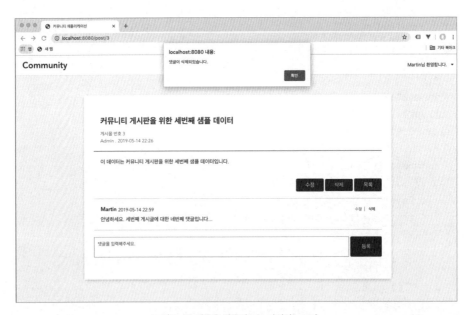

[그림 6-42] 댓글을 성공적으로 삭제하는 모습

CHAPTER

7

알면 좋을 자바스크립트

7.1 Truthy 값과 Falsy 값

7.2 자바스크립트의 이벤트

7.3 값에 의한 호출, 참조에 의한 호출

7.4 자바스크립트의 유용한 메소드들

알면 좋을 자바스크립트

7.1 Truthy 값과 Falsy 값

자바스크립트는 엄격한 자료형을 따지지 않는 다소 느슨한 언어다. 그렇기 때문에 어떤 값들은 true나 false와 같은 불리언(Boolean) 자료형이 아니더라도 마치 true나 false인 것처럼 인식되는데 이를 Truthy값과 Falsy값이라고 부른다. 어떤 문자열을 받아 이 문자열이 비어있는지 아닌지를 검사하는 간단한 함수를 통해 자바스크립트의 Truthy값과 Falsy값이 무엇인지 살펴보자. 만약 이 함수를 자바(Java)와 같이 자료형을 엄격하게 검사하는 언어를 사용한다면 다음과 같이 작성될 것이다.

[코드 7-1] 자바로 작성된 빈 문자열을 검사하는 함수

```
// 자바에서는 함수 이름 앞에 이 함수가 어떤 자료형을 반환할지도 같이 작성해주어야 한다.
public boolean function isValid (string) {
  return !string.equals("");
}

isValid('') // false
isValid('valid text') // true
```

자바로 작성된 isValid 함수는 반드시 불리언 자료형의 값을 반환해야 한다. 하지만 string 변수는 불리언 자료형이 아니기 때문에 엄격하게 이 문자열을 빈 문자열과 비교하여 같은지 다른지에 대한 결과를 반환해야 한다. 반면 자바스크립트로는 같은 로

직을 더 간단하게 처리할 수 있다.

[코드 7-2] 자바스크립트로 작성된 빈 문자열을 검사하는 함수

```
function isValid (string) {
  return !!string
}

isValid('') // false
isValid('valid text') // true
```

이것이 가능한 이유는 바로 빈 문자열이 Falsy 값이기 때문이다. 대표적인 Truthy값
과 Falsy값들은 다음과 같다.

7.1.1 Truthy 값

- true
- 0보다 큰 숫자
- '0'과 같은 비어있지 않은 문자열
- []와 같은 빈 배열
- {}와 같은 빈 오브젝트
- function(){}와 같은 빈 함수

7.1.2 Falsy 값

- false
- 숫자 0
- ''과 같은 빈 문자열
- null
- undefined
- NaN

이런 값들은 불리언 자료형이 아님에도 불구하고 마치 불리언 자료형인 것처럼 if문과 같은 조건문의 조건으로 사용될 수 있고 !(not 연산자)를 사용하여 불리언 자료형으로 변환할 수도 있다.

[코드 7-3] Truthy 값과 Falsy 값을 사용한 형변환

```
!null // 불리언 자료형인 true로 형변환된다.
!!null // 불리언 자료형인 false로 형변환된다.
```

이런 Truthy, Falsy 값들을 사용하면 자바스크립트의 장점 중 하나인 간결함을 유지하면서 코딩을 할 수 있지만, 너무 과도하게 사용하면 오히려 가독성을 해치는 문법이 될 수 있으므로 여러분의 판단하에 적절히 사용하는 것을 권한다.

7.2 자바스크립트의 이벤트

프로그래밍에서의 이벤트(event)란 "프로그램에 의해 감지될 수 있는 어떠한 사건"을 의미한다. 사용자가 키보드의 키를 누르는 사건, 사용자가 마우스의 버튼을 클릭한 것, 사용자가 작성한 폼이 모두 완성되어 서버로 제출된 것 등을 의미하는 것이다. 대부분의 프로그램은 자체적으로 특정한 이벤트를 발생시킬 수 있는 기능을 가지고 있다.

하나의 프로그램을 넓은 사무실로 생각해보면 프로그램 내에서 이벤트가 발생했다는 것은 한쪽 구석에 있는 직원이 일어나서 "A 부장님에게 결재 서류를 보냈습니다!"라고 얘기하는 것과 동일하다. 이때 이 직원이 사무실에 그냥 소리를 질렀다면 모두가 알아야 할 전역 이벤트이고, 이 사건을 알아야 할 담당자들에게만 전화를 걸어서 알려줬다면 지역 이벤트인 것이다. 이 사무실에는 이런 이벤트마다 각 이벤트의 발생 여부를 감시하는 직원이 따로 있는데 이 직원의 이름을 이벤트 리스너(Event Listenr)

라고 한다. 그리고 이벤트 리스너가 이벤트의 발생을 감지하면 해당 이벤트에 대응하는 다음 동작을 이어갈 수 있는데 이 동작을 수행하는 직원을 이벤트 핸들러(Event Handler)라고 부른다.

자바스크립트는 dispatchEvent 메소드로 이벤트를 발생시키고 addEventListener와 on 메소드를 통해 이벤트 리스너와 이벤트 핸들러를 자유롭게 등록할 수 있는 기능을 제공하고 있다. 마찬가지로 Vue도 역시 $emit 메소드로 이벤트를 발생시키고 v-on 디렉티브나 $on, $once 메소드를 통해 이벤트 리스너와 이벤트 핸들러를 등록할 수 있는 기능을 제공한다.

7.2.1 이벤트 전파 버블링

자바스크립트는 어떤 요소에서 이벤트가 발생했을 때 해당 요소에서만 이벤트가 발생하는 것이 아니라 이벤트를 다른 요소로 전파(Propagation)하기도 한다. 이때 이벤트가 전파되는 순서가 하위 요소에서부터 상위 요소로 전파되기 때문에 마치 거품이 올라오는 모습과 흡사하다고 해서 '버블링'이라고 부른다.

[코드 7-4] 중첩된 구조로 되어있는 DOM

```
<div onclick="handler1()">
  <div onclick="handler2()">
    <button onclick="handler3()">클릭해주세요.</button>
  </div>
<div>

<script>
function handler1 () {
  console.log(1)
}
function handler2 () {
  console.log(2)
}
function handler3 () {
```

```
  console.log(3)
}
</script>
```

DOM은 일반적으로 [코드 7-4]와 같이 요소들이 중첩된 트리 형태의 구조를 가지고 있다. 이때 사용자가 가장 하위 요소인 button 요소를 클릭하면 button 요소에서는 클릭 이벤트가 발생할 것이고 onclick 리스너의 이벤트 핸들러로 등록된 handler3 함수가 실행될 것이다. 간단한 HTML파일을 생성해서 한번 테스트해보자. 테스트한 결과는 우리의 예상과는 조금 다르다.

[코드 7-5] 이벤트 전파로 인해 여러 개의 핸들러가 실행된 모습

```
3 // handler3가 실행
2 // handler2가 실행
1 // handler1가 실행
```

사용자가 button 요소를 클릭하며 발생한 클릭 이벤트가 상위 요소인 div 요소들로 전파가 되었고 div 요소들도 클릭 이벤트 리스너를 가지고 있었기 때문에 이벤트 핸들러가 순차적으로 실행될 것이다.

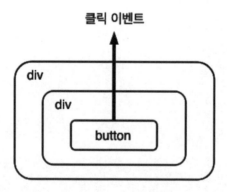

[그림 7-1] 이벤트 버블링으로 인해 하위 요소로부터 시작해서 상위로 이벤트가 전파된다.

그러나 이러한 이벤트 전파가 때로는 불필요할 수도 있다. 자바스크립트는 이벤트 리

스너를 등록할 때 이벤트 전파를 선택적으로 사용할 수 있도록 stopPropagation 메소드를 통해 제공하고 있다.

7.2.1.1 stopPropagation

이벤트 객체의 stopPropagation 메소드는 이벤트 전파(Propagation)를 중지(Stop)하는 메소드다. 자바스크립트의 이벤트 리스너는 등록된 이벤트 핸들러의 첫 번째 인자로 이벤트 객체를 넘길 수 있도록 지원하기 때문에 이벤트 핸들러 내에서 이벤트 객체에 접근하여 stopPropagation 메소드에 접근할 수 있다.

[코드 7-6] stopPropagation 메소드를 사용하는 모습

```
<div onclick="handler1()">
  <div onclick="handler2()">
    <!-- 이벤트 핸들러의 인자로 이벤트 객체를 넘겨준다. -->
    <button onclick="handler3(event)">클릭해주세요.</button>
  </div>
<div>

<script>
function handler1 () {
  console.log(1)
}
function handler2 () {
  console.log(2)
}
function handler3 (event) {
  // 상위 요소로의 이벤트 전파를 막는다.
  event.stopPropagation()
  console.log(3)
}
</script>
```

[코드 7-6]과 같이 button 요소의 클릭 이벤트 핸들러 내에서 stopPropagation 메소

드를 호출한 후 다시 button 요소를 클릭해보면 이전과는 다르게 handler3 함수만 실행된 모습을 볼 수 있다.

7.2.2 이벤트 캡처링

이벤트 버블링이 하위 요소에서 상위 요소로 이벤트를 전파하는 행위라면 캡처링은 상위 요소에서부터 이벤트가 발생한 요소를 탐색해 들어가는 행위다. 이벤트 캡처링 방식은 자바스크립트의 addEventListener메소드를 사용하여 이벤트 리스너를 등록할 때 옵션을 통해 사용할 수 있다.

[코드 7-7] addEventListener 메소드의 인자

```
// addEventListener(이벤트 이름, 이벤트 핸들러 함수, 캡처링 여부) 방식
EventTarget.addEventListener('click', handlerFunction, true)

// addEventListener(이벤트 이름, 이벤트 핸들러 함수, 이벤트 옵션) 방식
EventTarget.addEventListener('click', handlerFunction, { capture: true
})
```

[코드 7-8] addEventListener 메소드를 사용하여 이벤트 리스너를 등록하는 모습

```
<div id="div1">
  <div id="div2">
    <button id="button">클릭해주세요.</button>
  </div>
<div>

<script>
function handler1 () {
  console.log(1)
}
function handler2 () {
  console.log(2)
}
function handler3 () {
```

```
  console.log(3)
}

// addEventListener 메소드를 사용하여 이벤트 리스너를 등록한다.
document.getElementById('div1').addEventListener('click', handler1,
true);
document.getElementById('div2').addEventListener('click', handler2,
true);
document.getElementById('button').addEventListener('click', handler3,
true);
</script>
```

[코드 7-8]과 같이 작성한 후 button 요소를 클릭한 후 브라우저의 개발자 콘솔을 살펴보면 이번에는 이벤트 버블링이 발생할 때와 반대의 결과가 나타난다.

[코드 7-9] 이벤트 캡처링이 발생한 순서

```
1 // handler1가 실행
2 // handler2가 실행
3 // handler3가 실행
```

이벤트 캡처링은 하위 요소에서 이벤트가 발생했을 때 상위 요소에서부터 탐색을 시작하여 점점 하위 요소로 내려가며 이벤트가 발생한 요소를 찾는 과정이기 때문에 상위 요소의 이벤트 핸들러부터 실행된 것이다.

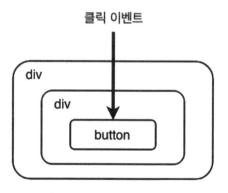

[그림 7-2] 이벤트 캡처링이 실행되는 순서

7.2.3 이벤트 처리 단계

이벤트의 버블링과 캡처링을 살펴보고 나면 '왜 이렇게 두 가지 방법을 사용하는 걸까?'라는 의문이 들 것이다. 사실 이벤트를 전파할 때 캡처링은 '이벤트가 발생한 요소를 탐색하는 과정', 버블링은 '이벤트를 전파하는 과정'일 뿐 어떤 하나를 선택해서 사용하는 것이 아니다. 자바스크립트가 이벤트를 처리하는 순서는 다음과 같다.

1. 캡처링 단계(Capturing Phase): 가장 상위 요소에서 이벤트가 요청된 후 이벤트의 목표가 되는 요소를 찾는다.
2. 목표 단계(Target Phase): 이벤트의 목표가 되는 요소를 찾은 후 이벤트를 발생시킨다.
3. 버블링 단계(Bubbling Phase): 발생한 이벤트가 상위 요소로 전파된다.

이때 이벤트의 목표가 되는 요소가 무엇인지는 이벤트 객체의 target 속성에 접근하면 알 수 있다.

[코드 7-10] 이벤트 객체의 target 속성에는 이벤트의 목표가 되는 DOM 요소가 들어있다.

```
function handler (event) {
  console.log(event.target)
}

document.getElementById('button').addEventListener('click', handler)
```

즉, addEventListener의 캡처링 옵션을 사용하여 리스너를 등록하는 것은 "이벤트 캡처링 단계에 이벤트 핸들러를 호출하라"라고 하는 것이지 이벤트 버블링이 사라진다는 것은 아니라는 것이다. 이렇게 캡처링 페이즈에 이벤트 핸들러를 호출하는 경우는 흔하게 사용되지는 않지만, 간혹 유용하게 사용되는 방법이므로 이벤트의 처리 순서에 대해서는 알고 있는 것이 좋다.

7.3 값에 의한 호출, 참조에 의한 호출

값에 의한 호출(Call by Value)과 참조에 의한 호출(Call by reference)은 프로그래 밍 언어에서 사용되는 호출 방식들이다. 즉, 어떤 함수에 값이 인자로 주어지거나 어떠한 값을 변수에 할당할 때 어떤 방식으로 호출되어 할당되느냐를 의미한다.

7.3.1 값에 의한 호출(Call by value)

값에 의한 호출은 원시자료형(boolean, number, string, null, undefined, Symbol) 에 사용된다. 메모리에 저장된 값을 다른 변수에 할당하거나 함수의 인자로 주었을 때 메모리에 있는 값 자체를 복사하여 가져온다. 그래서 가져온 값을 변경하더라도 원본 에는 영향이 없는 방식이다.

7.3.2 참조에 의한 호출(Call by reference)

참조에 의한 호출은 객체자료형(Object, Array, Function, Date 등)에서 사용된다. 값에 의한 호출이 값 그 자체를 복사해서 가져왔다면 참조에 의한 호출은 값이 저장되 어있는 레퍼런스(메모리 주소를 담고 있는 변수)를 가져온다. 즉, 몇 개를 가져오든 최 종적으로 바라보고 있는 메모리 공간은 같은 곳이기 때문에 같은 값을 보고 있는 형식 이 된다. 그러므로 가져온 값을 수정하면 기존에 있던 값도 같이 수정된다.

7.3.3 호출 방식에 따라 달라지는 비교 결과

또한, 이런 호출 방식들은 값을 비교할 때도 영향을 끼친다. 원시 자료형의 값은 저장 된 메모리 주소가 아닌 값을 직접 가져와서 비교하기 때문에 값만 같다면 결괏값은 참 이다. 그러나 객체나 배열과 같이 참조에 의한 호출 방식을 사용하는 경우에는 저장된 값이 아니라 값이 저장된 메모리 주소를 가져온 후 그 주소를 서로 비교하기 때문에 객체나 배열 내의 내용이 같은 경우에도 저장된 메모리 주소가 다르다면 같다고 평가되지 않는다.

[코드 7-11] 변수의 호출 방식에 따라서 비교 결과가 달라지는 모습

```javascript
// 원시자료형은 서로 저장된 값 자체를 가져와서 비교한다.
1 === 1 // true

// 두 객체는 비교와 동시에 선언되었기 때문에 다른 메모리 주소를 가지고 있다.
{ name: 'John' } === { name: 'John' } // false

const a = { name: 'John' }
const b = a // a 변수의 메모리 주소를 b에 할당했다.
a === b // a와 b는 같은 메모리 주소를 가지고 있으므로 결과 값은 true다.
```

7.4 자바스크립트의 유용한 메소드들

자바스크립트는 자체적으로 여러 가지 기능을 가지고 있는 다양한 메소드들을 제공해준다. 이번 장에서는 그중 가장 많이 쓰이고 유용한 메소드들을 몇 가지 설명하려고한다. 기재된 예제들은 실제로 실행 가능한 코드들이므로 브라우저의 개발자 콘솔을 열고 직접 예제 코드를 작성해보는 것을 추천한다. 단순히 메소드의 사용 방법을 설명하는 것보다는 이 메소드를 어떤 상황에서 주로 사용하는지, 혹은 왜 사용해야 하는지도 함께 설명할 예정이기 때문에 머릿속으로 메소드가 사용되어야 하는 상황을 그려가면서 설명을 읽어보는 것을 추천한다.

또한, 이 장에서 설명하는 대부분의 메소드는 배열의 push나 splice와 같이 잘 알려진 메소드보다는 자바스크립트 ES6 이상 버전에서 새롭게 추가된 메소드들이기 때문에 이 메소드를 사용할 때는 바벨(babel)과 같은 트랜스파일러를 사용하여 ES5로 트랜스파일링한 후 상용에 배포하는 것을 추천한다.

7.4.1 배열 메소드

배열(Array)은 프로그래밍을 할 때 굉장히 자주 사용되는 자료형이다. 그렇기 때문에 자바스크립트에서도 배열을 다루기 위한 유용한 메소드들을 많이 제공하고 있다. 대부분의 배열 메소드의 경우 전통적인 반복문인 for문으로 구현할 수 있지만 배열 메소드들은 이미 자주 쓰일만한 기능들을 미리 만들어서 사용자에게 제공하고 있는 것이기 때문에 메소드들을 사용하는 것이 개발 생산성 측면에서도 좋다. 또한, 이러한 메소드 중 반환 값이 존재하는 메소드들은 체이닝(Chaining)이 가능하기 때문에 좀 더 명시적이고 가독성이 좋은 코드를 쉽게 작성할 수 있게 된다.

[코드 7-12] 메소드 체이닝을 사용하는 모습

```
// filter 메소드를 사용하여 3보다 작은 원소를 걸러내고 reverse 메소드로 원소의 순서를 반전한다.
[1, 2, 3].filter(item => item < 3).reverse() // [2, 1]
```

7.4.1.1 forEach

```
[].forEach((현재 원소, 현재 인덱스, 전체 배열) => { })
```

forEach 메소드는 배열의 원소들을 하나씩 순회하는 메소드다. 콜백 함수의 인자로는 현재 원소, 현재 인덱스, 전체 배열을 제공한다. 배열의 탐색은 배열의 머리(Head)인 0번 원소부터 배열의 꼬리(Tail)의 순서로 진행한다.

[코드 7-13] forEach 메소드의 예제 코드

```
[1, 2, 3].forEach((item, index, array) => {
  console.log(`이 배열의 전체 원소 ${array.length}개 중에 ${index}번 인덱스 원소
  의 값은 ${item}입니다.`)
})
```

```
// 이 배열의 전체 원소 3개 중에 0번 인덱스 원소의 값은 1입니다.
// 이 배열의 전체 원소 3개 중에 1번 인덱스 원소의 값은 2입니다.
// 이 배열의 전체 원소 3개 중에 2번 인덱스 원소의 값은 3입니다.
```

forEach 메소드를 사용하는 것보다 전통적인 반복문인 for문을 사용하는 것이 성능이 더 좋으나 배열의 크기가 엄청나게 크지 않다면 가시적인 성능의 차이는 크지 않으므로 일반적인 경우에는 가독성이 더 좋은 forEach 메소드를 쓰는 것을 추천한다.

7.4.1.2 map

> [ ].map((현재 원소, 현재 인덱스, 전체 배열) => { })

map 메소드는 forEach 메소드와 마찬가지로 배열을 순회하는 메소드다. forEach 메소드와의 차이점은 map 메소드는 새로운 배열을 반환한다는 것이다.

[코드 7-14] map 메소드의 예제 코드

```
const arr = [1, 2, 3].map((item, index, array) => {
  return item + 1
})

console.log(arr) // [2, 3, 4]
```

[코드 7-14]에서 볼 수 있듯이 map 메소드는 콜백 함수 내에서 원소를 반환할 수 있다. 배열의 순회가 끝나면 반환된 원소들로 이루어진 새로운 배열이 반환된다. 이때 생성된 배열은 원본 배열과는 완전히 다른 객체다.

[코드 7-15] 콜백 함수 내에서 원소를 반환하지 않은 모습

```
const arr = [1, 2, 3].map((item, index, array) => {
  if (item !== 2) {
```

```
    return item
  }
})

console.log(arr) // [1, undefined, 3]
```

주의해야 할 점은 만약 콜백 함수 내에서 원소를 명시적으로 반환하지 않는다고 해도 해당 인덱스의 요소가 사라지는 것이 아니라 undefined로 할당된다는 것이다. 즉, 콜백 함수 내에서 원소를 반환하지 않는다고 해도 map 메소드가 반환한 배열의 길이는 항상 원본 배열의 길이와 같다.

7.4.1.3 filter

```
[ ].filter((현재 원소, 현재 인덱스, 전체 배열) => { })
```

배열을 순회하면서 null이나 undefined 같은 Falsy 값들을 걸러내고 싶다면 어떻게 해야 할까? filter 메소드는 이런 고민을 덜어주는 메소드다. filter 메소드는 콜백 함수의 테스트를 통과한 원소들로만 이루어진 배열을 반환한다.

[코드 7-16] filter 메소드의 예제 코드

```
const arr = [1, 2, 3].filter((item, index, array) => {
  return item < 3
})

console.log(arr) // [1, 2]
```

[코드 7-16]에서는 원소가 3보다 작은지를 검사하는 콜백 함수의 테스트 로직을 사용하여 3보다 작은 원소인 1과 2만 새로운 배열에 추가되었고 3은 탈락하였다. filter 메소드의 이러한 성질은 "7.1 Truthy 값과 Falsy 값"장에서 설명한 Truthy 값과 Falsy

값 또한 적용되므로 다양한 경우에 filter 메소드를 사용할 수 있다.

[코드 7-17] Falsy 값을 사용하여 유효한 객체만 필터링한 모습

```
const users = [{ name: 'John' }, { name: 'Boss' }, { message: 'Hi!' }];
const arr = users.filter(item => {
  return item.name;
})

console.log(arr) // [{ name: 'John' }, { name: 'Boss' }]
```

[코드 7-17]의 users 배열의 2번 인덱스에 있는 { message: 'Hi!' }객체에는 name이
라는 속성이 존재하지 않기 때문에 이 객체의 name 속성에 접근하면 undefined 값
을 얻는다. 결과적으로 2번 인덱스의 원소를 탐색할 때 없는 속성에 접근했기 때문에
Falsy 값인 undefined를 반환했기 때문에 2번 인덱스의 원소는 최종 배열에 포함되
지 않은 것이다.

7.4.1.4 every

[ ].every((현재 원소, 현재 인덱스, 전체 배열) => { })

every 메소드는 하나의 불리언 값을 반환하는 메소드다. every 메소드는 주어진 콜
백 함수의 테스트가 모두 통과되었다면 true를 반환하고 단 하나라도 테스트를 통과
하지 못했다면 false를 반환한다. 이때 콜백 함수의 테스트에는 불리언 자료형 외에도
Truthy 값과 Falsy 값 역시 사용할 수 있다. 만약 빈 배열에 every 메소드를 사용한다
면 true를 반환한다.

[코드 7-18] every 메소드의 예제 코드

```
const isValid = [1, 2, 3].every((item, index, array) => {
  return item < 3
```

```
})
const isValid2 = [1, 2, 3].every((item, index, array) => {
  return item > 0
})

console.log(isValid) // false
console.log(isValid2) // true
```

every 메소드는 유효성 검사(Validation)에서 굉장히 자주 사용되는 코드다. 유효성
검사는 여러 개의 검사 단계 중 단 하나라도 통과하지 못하거나 여러 개의 데이터 중
하나라도 부적절한 데이터라고 판단되면 다음 단계로 진행하지 못하도록 만드는 경
우가 많은데 이때 every 메소드를 유용하게 사용할 수 있다.

[코드 7-19] every 메소드를 사용하여 유효성 검사를 진행하는 모습

```
// 스크립트 태그가 포함된 부적절한 메시지가 포함되어 있다.
const inputValues = ['안녕하세요!', '테스트 메시지입니다.', '<script>alert(1)</
script>']
// 모든 메시지들을 검사하여 script 태그가 포함된 메시지가 존재하는지 검사한다.
const isValid = inputValues.every(item => !item.includes('<script>'))

if (isValid) {
  console.log('올바른 메시지들입니다.')
}
else {
  console.log('올바르지 않은 메시지가 포함되어 있습니다.')
}
```

every 메소드는 모든 원소가 조건을 만족하는 원소인지 검사하는 메소드다. 이 특징
을 반대로 생각해보면 조건에 맞지 않는 단 하나의 원소만 발견하면 더 다른 원소를
검사할 필요가 없다는 것이다. 그래서 every 메소드는 배열을 순회하다가 조건에 맞
지 않는 원소를 만나면 메소드 수행을 중단하고 바로 결괏값으로 false를 반환한다.

7.4.1.5 some

```
[].some((현재 원소, 현재 인덱스, 전체 배열) => { })
```

some 메소드는 every 메소드와 마찬가지로 하나의 불리언 값을 반환하는 메소드다. 모든 원소가 콜백 함수의 테스트를 통과 해야 하는 every 메소드와는 반대로 단 하나의 원소라도 콜백 함수의 테스트를 통과한다면 true를 반환하고 모든 원소가 콜백 함수의 테스트를 통과하지 못한다면 false를 반환한다. 즉, 원소 중 단 한 개라도 조건을 충족하는 원소가 존재하는지 여부를 검사할 수 있는 메소드다. 만약 빈 배열에 some 메소드를 사용한다면 false를 반환한다.

[코드 7-20] some 메소드의 예제 코드

```
const isValid = [1, 2, 3].some((item, index, array) => {
  return item < 2
})
const isValid2 = [1, 2, 3].some((item, index, array) => {
  return item < 0
})

console.log(isValid) // true
console.log(isValid2) // false
```

some 메소드는 단 하나의 원소라도 조건을 만족하는 원소가 존재하는지를 찾는 메소드다. 그렇기 때문에 some 메소드는 배열을 순회하는 중에 조건을 만족하는 원소를 발견하면 바로 메소드 수행을 중단하고 결괏값으로 true를 반환한다. some 메소드를 사용하는 경우는 다양한 경우의 수 중에 하나의 조건이라도 일치하는 경우이기 때문에 "현재 사용자가 진행하고 있는 할인 이벤트의 대상자인가?"와 같은 경우에 사용할 수 있다.

[코드 7-21] some 메소드를 사용하여 사용자가 이벤트 대상인지 판별하는 모습

```javascript
// 현재 진행하고 있는 할인 이벤트들은 각각 19살, 20살, 23살을 대상으로 하는 이벤트다.
const events = [
  { name: '수능 할인 이벤트!', targetAge: 19 },
  { name: '대학 새내기 할인 이벤트!', targetAge: 20 },
  { name: '취업준비생 할인 이벤트!', targetAge: 26 }
]
// 사용자의 나이는 20살이다.
const user = { name: 'Evan', age: 20 }

const isEventTargetUser = events.some(event => event.targetAge ===
user.age)
console.log(isEventTargetUser)
```

[코드 7-21]과 같은 상황에서 사용자는 1번 인덱스의 원소인 '대학 새내기 이벤트'가 조건에 일치하기 때문에 some 메소드는 전체 배열을 탐색하지 않고 1번 인덱스의 원소까지만 탐색한 후 메소드의 수행을 중단하고 true를 반환할 것이다.

참고 **some 메소드를 사용해야 하는 상황과 every를 사용해야 하는 상황의 차이는 무엇인가요?**

some 메소드는 every 메소드의 반대로 동작하는 메소드이므로 some 메소드를 사용하여 구현할 수 있는 코드는 대부분 every 메소드로도 구현할 수 있다. 그러나 메소드들이 가지는 의미를 잘 생각해보고 사용하는 것이 좋다.

- some 메소드: 모든 원소 중 단 하나만이라도 조건에 일치하면 된다.
- every 메소드: 반드시 모든 원소가 조건에 일치해야 한다.

이처럼 두 메소드가 가지는 의미는 전혀 다르므로 단순히 기능 구현을 목적에 두기보다는 각 메소드의 의미를 잘 생각해보고 상황에 맞게 사용하는 것을 추천한다.

7.4.1.6 reduce

[ ].reduce((이전 연산의 결과, 현재 원소, 현재 인덱스, 전체 배열) => { }, 초기 값)

reduce 메소드는 누산기(Accumulator)의 원리에 기초한 작동 방식을 가지고 있다. 누산이란 이전의 연산 결과를 사용하여 다음 연산을 수행하며 어떠한 행위를 누적하는 것을 의미한다. 이때 이러한 누산 행위를 하는 reduce의 함수를 리듀서(reducer) 함수라고 부른다. 리듀서 함수는 첫 번째 인자로 이전 연산의 결과를 받고 두 번째 인자로는 현재 탐색 중인 원소의 값을 받는다.

[코드 7-22] reduce 메소드의 예제 코드

```
const sum = [1, 2, 3].reduce((acc, current, index) => {
  console.log(`이전 결과는 ${acc}, 현재 원소인 ${index}번 원소는 ${current}입니
  다.`)
  return acc + current;
})

// 이전 결과는 1, 현재 원소인 1번 원소는 2입니다.
// 이전 결과는 3, 현재 원소인 2번 원소는 3입니다.

console.log(sum) // 6
```

[코드 7-22]의 예제를 실행해보면 첫 번째 원소인 0번 인덱스의 원소가 로그에 출력되지 않은 것을 볼 수 있다. 배열의 첫 번째 원소를 탐색할 때에는 이전 연산 결과가 존재하지 않으므로 리듀서 함수를 거치지 않고 바로 첫 번째 원소를 반환한 뒤 두 번째 원소부터 리듀서 함수를 실행한다. 그 후 리듀스 함수가 마지막 원소까지 모두 탐색하고 나면 누적된 연산 결과가 반환된다. 만약 리듀서 함수가 첫 번째 원소도 탐색하게 하려면 reduce 메소드의 두 번째 인자를 사용하여 초깃값을 할당해주면 된다.

```
// reduce 메소드의 두 번째 인자를 사용하여 0을 초깃값으로 할당해준다.
const sum2 = [1, 2, 3].reduce((acc, current, index) => {
  console.log(`이전 결과는 ${acc}, 현재 원소인 ${index}번 원소는 ${current}입니
다.`)
  return acc + current;
}, 0)

// 이전 결과는 0, 현재 원소인 0번 원소는 1입니다.
// 이전 결과는 1, 현재 원소인 1번 원소는 2입니다.
// 이전 결과는 3, 현재 원소인 2번 원소는 3입니다.

console.log(sum2) // 6
```

reduce 메소드의 두 번째 인자를 사용하여 초깃값을 할당하면 리듀서 함수는 첫 번째 원소를 탐색할 때 초깃값을 이전 연산 결과로 사용하게 된다. 리듀서 함수의 이런 성질을 이용하면 배열을 순회하면서 각 원소를 비교해야 하거나 원소의 값들을 사용한 연산을 해야 할 때 별도의 변수를 선언하지 않고도 리듀서 함수만으로 같은 결과를 수행하게 할 수 있다. 배열의 원소 중 가장 큰 값을 찾는 코드를 예시로 한번 살펴보자.

[코드 7-24] reduce 메소드를 사용하지 않고 원소 중 최대 값을 찾는 코드

```
const arr = [12, 1, 100, 30]
let max = 0;
arr.forEach(item => {
  max = Math.max(max, item)
})

console.log(max) // 100
```

[코드 7-24]의 예제와 같이 배열의 원소 중 최댓값을 찾는 코드를 작성해야 한다면 현재까지 탐색한 원소 중 가장 큰 값을 저장하고 있는 별도의 변수인 max가 필요하다. 배열을 순회하며 현재 원소가 max보다 크다면 max에 현재 원소의 값을 할당하는 원

리다. reduce 메소드를 사용하면 추가적인 변수의 선언 없이 같은 기능을 하는 코드를 작성할 수 있다.

[코드 7-25] reduce 메소드를 사용하여 원소 중 최댓값을 찾는 코드

```
const arr = [12, 1, 100, 30]
const max = arr.reduce((acc, current) => {
  return Math.max(acc, current)
})

console.log(max) // 100
```

reduce 메소드를 사용하지 않은 경우 이전 원소의 탐색 때의 연산 결과를 알 수 없기 때문에 별도의 변수를 선언했지만 [코드 7-25]와 같이 reduce 메소드를 사용하면 별도의 변수에 이전 계산 결과를 저장하지 않아도 되기 때문에 구조적으로는 더 간단하다고 볼 수 있다. reduce 메소드는 어떻게 사용하냐에 따라서 굉장히 응용 범위가 넓고 실용적인 메소드기 때문에 몇 가지 예시를 더 설명하겠다. 브라우저의 개발자 콘솔에 직접 예제를 작성해보고 리듀서 함수 내부에서 값들을 출력해보면서 리듀서 함수가 어떤 방식으로 작동하고 값들이 어떻게 변경되는지 살펴보자.

[코드 7-26] reduce 메소드를 사용하여 배열의 중복된 요소를 제거하는 모습

```
// 배열의 중복된 원소 제거
const uniqueElements = [1, 1, 2, 3, 5, 3].reduce((acc, current) => {
  if(acc.indexOf(current) < 0) {
    acc.push(current);
  }
  return acc;
}, [])

console.log(uniqueElements) // [1, 2, 3, 5]
```

```
// 배열의 원소 개수 세기
const people = ['John', 'John', 'Evan', 'Martin', 'Martin'];
const count = people.reduce((acc, current) => {
  if (acc.hasOwnProperty(current)) {
    acc[current]++
  }
  else {
    acc[current] = 1
  }
  return acc;
}, {})

console.log(count) // { John: 2, Evan: 1, Martin: 2 }
```

7.4.1.7 find, findIndex

```
[].find((현재 원소, 현재 인덱스, 전체 배열) => { })
[].findIndex((현재 원소, 현재 인덱스, 전체 배열) => { })
```

find 메소드와 findIndex 메소드는 배열의 원소 내에서 어떤 값을 찾아내는 메소드다. find 메소드는 콜백 함수가 반환한 조건에 맞는 원소를 찾으면 해당 원소를 반환하고 만약 없다면 undefined를 반환한다.

[코드 7-28] find 메소드의 예제 코드

```
const value = [1, 2, 3].find((item, index, array) => {
  return item === 2
})
const value2 = [1, 2, 3].find((item, index, array) => {
  return item === 5
})
```

```
console.log(value) // 2
console.log(value2) // undefined
```

findIndex 메소드는 find 메소드와 같은 동작을 하지만 조건에 맞는 원소를 찾으면 해당 원소의 위치인 인덱스 값을 반환하고 만약 없다면 -1을 반환한다.

[코드 7-29] findIndex 메소드의 예제 코드

```
const index = [1, 2, 3].findIndex((item, index, array) => {
  return item === 2
})
const index2 = [1, 2, 3].findIndex((item, index, array) => {
  return item === 5
})

console.log(index) // 1
console.log(index2) // -1
```

> (참고) findIndex 메소드는 indexOf 메소드와 같은 동작을 하는 메소드인데 왜 사용하나요?
>
> 배열 메소드 중 indexOf 메소드 또한 인자로 주어진 값이 배열 내에 존재하면 해당 원소의 인덱스를 반환하고, 없다면 -1을 반환하는 메소드다. 그러나 indexOf 메소드의 경우 인자로 함수를 사용하는 것이 아니라, 찾고자 하는 값을 사용하기 때문에 구체적인 탐색 조건을 사용하기가 어렵다는 단점이 있다. 특히 탐색 대상인 배열의 원소들이 숫자나 문자열과 같은 원시 자료형이 아닌 경우에는 indexOf 메소드만으로는 원하는 원소를 찾을 수가 없기 때문에 findIndex 메소드를 사용해야 한다.
>
> ```
> const arr = [{ score: 100 }, { score: 30 }, { score: 75 }]
>
> // findIndex 메소드의 경우 함수를 이용하여 원하는 원소를 바로 찾을 수 있다.
> arr.findIndex(item => item.score === 100)
>
> // indexOf 메소드의 경우 찾고자 하는 원소만으로 이루어진 배열을 사용해야 한다.
> arr.map(item => item.score).indexOf(100)
> ```

indexOf 메소드의 인자로 찾고자 하는 대상인 { score: 100 } 객체를 사용하더라도 arr 배열 안에 있는 객체와 indexOf 메소드의 인자로 사용한 객체는 참조에 의한 호출 방식으로 인해 다른 객체로 평가되기 때문에 -1을 반환한다. 참조에 의한 호출 방식에 대한 자세한 설명은 "7.3 값에 의한 호출, 참조에 의한 호출"장에 설명되어 있다.

7.4.1.8 includes

[ ].includes(탐색할 원소의 값, 탐색을 시작할 인덱스)

includes 메소드는 find 메소드와 findIndex 메소드와 마찬가지로 배열 내의 원소를 검사하는 메소드다. 그러나 find 메소드와 findIndex 메소드가 해당 원소를 찾았을 경우 해당 원소 자체 혹은 원소의 위치를 반환했던 것과 다르게 includes 메소드는 단순히 배열 안에 해당 원소가 존재하는지에 대한 여부만 반환한다.

[코드 7-30] includes 메소드의 예제 코드

```
const findFoo = ['foo', 'bar', 'el'].includes('foo')
const findAlice = ['foo', 'bar', 'el'].includes('alice')

console.log(findFoo) // true
console.log(findAlice) // false
```

includes 메소드를 사용하면 findIndex() > -1나 indexOf() > -1 같은 다른 탐색 메소드를 사용할 때와 다르게 비교문을 사용해서 원소를 찾지 않아도 되기 때문에 코드를 단순하게 만들 수 있다. 또한 includes 메소드의 두 번째 인자를 사용하여 탐색을 시작할 인덱스를 지정할 수 있다. 만약 탐색 시작 인덱스로 음수를 사용한다면 배열의 머리부터 꼬리를 향해 탐색하는 것이 아니라 배열의 꼬리부터 머리를 향해 거꾸로 탐색하게 된다. 이때 탐색 시작 인덱스는 '배열의 길이 + 탐색 시작 인덱스'로 계산된다.

```
// 탐색 시작 인덱스를 사용하지 않으면 0번 원소부터 탐색한다.
[10, 20, 30].includes(2)

// 1번 원소인 20부터 탐색을 시작한다.
[10, 20, 30].includes(2, 1)

// 배열의 길이(6)과 탐색 시작 인덱스(-1)을 더한 인덱스인 5번 원소인 6부터 거꾸로 탐색을 시
작한다.
[1, 2, 3, 4, 5, 6].includes(2, -1)
```

탐색 시작 인덱스를 지정할 수 있는 기능은 배열 내 원소의 개수가 많지 않을 때는 중
요하지 않을 수 있다. 그러나 배열 내 원소의 개수가 많아진다면 탐색 속도도 이에 비
례하여 늘어나기 때문에 이런 경우에 탐색 시작 인덱스를 지정하여 전체 배열을 탐색
하지 않고 원하는 부분만 탐색하도록 할 수도 있다.

7.4.2 객체 메소드

객체(Object) 자료형은 자바스크립트 내에서 배열과 함께 자주 사용되는 자료형으로,
자바스크립트의 핵심이라고 할 수 있다. 객체는 키와 값으로 짝지어진 속성을 여러 개
가지고 있는 형태이며 참조에 의한 호출 방식을 사용한다.

7.4.2.1 Object.assign

Object.assign(대상 객체, ...소스 객체들)

assign 메소드는 타깃 객체와 소스 객체들을 병합하는 메소드다. 첫 번째 인자는 합쳐
질 대상이 될 객체이며 그 후의 인자들은 합쳐질 재료가 될 소스 객체들이다. 대상 객
체와 소스 객체 간 중복되는 속성은 가장 마지막에 있는 소스 객체 속성의 값으로 대

체된다.

[코드 7-32] assign 메소드의 예제 코드

```
const targetObj = { a: 1, b: 2 }
const sourceObj = { b: 4, c: 3 }
const newObj = Object.assign(targetObj, sourceObj)
console.log(newObj) // { a: 1, b: 4, c: 3 }
```

[코드 7-32]에서 볼 수 있듯이 targetObj 객체와 sourceObj객체를 병합하였을 때 반환된 newObj 객체는 a, b, c 속성을 모두 가지고 있는 것을 볼 수 있다. 또한, 두 객체 간 중복된 속성인 b 속성은 소스 객체의 값인 4로 대체되었다. 이때 assign 메소드가 반환한 newObj객체는 targetObj와 sourceObj 객체와는 완벽히 다른 객체로 취급되기 때문에 객체를 복사할 때도 사용할 수 있다.

[코드 7-33] assign 메소드를 사용하여 객체를 복사하는 모습

```
const oldObj = { name: 'Foo' }
const notCopied = oldObj

// assign 메소드의 첫 번째 인자로 빈 객체를 사용하여 oldObj 객체를 복사한다.
const copied = Object.assign({}, oldObj)

console.log(oldObj === notCopied) // true
console.log(oldObj === copied) // false
```

객체는 참조에 의한 호출 방식을 사용하는 자료형이기 때문에 const notCopied = oldObj와 같은 선언문을 사용하여 기존 객체를 할당하더라도 두 변수는 같은 객체를 바라보고 있다. 그러나 assign 메소드는 두 객체를 병합하여 새로운 객체를 생성하는 메소드이기 때문에 copied 변수에 할당된 객체는 oldObj 객체와는 전혀 다른 새로운 객체다. 주의해야 할 점은 이때 수행되는 복사는 '얕은 복사(Shallow Copy)'라는 것이다.

[코드 7-34] 얕은 복사로 인해 기존 객체의 값이 의도하지 않게 변경된 모습

```
const oldObj = {
  name: 'Foo',
  props: { age: 29 }
}
const newObj = Object.assign({}, oldObj)

newObj.props.age = 19

console.log(oldObj === newObj) // false
console.log(oldObj.props.age) // 19
```

[코드 7-34]에서 볼 수 있듯이 assign 메소드를 사용하여 생성한 newObj 객체는 oldObj 객체와는 엄연히 다른 객체다. oldObj === newObj의 결괏값이 false로 나오는 것을 보면 확실하게 확인할 수 있다. 그러나 객체 내부에 있던 props 속성 또한 객체이기 때문에 참조에 의한 호출 방식을 사용하고 있다는 사실을 기억해야 한다.

[코드 7-35] assign 메소드를 통해 복사된 객체라고 해도 내부 속성은 참조에 의한 호출을 하고 있다.

```
console.log(oldObj === newObj) // false
console.log(oldObj.props === newObj.props) // true
```

이렇게 객체를 복사할 때 객체 자체는 새로운 값으로써 복사하지만, 내부 속성은 그대로 참조에 의한 호출을 하는 상황을 '얕은 복사'라고 부른다. 객체 자체는 새로운 값으로 복사했지만, 내부 속성까지 모두 새로운 값으로는 복사해내지 못했기 때문이다. 반대로 객체의 내부 속성까지 모두 새로운 값으로 복사하는 방식을 '깊은 복사(Deep Copy)'라고 부른다. 그렇다면 깊은 복사를 하는 방법은 무엇일까?

첫 번째 방법은 Object 안의 Object 역시 새로운 값으로 복사해주는 것이다.

[코드 7-36] assign 메소드를 이용한 Object 안의 Object 복사

```
const oldObj = {
  name: 'Foo',
```

```
  props: { age: 29 }
}
const newObj = Object.assign({}, { name: oldObj.name, props: Object.
assign({}, oldObj.props) })

newObj.props.age = 19

console.log(oldObj === newObj) // false
console.log(oldObj.props.age) // 19
```

하지만 이러한 구조는 데이터의 구조가 깊어질수록 코드의 복잡성을 높아지게 만들
것이다. 이러한 경우 가독성을 위해 두 번째 방법인 Spread 구문을 사용할 수 있다.

[코드 7-37] Spread 구문을 이용한 깊은 복사 예제

```
const oldObj = {
  name: 'Foo',
  props: { age: 29 }
}
const newObj = { ...oldObj, props: { ...oldObj.props }}
```

세 번째 방법은 JSON 객체의 stringify 메소드와 parse 메소드를 사용하는 방법이다.

[코드 7-38] JSON 객체의 메소드를 사용하여 깊은 복사를 하는 모습

```
const oldObj = {
  name: 'Foo',
  props: { age: 29 }
}
const stringified = JSON.stringify(oldObj)
const newObj = JSON.parse(stringified)

console.log(oldObj.props === newObj.props) // false
```

stgingify 메소드는 JSON 포맷을 문자열로 변환하는 메소드이며 parse 메소드는 문
자열을 JSON 객체로 변환하는 메소드다.

[코드 7-39] JSON 객체의 stringify 메소드와 parse 메소드의 동작

```
const obj = { name: 'Foo', age: 29 }
const stringified = JSON.stringify(obj)
const parsed = JSON.parse(stringified)

console.log(typeof stringified, stringified) // string, '{ "name":
"Foo", "age": 29 }'
console.log(typeof parsed, parsed) // object, { name: 'Foo', age: 29 }
```

stringify 메소드를 사용하여 객체를 문자열로 변환하게 되면 해당 객체의 속성도 모두 문자열로 변환된다. 이후 다시 parse 메소드를 사용하여 문자열을 다시 객체로 변환하게 되면 자바스크립트는 새로운 문자열을 해석하여 완전히 새로운 객체를 생성하게 된다. 자바스크립트는 새로 생성된 객체가 stringify에 사용된 객체에서 비롯된 것임을 알 방법이 없기 때문에 두 객체는 완전히 독립적인 변수로 존재하게 되는 것이다.

7.4.2.2 Object.keys, Object.values

Object.keys(대상 객체)
Object.values(대상 객체)

keys 메소드는 객체가 가지고 있는 속성의 키들을 배열로 반환하는 메소드다. values 메소드는 객체가 가지고 있는 속성의 값들을 배열로 반환하는 메소드다.

[코드 7-40] keys, values 메소드의 예제 코드

```
const obj = { a: 1, b: 2, c: 3 }
console.log(Object.keys(obj)) // ['a', 'b', 'c']
console.log(Object.values(obj)) // [1, 2, 3]
```

객체 내부의 열거 가능한 속성들을 탐색할 때 for in문을 사용할 수도 있지만 keys 메소드를 사용해도 같은 동작을 수행할 수 있다.

[코드 7-41] for in 문과 keys 메소드의 비교

```javascript
const obj = { a: 1, b: 2, c: 3 }
for (let key in obj) {
  console.log(key, obj[key])
}

Object.keys(obj).forEach(key => console.log(key, obj[key]))

// 두 코드 모두 결과로 나타나는 출력값은 같다.
// a 1
// b 2
// c 3
```

[코드 7-41]과 같이 단순히 객체 내부를 순회하며 속성들을 조회하거나 수정하는 용도라면 for in문을 사용해도 되고 keys 메소드를 사용해도 상관없다. 단 keys 메소드는 객체 속성의 키로 이루어진 배열을 반환하기 때문에 배열 메소드를 체이닝하여 다양한 동작을 구현하기에 조금 더 편하다는 장점이 있다.

> **참고** for in문과 keys 메소드의 차이는 무엇인가요?
>
> [코드 7-41]에서 예시를 들었던 것과 같은 기본적인 동작은 for in문을 사용한 객체 속성의 조회와 keys 메소드를 사용한 객체 속성 조회의 차이가 그다지 없어 보인다. 그러나 이 두 가지 방법은 큰 차이를 한가지 가지고 있다. 이 차이는 바로 객체가 프로토타입을 사용하여 상속되었을 때 발생한다.
>
> [코드 7-42] child 객체의 프로토타입 확인
>
> ```javascript
> const parent = { name: 'Foo' }
> // parent 객체를 프로토타입으로 가지는 새로운 객체인 child를 생성한다.
> const child = Object.create(parent)
> ```

```
// child 객체에 새로운 속성을 추가한다.
child.age = 30

console.log(child)
// { age: 30, __proto__: { name: 'Foo' } }
```

이때 child 객체는 프로토타입으로 parent 객체를 가지고 있다. 즉, parent 객체를 상속받은 것이다.

[코드 7-43] Object.keys의 사용 예제

```
for (let key in child) {
  console.log(key) // age와 name이 출력된다.
}

Object.keys(child).forEach(key => console.log(key)) // age만 출력된다.
```

for in문은 객체의 프로토타입이 가진 속성, 즉 상속받은 속성도 모두 조회하지만 keys 메소드는 상속받은 속성은 무시하고 현재 객체가 가지고 있는 속성만을 조회한다. 이러한 작동 방식의 차이는 일반적으로 객체 자료형을 사용하거나 ES6나 ES7과 같은 모던 자바스크립트 버전을 사용할 때는 크게 와닿지 않는 부분일 수 있지만, 고전적인 자바스크립트 ES5를 사용한다면 프로토타입을 이용한 상속을 자주 사용할 수 있으므로 작동 방식의 차이 정도는 염두에 두는 것이 좋다.

7.4.2.3 Object.freeze

Object.freeze(대상 객체)

freeze 메소드는 대상 객체의 속성을 변경하는 것을 방어할 수 있는 메소드다. 참조에 의한 호출 방식을 사용하는 객체 자료형은 그 특성상 개발자가 의도하지 않게 값이 변경되는 경우가 자주 일어날 수 있다. 예시 코드를 한번 살펴보자.

```
const john = { age: 13 }
const bob = john

bob.age = 10
console.log(john.age) // 10
```

이런 상황이 발생하면 굉장히 당황스럽다. john 객체를 선언하고 나서 객체의 값을
직접 수정하는 코드가 없기 때문에 분명 원래대로라면 13이 출력되어야 한다고 생각
할 수 있다. 이는 객체의 호출 방식이 '참조에 의한 호출' 방식이기 때문에 발생하는
문제다. [코드 7-44]와 같이 객체 속성의 값을 변경하는 것은 에러가 아니기 때문에 브
라우저 콘솔에 출력 되지도 않는다. 그래서 이런 경우에는 언제 어디서 값이 변경되었
는지 추적하기가 매우 어렵고 의도하지 않은 변경이기 때문에 애플리케이션의 동작
을 개발자가 예측하는 것 또한 어려워지기 때문에 버그가 발생하기도 쉽다. freeze 메
소드는 이런 상황을 방지하기 위해 대상 객체를 '동결'시켜주는 메소드다. 동결된 객
체는 더 이상 속성의 추가, 갱신, 삭제 등의 변경이 허용되지 않는 상태가 된다.

[코드 7-45] 동결된 객체의 속성이 방어되는 모습

```
const john = { age: 13 }

Object.freeze(john) // 객체를 동결한다.

john.age = 10 // 속성의 갱신
john.name = 'John' // 속성의 추가
delete obj.age // 속성의 삭제

console.log(Object.isFrozen(john)) // true
console.log(john) // { age: 13 }
```

freeze 메소드에 의해 동결된 객체의 속성을 변경하려고 하더라도 절대 속성이 변경
되지 않는 것을 볼 수 있다. 일반적인 경우 동결된 객체의 속성을 변경하려고 하더라

도 어떤 경고나 에러도 발생시키지 않고 조용히 넘어가지만 use strict 키워드를 사용하여 엄격한(Strict) 모드를 사용한 상태에서 같은 동작을 시도한다면 타입 에러가 발생한다.

[코드 7-46] 엄격한 모드에서 동결된 객체의 속성을 변경하려고 시도한 모습

```
const john = { age: 13 }
Object.freeze(john)

function updateProp () {
  'use strict';
  john.age = 10
}

updateProp()
/*
  Uncaught TypeError: Cannot assign to read only property 'age' of
  object '#<Object>'
    at updateProp (<anonymous>:6:11)
    at <anonymous>:9:1
*/
```

☕ 찾아보기

ㄱ~ㄴ

가상돔	82, 84~87
고유 식별자	188
값에 의한 호출	433
깊은 복사	450
내비게이션 가드	151

ㄷ

디렉티브	53
단일 파일 컴포넌트	73
단일 슬롯 범위 컴파일	87
다중 슬롯 범위 컴파일	89
동적 세그먼트	132

ㄹ~ㅂ

리프레쉬 토큰	331
마이크로 서비스 아키텍처	217
별칭	145
비구조화 할당 구문	179

ㅅ

생명주기	41
서버 사이드 렌더링	121
스네이크 케이스	166
세션 기반 인증	328

ㅇ

이름을 가지는 뷰	143
엔드포인트	206
이벤트	426
이벤트 리스너	426
이벤트 핸들러	427
이벤트 버블링	427
이벤트 캡처링	430
얕은 복사	450
액세스 토큰	331
인터프리터	367

ㅈ~ㅌ

중첩 라우트	138
참조에 의한 호출	433
템플릿	47
텍스트 보간	47~48
토큰 기반 인증	328

ㅋ~ㅎ

클라이언트 사이드 렌더링	125
커스텀 엘리먼트	166
케밥 케이스	166
카멜 케이스	166
프락시, 프락싱	34
표현식	52~53
프래그먼트	150
폰트 어썸	163
파스칼 케이스	166
함수	39
해시모드	149, 151
히스토리 모드	150~151

A

api	82, 205
action	95
actions	108

afterEach	154
axios	212
async/await	214

B

beforeCreate	43
beforeMount	44
beforeUpdate	45
beforeDestroy	46
beforeRouteUpdate	134
beforeEach	152
beforeEnter	155
beforeRouteEnter	156
beforeRouteLeave	156

C~D

computed	37~38, 41
created	43, 170
CRUD	158
destroyed	46~47
delimiters	48
dom	82
dispatcher	95~96
data~v	176

E~F

emit	36
export	165
every	438
first 원칙	77
filter	437
find, findIndex	445
focused	78
flux	92, 94
falsy	424
forEach	434

G~H

getter	38
getters	101
html 보간	48~50
HTTP 메소드	209
HTTP 응답코드	211

I~J

independent	78, 80
import	165
indexOf	446
includes	447
JSON.parse	451
JSON.stringify	451
JWT	326
js~cookie	339

M

map	436
mapState	100
mapGetters	104
mapMutations	106
methods	38~39
mounted	44
mvc 패턴	93
mutation	104
modules	113

N~O

novalidate	313
named router view	344
not 연산자	347
Object.assign	448
Object.keys	452
Object.values	452
Object.freeze	454

P

props	35~36
passive	56~57
pushState	150
primary key	188
PUT 메소드	210
PATCH 메소드	210
propagation	427

R

reusable	78, 81
router.push	141
router.replace	142
router.go	142
RESTful	206
REST	206
reduce	442

S

small	78, 81~82
soc	76
spc	73
stopPropagation	56
preventDefault	56
store	96
state	98
scoped	173
stopPropagation	429
some	440
spread 구문	451

T~U

testable	78, 82
truthy	424
updated	45
unique identifier	188

V

validator	304
v~bind	50, 54~55
v~for	61
v~model	62~64
v~once	65~66
v~pre	66
vm.$data	66
vm.$props	66
vm.$el	67
vm.$emit	70~71
vm.$on	72
vm.$once	72
vm.$off	72
vm.$parent	67
vm.$children	67
vm.$forceUpdate	72
vm.$nextTick	73
vm.$root	67
vm.$attrs	67~68
vm.$set	68~70
vm.$delete	68~70
v~if	57~60
v~else~if	57~60
v~else	57~60
v~html	50
v~show	60~61
v~on	55~56
view	96
vuex	97
vue~router	120, 128
vue~router 설정 객체	131

W

watch	39~41, 134

커피 한 잔 마시며 끝내는 Vue.JS

Vue.JS를 통해 실전 애플리케이션 구축하기

초판 1쇄 발행 ┃ 2019년 7월 31일

지은이 ┃ 김영훈·문동욱
펴낸이 ┃ 김범준
기획·책임편집 ┃ 김용기
교정교열 ┃ 김의수
편집디자인 ┃ 한지혜
표지디자인 ┃ 유재헌

발행처 ┃ 비제이퍼블릭
출판신고 ┃ 2009년 05월 01일 제300-2009-38호
주소 ┃ 서울시 종로구 종로 1길 50 더케이트윈타워 B동 2층 WeWork 광화문점
주문/문의 ┃ 02-739-0739   **팩스** ┃ 02-6442-0739
홈페이지 ┃ http://bjpublic.co.kr   **이메일** ┃ bjpublic@bjpublic.co.kr

가격 ┃ 30,000원
ISBN ┃ 979-11-90014-39-7
한국어판 © 2019 비제이퍼블릭

소스코드 다운로드 ┃ https://github.com/bjpublic/VueJS-coffee